語文政策 資料集 9

한국인의 文字생활

沈 在 箕 著

語文政策正常化推進會

讀者 諸位께

저는 한평생 우리말과 우리글을 공부하고 가르쳐 왔습니다. 국어공부에 뜻을 둔 때부터 헤아리면 60년이 가깝고, 국어선생 노릇한 햇수를 따진다면 50년이 훨씬 넘습니다. 제 나이 이제 80을 바라봅니다.

그동안 저는 硏究하고 가르치는 생활에서는 비교적 무난하고 무탈하였습니다. 그러나 제가 가르치고 연구한 결과가 실제 생활에 나타난 것을 보면 한심하기 짝이 없습니다.

우리말·우리글 공부의 현실적인 성과는 바람직한 言語·文字生活이어야 하는데, 오늘날 우리나라는 그 언어·문자 생활이 혼란의 극치를 보이고 있기 때문입니다. 이것은 마치 제가 잘못 가르치고 연구한 때문이 아닌가 하는 자책감이 들게 합니다.

그래서 저는 농사짓기에 실패한 농부가 거둔 열매의 적음을 한탄하며 날씨 탓을 하듯, 저의 가르침이 부실했던 것이 아닌가 반성하면서 우리나라 語文政策의 잘못됨을 개탄하여 왔습니다. 국어를 가르치는 사람의 처지에서 앞으로 닥칠 언어·문자생활의 혼란이 우리나라 文化全般의 退步를 가져올 것이 너무도 분명하기 때문입니다. 그래서 그 걱정스러움을 잡지나 논문집에 글로 실리고 口頭로도 발표하여 왔습니다. 아마 이런 글을 쓴 것도 족히 50년은 가까울 것입니다.

하도 답답하여 그 글들을 모아 한 권의 책으로 엮어 보기로 하였습니다. 행여나 이 책을 읽는 분들이 우리나라 語文政策에 변화의 물꼬를 트게 하면 좋겠다 싶은 심정을 지니고 말입니다.

여기 실린 글들은 대개 지난 10여 년간 여기 저기 기회 있을 때마다 발표하여 하소연한 것들입니다. 때와 장소가 각기 달라 같은 말을 반복한 부분도 있고, 쓰인 용어도 개념규정이 분명치 않은 채 사용한 것도 있습니다. 한 군데 모아 놓고 보니 손보아야 할 곳이 없지 않았으나 발표 당시의 글을 그대로 살려 실었습니다.

저의 염원은 한결같고 단순합니다. 漢字敎育을 초등학교부터 국어교육의 일환으로 실시하여 하루 빨리 한자문맹에서 자라나는 우리 자녀들을 脫皮시키자는 것입니다. 한자를 알아야 한글로만 적힌 글을 읽고도 그 뜻을 알게 된다는 간단한 진리를 重言復言 목 터지게 적어 놓았습니다.

이 글을 읽으신 분들이 머지않은 장래에
"허! 참! 이런 글을 쓰다니 杞憂였어! 杞憂!
어디 오늘날 한자 몰라 不便한 사람이 얼마나 있겠어.
초등학교를 다니지 않았다면 모르거니와……."
이런 말씀을 하시리라 기대하면서 삼가 이 책을
江湖諸賢의 책상머리에 공손히 바칩니다.

2013년 8월 22일
光化門書齋에서
沈在箕 삼가 드립니다.

목 차

제1장

論 文

우리말의 特殊構造

1. 들어가는 말

1-1

우리 韓國語는 어떤 言語일까? 어떤 소리로 말하고 어떤 글자를 사용하여 한국어를 표기하며, 또 얼마나 많은 사람이 우리 한국어를 말하며 살아갈까? 이러한 몇 가지 궁금한 것을 아주 쉽게 풀이하기 위하여 이 글을 쓰게 되었습니다. 독자 여러분은 저와 함께 이 글을 흥미 있게 읽어 주시기 바랍니다.

우리 한국어는 이 세상에 존재하는 수백 개의 언어 가운데 하나입니다. (계산 방법에 따라 이 세상의 언어를 수천 개라고 말하는 사람도 있습니다.) 그 많은 언어 가운데에서 한국어를 모국어로 말하는 사람은 21세기 초반 현재 어림잡아 7,500만 명을 헤아립니다.

우리 대한민국에 약 5,000만 명, 북한에 2,000만 명, 그리고 해외에 흩어져 살고 있는 여러 나라의 한인교포가 대략 500만 명쯤 된다고 합니다. 이 정도의 인구를 갖고 있는 한국어는 이 세상에서 몇 번째나 되는 언어일까요? 얼마나 많은 사람이 한 개의 언어를 모국어로 사용하느냐 하는 인구수에 따라 그 언어의 크기를 따진다면 우리 한국어는 이 세상에서 열두 번째나 열세 번째쯤으로 큰 언어라고 합니다. 유럽의 프랑스, 독일, 이태리 등과 비교하면 한국어가 비슷하거나 조금 큰 언어라고 말할 수 있습니다.

그러면 이와 같은 한국어는 어떤 얼개로 짜여 있는가를 차분히 살펴보기로 합시다.

1-2

모든 言語는 말소리를 통하여 일정한 뜻을 전달합니다. 그러므로 모든 언어는 말소리와 뜻으로 되어 있다고 말할 수 있습니다. 그러나 언어를 가만히 들여다보면 그것은 크게 세 가지로 갈라 볼 수 있습니다.

첫째는 말소리입니다. 이것을 언어학자들은 音韻이라고 합니다. 모든 언어는 그 언어 나름의 음운으로 말하기가 이루어집니다. 한국 사람은 한국어의 음운으로 말하고, 일본사람은 일본어의 음운으로 말하고, 미국사람은 미국 영어의 음운으로 말합니다. 물론 사람의 말소리이니까 한국어나 일본어나 영어의 음운이 같거나 아주 같지는 않아도 비슷한 음운이 많이 있습니다. 그래도 그 음운들이 정확하게 같은 것은 아닙니다. 우리 한국 사람들이 일본 사람이나 미국 사람처럼 일본어나 영어를 말하기가 쉽지 않은 까닭은 이처럼 각각의 언어가 지니고 있는 음운이 서로 다르기 때문입니다.

둘째는 낱말입니다. 한 언어의 규모는 그 언어가 얼마나 많은 낱말을 가지고 있느냐에 따라, 크기가 정하여 집니다. 有識한 사람이 많은 낱말을 알고 사용하는 것처럼 문화가 발달되었고 역사가 오랜 언어는 많은 낱말을 갖고 있습니다. 그 낱말의 뭉치를 語彙라고 하는데, 그 어휘를 일정한 차례대로 배열하여 사람들이 이용하기 편하게 만든 것을 사전이라고 합니다.

우리 한국어는 오천 년의 오랜 역사를 갖고 있는 文化語이기 때문에 어휘수도 엄청나게 많습니다. 1999년에 발간된 ≪표준국어대사전≫에는 대략 40만개의 어휘가 수록되어 있습니다.

셋째는 文章입니다. 낱말만으로도, 그 낱말이 지닌 뜻이 있으니까 몇 개의 낱말만 사용하여도 뜻을 전달할 수는 있습니다. 그러나 한 단위 또는 한 마디의 완전한 뜻을 표현하려면 문장이 이루어져야 합니다. 그러므로 모든 언어는 그 언어의 문장으로 표현되어야 온전한 뜻을 전달하게 됩니다. 이 문장을 공부하는 분야가 곧 文法입니다. 언어학자들은 문장의 구조를 분석하고 연구하는 분야를 統辭論이라고도 하지만, 그것은 옛날부터 문법이라고 말하여 왔습니다.

한 나라의 언어를 배운다고 하는 것은 처음에 음운을 익히고, 그 다음에 어휘를 기억하고, 마지막으로 문법을 익숙하게 익혀서 그 언어를 말할 수 있게 되는 것입니다.

1-3

언어구조는 이와 같이 音韻, 語彙, 文法으로 갈라 볼 수 있습니다. 그런데 여기에 꼭 한 가지가 더 필요합니다. 그 언어를 어떤 글자로 기록하느냐하는 문제입니다. 이것을 書寫體系라고 하는데 쉽게 말하여 문자입니다.

서양의 여러 나라는 언어가 달라도 알파벳(alphabet)이라는 문자를 공통으로 쓰고 있습니다. 아랍의 여러 나라들도 아랍문자를 공통으로 씁니다. 중국과 대만은 한자를 쓰고 우리 한국어는 다 아시는 바와 같이 한글과 한자를 아울러 쓰고 있습니다. 이것은 일본이 일본어를 일본 문자 가나(假名)와 한자를 아울러 쓰는 것과 같습니다. 중국 · 한국 · 일본은 역사적으로 오랫동안 동일한 문화를 누려온 문화적 배경 때문에 그렇게 한자를 공통으로 쓰게 되었습니다.

물론 우리 한국어는 한글만으로도 쓰기 자체에는 아무런 문제가 없습니다. 한글은 한국어의 음운을 거의 완벽하게 표기할 수 있기 때문입니다. 그러나 한자를 무시하고 그 뜻을 완전히 표기 내지 표현할 수 있느냐하는 문제는 생각해 보아야 할 것입니다. 우리는 이 문제를 깊이 고민하여야 하겠습니다.

2. 한국어의 말소리, 音韻

2-1

우리 韓國語는 이 세상의 모든 다른 언어와 마찬가지로 그 말소리가 모음과 자음 두 가지로 되어 있습니다. 母音 글자는 10개이고 字音 글자는 14개입니다.

母音 10자 : ㅏ ㅑ ㅓ ㅕ ㅗ ㅛ ㅜ ㅠ ㅡ ㅣ

子音 14자 : ㄱ ㄴ ㄷ ㄹ ㅁ ㅂ ㅅ ㅇ ㅈ ㅊ ㅋ ㅍ ㅌ ㅎ

이와 같이 한국어를 적는 글자, 한글은 24자로 되어 있습니다. 世宗大王께서 한글을 창제하셨을 때는 그 글자 수가 28개였습니다. 그러나 말이란 세월의 흐름을 따라 변하는 것이어서 오늘날에는 모음에서 아래 아(ㆍ)자와 자음에서 반치음(ㅿ), 여린 히읗(ㆆ), 옛이응(ㆁ) 등 모두 넉자를 사용하지 않게 되었습니다.

2-2

이렇게 한글은 24자로 되어 있지만 한국어의 말소리 곧 音韻은 이것들보다 훨씬 많습니다. 그러면 그 많은 음운을 어떻게 표기해야 할까요? 걱정할 필요가 없습니다. 24자를 가지고 현명하게 활용하는 방법이 있기 때문입니다.

즉 한국어의 말소리(音韻)를 거의 모두 빠뜨리지 않고 적으려면 24자로는 부족하기 때문에 그것들을 결합하여 모두 40개를 만들어 쓰고 있습니다. 그것은 다음과 같습니다.

母音 : ㅏ ㅑ ㅓ ㅕ ㅗ ㅛ ㅜ ㅠ ㅡ ㅣ
ㅐ ㅒ ㅔ ㅖ ㅘ ㅙ ㅚ ㅝ ㅞ ㅟ ㅢ
子音 : ㄱ ㄴ ㄷ ㄹ ㅁ ㅂ ㅅ ㅇ ㅈ ㅊ ㅋ ㅌ ㅍ ㅎ
ㄲ ㄸ ㅃ ㅆ ㅉ

이와 같이 한글은 24자로 40자의 글자를 만들어 한국어를 거의 完璧하게 표현합니다. 거의 완벽하게 표현한다는 말에 주의할 필요가 있습니다. 이 세상의 어떤 글자도 인간의 말소리를 완벽하게 표현할 수는 없습니다. 그러나 한글이 한국어를 표현하는 데에는 조금도 불편을 느끼지 않을 만큼 자유롭고 편안하게 쓰이기 때문에 한글이 한국어를 거의 완벽하게 표현한다고 말하는 것입니다. 그렇지만 영어나 일본어나 중국어 등 다른 나라말을 그 나라사람이 쓰는 발음대로 한글로 표기(또는 표현)할 수는 없습니다.

그러므로 우리는 한글이 아무리 우수한 문자라 할지라도 이 세상 모든 언어를 자유롭게 적을 수 있는 만능의 글자라고 생각해서는 안 됩니다.

2-3

위에 적은 40개의 한글 글자를 말소리의 성질에 따라 다시 갈라놓으면 다음과 같습니다.

母音 單母音 : ㅏ ㅓ ㅗ ㅜ ㅡ ㅣ ㅐ ㅔ ㅚ ㅟ
二重母音 : ㅑ ㅕ ㅛ ㅠ ㅒ ㅖ ㅘ ㅙ ㅝ ㅞ ㅢ

子音 편한 소리 자음 : ㄱ ㄷ ㅂ ㅅ ㅈ ㅎ

거센 소리 자음 : ㅋ ㅌ ㅍ ㅊ

울림 소리 자음 : ㄴ ㄹ ㅁ ㅇ

된소리 자음 : ㄲ ㄸ ㅃ ㅆ ㅉ

사람에 따라서는 위에 적은 40개의 글자(音韻)를 모두 다 잘 발음하는 사람이 있는가하면, 그렇지 못한 사람도 있습니다. 또 지방에 따라서는 'ㅐ'와 'ㅔ'를 구별하지 못한다든가, 'ㅓ'와 'ㅡ'를 구별하지 못하는 경우가 있습니다. 그렇지만 표준 한국어는 현재로서는 이 40개를 기준으로 하여 말하기와 글쓰기를 특별한 불편없이 사용하고 있습니다.

2-4

그런데 또 한 가지 문제가 남아 있습니다. 40개 글자를 갖고도 실제의 말소리를 표현하지 못하는 경우가 있기 때문에 받침으로 그것을 해결하게 되었습니다. 즉 자음 글자 14개는 모두 받침으로 씁니다. 그리고 그 외의 다음과 같이 자음을 2개를 연이어 적어서 실제의 발음을 표현합니다.

된소리 자음 : ㄲ ㅆ

복합한 자음 : ㄳ ㄵ ㄶ ㄺ ㄻ ㄼ ㄽ ㄾ ㄿ ㅀ ㅄ

이렇게 본다면 한글은 24자를 기본자로 하여 40개의 말소리 글자를 만들고 또 받침글자로 11개(ㄲ, ㅆ은 40개에 포함)를 덧보태어 51개 글자로 한국어를 표기한다고 할 수 있습니다.

2-5

그러면 왜 이와 같은 겹받침 글자를 만들어 써야만 했을까요? 그것은 한국어의 발음이 그렇기 때문입니다. 즉 모음과 모음 사이에 한국어는 두 개의 발음을 할 수 있습니다. 다음 말을 읽어봅시다.

넋을 기리는 마음
값이 비싼 많은 물건
시조를 읊으시는 할아버지
훑어낸 나락을 쌓은 곳간
옳은 생각과 올바른 행동

더 나아가 현행 맞춤법에서는 모음과 모음사이에 자음이 세 개가 연이어 적히는 수가 있습니다. 그래도 그것을 모두 발음할 수 있는 것은 아닙니다. 어디까지나 모음과 모음 사이에서는 자음 두 개만 발음할 수 있습니다. 다음 예를 읽어봅시다.

구멍을 뚫고 하늘을 바라보기
책을 읽다가 시조를 읊다가
아무도 없느냐고 소리를 질렀다

이렇게 어려운 받침을 한글맞춤법에서 규정해 놓은 까닭은 낱말의 형태를 일정하게 하여 그 낱말의 뜻을 쉽게 드러내려고 하기 때문입니다. 그 결과 한글은 소리글자이지만 굶-, 많-, 늙-, 젊-, 값, 넋 같은 낱말은 그 글자만 보아도 마치 한자의 기(飢・饑), 다(多), 노(老), 소(少), 가(價), 혼(魂) 같은 뜻을 나타내는 효과를 가지게 되었습니다.

2-6

한국어의 말소리는 40개이지만 그것은 반드시 음절 구성을 통하여 독립된 글자 구실을 합니다. 즉 한글은 낱소리글자로 되어 있으나 글로 쓸 때에는 음절문자로 바뀌어 쓰입니다. 이것을 흔히 音素的 音節文字라고 합니다. 서양의 학자들이 가끔 알파베틱 실라버리(alphabetic syllabary)라고 하는데, 이것이 곧 음소적 음절문자라는 뜻입니다.

한글이 음절문자로 쓰이기 때문에 한자와 자연스럽게 어울립니다. 이것은 세종대왕이 한글을 창제할 때부터 유념하여 창안한 지혜의 결과입니다.

한국어의 음절은 다음 네 가지로 나뉩니다.

① 모음 하나로 된 음절(V) : 아, 오

② 자음+모음으로 된 음절(CV) : 고, 두, 비

③ 모음+자음으로 된 음절(VC) : 안, 울

④ 자음+모음+자음으로 된 음절(CVC) : 감, 돈, 불

그러면 한국어는 얼마나 많은 음절을 발음할 수 있을까요. 상상할 수 없이 많은 음절문자를 만들 수 있을 것입니다. 그것을 모두 발음할 수 있는 것은 아닙니다.

참고로 우리나라 한자음을 모두 합치면 그 음절문자가 몇 개나 되는지 살펴 볼 필요가 있습니다. 그것은 한국에서만 쓰이는 한국한자의 한자음을 포함하여 528개의 음절문자가 있습니다.

한자의 총수가 5만 내지 6만여 글자를 헤아리니까 하나의 音節로 적어도 평균 100글자를 가리키는 셈입니다.

3. 韓國語의 語彙

3-1

우리말의 純粹性을 생각하는 사람들은 신문, 잡지나 방송 같은 언론 매체를 통하여 다음과 같은 어구를 보거나 들으면서 아주 묘한 기분이 들 것입니다.

어린이 – 雜貨 – 바게인

새봄 – 定期 – 세일

오늘부터 – 에너지 – 節約

自然農園의 – 눈썰매 – 레저

판타지아로 – 느끼는 – 音樂

아침 – 텔레비전 – 放映

세 낱말로 되어 있는 한 덩어리의 어구가 어쩌면 이렇게도 다정하게 고유어, 한자어 및 서양 外來語로 결합되어 있는 것일까요? 이러한 어구에서 이상하다는 느낌을 갖는 사람은 잠시 자기가 지금 입고 있는 옷을 한번쯤 살펴볼 필요가 있습니다. 남자라면 와이셔츠에 넥타이를 매었을 것이요, 여자라면 스카프에 블라우스를 입었을 가능성이 높습니다. 또 아침식사는 어쩌면 달걀 프라이, 한두 쪽의 토스트, 그리고 커피 한 잔을 했을지도 모릅니다. 물론 아파트에서 살고 있을 것이고요.

이렇게 우리의 주거환경, 의복, 음식 등 생활문화는 우리가 미처 의식하지 못하는 사이에 전통적인 양식을 벗어나 국제화를 치닫고 있습니다. 그렇다면 생활을 반영하는 언어가 국제화의 양상을 띠는 것은 당연하고도 자연스런 일이 아닐까요? 그런데 세상 사람들은 어째서 우리의 언어만은 외래문화에 물들지 않고 순수하기를 바라는 것인까요? 그것은 온 세상 모든 것이 국제적으로 변모하더라도 어디엔가 한 군데만은 순수성과 고유성을 유지해 주기를 바라는 마음 때문일 것입니다.

그렇지만 언어만, 사회현상과 동떨어져서 순수성을 고집할 수 없으므로, 우리는 부득이 넘치는 봇물을 주먹으로 막듯이 가능한 한 외래어를 덜 쓰고 固有語를 살려 보려고 애쓰는 것입니다.

이와 같이 우리 한국어 어휘는 고유어, 한자어, 외래어의 삼중구조로 되어 있습니다. 그 비율을 ≪표준국어대사전≫에서 찾아 보이면 대략 다음과 같습니다.

固有語 11만 1156(25.2%)

漢字語 25만 2755(57.3%)

外來語 2만 4050(5.6%) (그 외 11%)

이제 그 하나하나의 특징을 조금씩 살펴보기로 하겠습니다.

3-2

고유어는 아주 오랜 역사를 갖고 있습니다. 우리 민족이 민족공동체로 형성된 옛날부터 사용해온 어휘이기 때문입니다. 이 고유어 가운데에는 생활의 기초어휘가 많습니다. 그리고 그 중의 상당수는 단음절로 되어 있습니다.

눈·코·입·귀·손·발·등·배·살·피·뼈·애 같은 신체어휘나 물·불·뭍·땅·앞·뒤·나·너 같은 일반어휘가 단음절로 되어 있는 것은 원시국어시대에 어휘의 생성과 발달이 단음절을 기초로 하여 전개되었음을 나타내는 것으로 생각됩니다. 이러한 고유어 어휘들은 첫째 음운의 대립으로 의미의 차이를 나타내는 현상을 볼 수 있습니다. 다음 예가 그러합니다.

맛(味) - 멋(風味)

살(歲) - 설(元旦)

나(我) - 너(汝)

곧다(直) - 굳다(堅)

곱다(曲) - 굽다(屈)

녹다(鎔) - 눅다(緩)

아장아장 - 어정어정

팔랑팔랑 - 펄렁펄렁

감감하다 - 캄캄하다 - 깜깜하다

단단하다 - 탄탄하다 - 딴딴하다

둘째 한 낱말의 앞이나 뒤에 接頭辭나 接尾辭를 붙이어 새 낱말을 만들어 냅니다.

'잠 · 꿈 · 걸음 · 놀음 · 괴로움 · 그리움'은 'ㅁ'을 붙여 명사를 만들고 '내기 · 보기 · 사재기 · 더하기'는 '기'를 붙여 명사를 만들었습니다. 또 '날개 · 덮개 · 노래 · 마개 · 놀이 · 다듬이 · 꾸중 · 터럭 · 가죽'도 모두 접미사 '개, -애, -이, -웅, -억, -욱' 같은 것을 붙여 명사를 만든 것입니다.

'밥하다, 떡하다, 복되다, 참되다, 공부시키다, 운동시키다, 그늘지다, 기름지다, 겹치다, 감치다, 멋쩍다, 열없다, 촌스럽다, 어른스럽다, 아름답다, 신사답다, 달구다, 남기다, 서럽다' 등 접미사를 붙여 동사, 형용사를 만드는 경우도 광범위하게 나타나고 있습니다.

또 낱말과 낱말을 결합하여 복합어를 만드는 현상도 아주 잘 보입니다.

거짓+말, 목+숨, 한+숨, 가랑+비, 눈+물, 맛+보다, 본+받다, 일어+서다, 돌아+가다, 듣+보다, 나+들다, 뛰+놀다, 잡+쥐다.

3-3

한자어는 엄격하게 말하면 準固有語입니다. 적어도 2000년 이상 우리 민족과 어울린 어휘이기 때문입니다. 한국어의 역사에서 새로운 어휘의 필요성을 느끼고 그것을 만들어간 시기는 삼국시대 초기로 거슬러 올라갈 수 있습니다. 무엇보다 고유한 문자가 없던 그 시대에 사용할 수 있는 문자는 한자밖에 없었습니다. 그래서 한자를 자연스럽게 이용하게 된 것입니다.

(우리의 먼 조상인 東夷族이 중국 殷나라 시절에 한자를 만들었다는 이야기는 잠시 접어두기로 합니다.)

더구나 중국 쪽으로부터 들어온 고도의 정신문화인 불교와 유교, 그리고 그 경전들이 모두 한자로 되어 있었습니다. 문화란 흐르는 물과 같아서 높은 곳으로부터 낮은 곳으로 흐르게 되어 있습니다. 삼국시대 초기에 고구려, 백제, 신라는 중국으로부터 한자와 한자로 된 각종 경전들을 들여와 그것을 익히고 이용하면서 문화적 발전을 꾀하였습니다.

처음에는 사람이름, 땅이름, 벼슬이름을 한자로 바꾸는 일이 일어납니다. 그래서 '불구내(弗矩內)'는 '밝은 누리'라는 토박이 말인데 그것이 '赫居世'라는 한자어로 바뀌는 것입니다.

이렇게 우리말 속에 스며든 한자어는 고유어와 구별되지 않을 만큼 친숙해지고 잘 어울려서 고유어와 한자어가 異質感없이 결합하는 현상도 널리 일어납니다. 다음 예가 그러합니다.

밥床, 걸床, 藥밥, 洋담배, 色종이, 꼬마自動車, 窓살

또 한자어라기보다 한문어구인데 그것이 하나의 낱말처럼 굳어진 예도 있습니다.

於此彼, 及其也, 甚至於, 瞥眼間

이러한 한자어는 고유어와는 다른 의미 영역을 담당하면서 고유어와 사이좋게 공존합니다. 고유어가 일반생활어휘 또는 기초어휘를 담당하고 있음에 반하여 한자어는 전문 어휘, 특수어휘 쪽을 담당하고 있습니다. 한자어 유입초기부터 觀念的이고 思辨的인 概念語들은 유교 경전과 불교 경전을 통하여 물밀 듯이 국어의 어휘체계 속으로 쏟아져 들어옵니다. 이러한 추세는 19세기말까지 계속됩니다. 이제 그 예를 몇 개씩 찾아보기로 합니다.

家庭, 感動, 改造, 結婚, 故鄕, 機會, 努力, 農事, 動作, 保護

이러한 한자어는 고전 한문에서부터 쓰이던 한자어인데 오늘날에도 친숙하게 쓰입니다. 이 낱말이 얼마나 오래 전에 만들어졌는가에 새삼 놀라게 됩니다.

乾達婆, 佛體, 業障, 緣起, 法雨, 大慈大悲, 生界

이러한 한자어는 모두 불교에서 나온 것들입니다. 乾達婆, 佛體는 산스크리트어의 音譯語이고, 業障, 緣起 등은 뜻풀이하여 만든 意譯語입니다.

寶貝, 木棉, 餠餤, 砂糖, 白菜

이러한 한자어는 중국문화와 접촉하면서 중국 문물과 함께 들어온 것이라 중국음의 영향을 받아 '보배, 무명, 빙저(빈대-떡), 사탕, 배추' 등으로 고유어처럼 쓰이게 되었습니다.

그런데 가장 심각하고 중요한 한자어는 20세기에 일본을 거쳐 들어

온 광범위한 학술용어들입니다. 다음 예를 봅시다.

演繹, 歸納, 絶對, 先天, 範疇, 現象, 主觀, 客觀, 觀念, 哲學, 美術, 物理, 化學, 神經, 討論, 元素

이러한 한자어는 일본이 18세기 이래 서양의 학문을 부지런히 받아들이며 그것을 알맞은 한자어로 만들어 쓰던 것입니다. 이것을 개화기 이후에 우리나라에서는 수고도 하지 않고 쉽게 받아쓰게 되었습니다. 일제 식민지 시절이어서 어쩔 수 없다고 할 수도 있으나, 이러한 사정은 한자어의 본산지인 중국도 거의 그대로 일본 사람들이 고심 끝에 만들어낸 한자어를 받아들여 쓰고 있습니다.

그래서 결과적으로 근현대 서양학문이 동양 세 나라에 공통 한자어로 정착하게 되었습니다. 우리가 과학, 철학, 문학, 예술 등 모든 방면에서 이러한 한자어 없이는 도무지 생각을 깊이 있게 전개할 수 없게 되었으니 한자어가 얼마나 중요한가를 알 수 있습니다.

3-4

서양 외래어에 대하여는 길게 언급하지 않겠습니다. 낱말은 필요에 의해서 생성되고 수입되는 것이며, 또 필요성이 사라지면 그 생명력도 잃게 마련입니다. 외래어는 궁극적으로 모자라는 어휘를 보충해주는 새로운 자원이기 때문에 지나치게 경계해서도 안 되고 또 냉엄한 비판의식 없이 함부로 들여다 써서도 안 될 것입니다. 현재로서는 외래어의 증가현상을 조심스럽게 지켜보며 소화할 수 있는 범위를 정하는 슬기를 발휘하여야 하겠습니다.

4. 韓國語의 文章

4-1

국제화시대가 되면서 세상 사람들은 한국이 세계 속의 한국임을 실감합니다. 국제어로 통용되는 영어가 많은 사람들의 입에 오르내리며 그 말이 우리 한국어와 얼마나 다른지를 느끼는 것과 함께 한국은 세계 속의 하나의 민족이요, 하나의 나라임을 깨닫게 됩니다. 그 과정에서 한국어도 다른 나라말과 다르다는 것을 분명히 알게 되었습니다. 그러면 한국어 문장은 세계의 다른 나라말과 비교하여 무엇이 어떻게 다를까요? 이제부터 그 골자만 살펴보고자 합니다.

한국어는 4가지 기본 문형으로 표현됩니다.

① 무엇이 무엇이다.〔나는 한국 사람이다.〕
② 무엇이 어떠하다.〔하늘이 푸르다.〕
③ 무엇이 어찌하다.〔꽃이 핀다.〕
④ 무엇이 무엇을 어찌한다.〔한국 사람은 김치를 좋아한다.〕

이 세상의 어떤 언어도 위의 4가지 문장은 가지고 있을 것입니다. 그러나 한국어와 꼭 같은 構造(짜임새)를 갖지는 않을 것입니다. 특히 네 번째 문형 '무엇이 무엇을 어찌한다.' 형은 영어의 "I love you"와 비교했을 때 그 차이를 확연히 깨닫게 됩니다. 즉 한국어는 문장 끝에 서술어(動詞)가 나타납니다. 이것을 흔히 SOV구조라고 합니다. "S(주어)+O(목적어)+V(서술어, 동사)"를 뜻하는 것입니다.

위의 4가지 문형은 문장 끝에 자리한 서술어의 성격에 따라 名詞文(무엇이다), 形容詞文(어떠하다), 自動詞文(어찌하다), 他動詞文(무엇을 어찌하다)으로 구별하여 부르기도 합니다.

위의 4가지 문형 외에 한국어 특유의 표현법이라고 할 수 있는 다음과 같은 文型이 있습니다.

⑤ 큰 무엇은 작은 무엇이 어떠하다/무엇이다.

⑥ 앞 무엇이 뒤 무엇이 되다/같다.

다섯 번째 문형에 속하는 문장의 예를 볼까요.

나는 네가 좋다.

토끼는 꾀가 많다.

언니는 셈이 빠르다.

나는 낚시가 취미다.

나는 가슴이 뛴다.

이 저고리는 단추가 없다.

이러한 문형은 한국어에만 있다고 보고, 이런 문형을 二重主語文으로 설명하기도 합니다. 한 문장에 주어가 두 개는 있을 수 없다는 생각을 하는 서양 사람들에게는 이상하게 보일 것입니다. 그러나 이런 것이 한국어의 특징입니다.

여섯 번째 문형에 속하는 문장에는 다음과 같은 것이 있습니다.

물이 얼음이 된다.

영수가 대통령이 되었다.

내가 너와 같다.

불이 물과 같다고요?

4-2

이번에는 冠形構造에 대하여 생각해 보고자 합니다. 관형구조라는 용어만 듣고도 그것이 무엇을 뜻하는 지 짐작하는 분들이 있을 것입니다. '冠'은 '앞머리'를 뜻하고 '形'은 '형용하다, 꾸미다'를 뜻하는 말이니까 '冠形'이란 말은 어떤 낱말을 형용하거나 꾸미는 말이 그 꾸밈 받는 말의 앞자리에 놓인다는 뜻을 나타낼 것 아닙니까? 한자를 알면 이렇게 글자만 보아도 그 뜻을 짐작할 수 있습니다. 다음 예를 봅시다.

아름다운 경치, 튼튼한 몸, 가느다란 실
뛰어가는 사슴, 걸어가는 포수, 놓친 사냥감

위의 예들은 모두 앞에 놓인 말이 뒤에 놓인 명사를 꾸미고 있습니다. 이와 같이 명사를 꾸미는 말은 반드시 앞에 놓이게 되는 것이 한국어의 특징입니다. 너무도 당연한 이야기를 한다고요? 그렇지 않습니다. 꾸미는 말이 꾸밈 받는 말의 뒤에 놓이는 언어도 있습니다. 프랑스어가 그러합니다. 프랑스 말은 le ciel bleu(르 씨엘 블뢰 : 하늘 푸른)라고 하여 우리 한국어의 '푸른 하늘'과는 다른 구조를 보입니다.

이와 같이 꾸미는 말이 꾸밈 받는 말의 앞에 온다는 원칙은 꾸미는 말이 아주 길어져서 하나의 문장이 되는 경우에도 어김없이 지켜집니다. 다음 예를 살펴봅시다.

㉠ 아버님이 사냥을 즐기셨다.
㉡ 고개를 넘으면 그곳에 도착할 거야.
㉢ 고개를 넘으면 아버님이 사냥을 즐기시던 곳에 도착할 거야.

위의 ㉢문장은 ㉠과 ㉡이 합쳐진 것인데 자세히 보면 ㉡문장 속에

㉠이 들어가 있습니다. 이때에 ㉠문장은 ㉡의 '그'라는 낱말의 구실을 하는 것인데, 그것이 '곳'이라는 꾸밈 받는 말 앞에 있습니다. 이처럼 꾸미는 말이 아무리 길어도 한국어는 꾸밈 받는 말의 앞에 놓이게 되어 있습니다. 이것이 한국어의 특징입니다. 아마도 이때에 영어의 관계대명사가 생각나는 분이 있을 것입니다. 그렇습니다. 영어에서는 관계대명사를 사용하여 꾸미는 말을 나중에 천천히 설명합니다.

꾸미는 말이 반드시 앞에 놓인다는 한국어의 특징을 기억하면서 다음 예문을 한 번 더 보기로 합시다.

㉠ 생선이 소고기보다 소화에 좋다.
㉡ 선생님의 늘 그런 법이라고 말씀하셨다.
㉢ 선생님은 늘 생선이 소고기보다 소화에 좋은 법이라고 말씀하셨다.

4-3

한국어를 배우는 외국 사람들이 한국어를 배우기 어려운 말이라고 하는 이유는 여러 가지가 있겠지만 그 중에 가장 대표적인 것이 문장이 종결될 때까지 말하는 이가 무슨 말을 하려는 것인지 끝까지 긴장해서 들어야 한다는 것입니다. 이 말은 한국어가 서술어를 문장 끝에 놓는 언어이어서 그 서술어가 뜻하는, 말하는 이의 判斷, 評價, 決定, 描寫, 認定, 事實確認 등의 내용을 끝에 가서야 알 수 있다는 말입니다.

"나는 이렇고 저렇고……" 하며 길게 말하다가 끝에 가서 "-라고 생각하지 않는다고 보셨습니까?" 이렇게 말한다고 상상해 보십시오. 문장 끝에서 듣는 사람을 골탕 먹인다고 생각되지 않습니까? 그런데 한국어는 실제로 이런 언어입니다. 서술어가 문장 끝에 오는 언어이기 때문입니다.

또한 이 서술어에 그 문장에 필요한 여러 가지 문법적 요소를 집어넣는 장치가 발달되어 있습니다. 다음 문장을 봅시다.

㉠ 대한민국은 민주국가입니다.

㉡ 대한제국은 왕립 전제국가이었습니다.

위의 두 문장은 서술어의 시제가 각기 다릅니다. ㉠문장은 현재를 나타내고, ㉡문장은 과거를 나타냅니다. 이러한 시제 표시는 서술어에서만 표현이 가능합니다. 다음 문장을 볼까요.

㉠ 나는 어제 저녁에 영화관에 갔었다.

㉡ 아버지는 엊저녁에 외국 출장에서 집으로 돌아오셨다.

위의 두 문장은 모두 어제 일을 말하는 과거인데, ㉡에는 주어가 아버지이기 때문에 '돌아왔다'고 하지 않고 '돌아오셨다'고 하여 주어가 말하는 이보다 높은 분임을 나타내는 '-시-'라는 尊稱要素(尊稱補助語幹)가 쓰였습니다. 이것도 서술어에 붙어 있습니다.

이와 같이 한국어 문장은 서술어에서 필요한 문법적 요소를 모두 집어넣어 아주 복잡하게 표현하는 언어입니다. 아마도 이런 것들이 한국어를 배우는 외국 사람을 힘들게 하는 것이라고 생각됩니다. 물론 한국사람들은 태어나면서부터 이런 문제에 익숙해지기 때문에 전혀 불편을 느끼지 못하는 것입니다.

4-4

이 외에도 한국어 문장의 특징으로 더 이야기할 것이 있지만, 이 정도에서 마치고자 합니다. 한국어를 類型論의 관점에서 膠着語라고 합니다. 아교풀이 어떤 물건에 접착을 잘 시키는 것처럼 말을 덧붙이는 형식으로 진행한다는 극히 인상적인 판단의 용어입니다.

그러나 이 말을 유념할 필요가 있습니다. 서양의 여러 말이 屈折語에 속하고 중국어가 고립어에 속한다는 점은 이들 언어가 한국어와 얼마나 다른 언어인가를 이해하는 데 도움이 됩니다.

끝으로 한국어 문장의 특징을 이해하기 위한 도움 말씀을 드리는 것으로 마치고자 합니다. 한국어 문장의 특징을 올바르게 깨닫고 느끼려면 한국의 조상들이 지금껏 지어온 지난날의 글들을 찾아 읽으십시오. 역사적으로 이름을 남긴 이들의 글들을 찾아 읽으십시오. 남들이 名文이라고 칭송하는 글들에 어떤 것이 있는지 수소문하여 찾아 읽으십시오.

그 오랜 역사적 전통 속에서 한국어 문장은 아름답게 영글었고 또한 우리 조상들의 감동적인 말씀을 남기고 있습니다.

世宗과 訓民正音

1. 들어가는 말

한국 사람이라면 누구나 우리 민족이 우리의 고유문자 訓民正音(한글)을 가지고 있다는 사실에 무한한 기쁨을 갖고 있습니다. 그리고 이 훈민정음이 지금으로부터 570년 전인 1443년(세종 25년)에 세종대왕이 창제하셨다는 것도 잘 알고 있습니다. 이러한 기쁨과 인식은 민족적 자긍심으로 발전하여 우리 민족이 이 세상에서 가장 우수한 민족에 속하며, 우리는 이 문자, 훈민정음을 전 세계 無文字部族이나 無文字國家에 전수하는 것이 우리 민족의 世界史的 使命이라고까지 생각을 발전시키고 있습니다.

此際에 우리는 세종 당대에 어떠한 환경과 조건에서 훈민정음이 창제되었으며, 이 훈민정음은 문자체계로 보아 어떠한 특징과 장점을 지니고 있고, 어떠한 문화사적 의의가 있으며 우리는 이 문자에 대하여 어떠한 자세를 갖고 앞으로의 세상을 살아가야 할 것인지를 생각하여야 할 것입니다.

이 글은 이러한 목적으로 기획되었습니다.

훈민정음은 세종대왕이 몇 명 협조자들의 도움을 얻어 세종 25년에 창제를 완료한 것으로 알려졌습니다. 하나의 문자체계를 완성하는 일이 얼마나 至難한 일인가는 상상하기 어렵지 않습니다. 그러면 이러한 문자, 훈민정음이 어떻게 만들어졌을까요? 우리는 이 문제를 풀기 위하여 세종 당대의 시대상황과 훈민정음 창제에 필요하였을 주변 여건들을 살펴보아야 하겠습니다.

잘 아시는 바와 같이, 하나의 문화적 사건이 발생한다는 것은 그렇게 될 수밖에 없는 주변 여건들이 갖추어지지 않으면 발생할 수 없는 것이기 때문입니다. 1443년은 朝鮮王朝가 건립된 지 51년째가 되는 해이고, 세종이 즉위한 지 25년째에 해당합니다. 세종 治世 32년을 4등분할 경우, 세종 치세 4/4분기가 시작될 즈음하여 훈민정음은 세상에 빛을 본 것입니다. 또한 조선왕조가 새로 출범한지 50년의 세월을 보냈다는 것은, 그 세월에 걸쳐 文化事業을 벌일 수 있는 정치적, 경제적, 사회적 기반이 갖추어졌다는 것을 의미합니다. 이제 그 기반이 어떻게 조성되었는가를 간략하게 더듬어 보기로 합니다.

2. 變革期의 君主, 世宗大王과 그 時代

世宗代는 새로운 나라를 만드는 變革의 시대였고, 세종은 그 중심에 섰던 변혁의 군주였습니다. 14세기 고려왕조의 급격한 몰락은 대내외적으로 지극히 불안한 혼돈의 시대였습니다. 나라 안으로 왕권은 약화되고, 權力層은 늘어났으며 나라 재정은 궁핍해지고 농민들은 몰락의 길을 걸었습니다. 나라 밖을 보면, 元나라가 쇠망하여 국제질서에 판도 변화가 예측되었고 紅巾賊과 倭寇의 침략이 빈번하여 편할 날이 없었습니다.

새로운 정치질서의 재편은 시대적 소명인 듯 보였습니다. 이때에 새 지도자 李太祖(李成桂)가 나서서 역성혁명으로 새 나라의 터를 닦았습니다. 그 뒤로 太宗(李芳遠)은 기둥을 세우고 대들보를 올리는 공사를 하였습니다. 이제 나머지는 지붕을 덮고 마무리 치장을 하는 일이 남았습니다. 그 나머지 작업을 세종이 매우 성공적으로 수행한 것입니다. 그러면 그 일을 세종은 어떻게 완수하였는지 짚어보기로 하겠습니다.

2-1

먼저 정치적 안정을 이루었습니다.

조선왕조는 王權과 臣權이 조화를 이루도록 짜여진 정치체제였는데 그것이 가장 이상적으로 운영된 때가 바로 세종대였습니다. 임금과 재상과 대신들과 近侍官僚들은 누구나 자신의 의견을 개진하여 조화로운 합의가 이루어졌을 때 정책이 시행되었습니다. 의정부는 정책을 결정하고, 六曹는 그것을 집행하며 臺諫은 간쟁으로 감찰기능을 수행하고 承政院은 충실하게 秘書職을 감당하였고, 集賢殿은 부단히 정책을 개발하고 학문을 연구하였습니다.

태종 때에 六曹直啓制를 시행하여 왕권을 강화한 적이 있으나 세종 18년에 의정부 보고를 의무화하여 宰相權을 강화함으로써 재상과 임금이 공동으로 정책입안의 책임을 지는 구조를 확립하였습니다.

그러나 무엇보다도 세종의 통치방식은 초인적인 성실로 정무에 임한 세종의 일과에서 찾아야 할 것입니다. 세종의 일과는 크게 세 가지로 짜여져 있었습니다. 첫째는 視事요, 둘째는 經筵이요, 셋째는 輪對입니다. 視事는 곧 일상의 업무로서 보고받고 결재하는 일입니다. 經筵은 정책 결정의 원리와 선례를 연구하는 것입니다. 그리고 輪對는 신하들과의 면담입니다. 세종은 이 세 가지 일과를 특별한 사정이 없는 한, 거의 매일 충실하게 지켰다고 합니다. 흔히 세종을 英明한 군주라고 그의 천재성에 초점을 맞추어 칭송합니다만 오히려 세종의 부단한 노력과 성실성을 더 주목하여야, 그 칭송이 정당한 것이 아닌가하는 생각을 하게 합니다.

이러한 통치자세로 군현을 개편하고 중앙관료의 지방근무를 의무화하며 지방통치를 강화함으로써 중앙집권화를 가능케 하였습니다. 집현전을 효과적으로 운영하여 관료의 정예화를 이루었으며 무엇보다도 국방과 외교를 강화하여 정치적 안정을 가져왔습니다.

북으로 六鎭을 개척하고 왜구의 蠢動을 끊은 것은 그 당시에 육군 10만과 수군 5만, 도합 15만의 강력한 군대가 편성되었기 때문에 가능했던 일입니다. 이러한 상황에서 明에는 事大하고 일본과 여진에 交隣의 정책을 펴니, 나라는 모처럼 평화를 누릴 수 있었습니다.

2-2

둘째 경제적 안정도 이루었습니다.

조선조 초기의 나라 경제 기반은 농업이었습니다. 농업 생산의 증가만이 국부의 원천이었습니다. 농업생산의 증가는 농경지의 증가와 인적자원의 확보라는 두 가지 방향으로 진행되었습니다. 버려진 땅을 개간하거나 새 땅을 경작지로 만드는 일을 적극적으로 추진한 결과, 고려말에 약 80만결이던 농경지가 태종 때에는 120만결로 늘어났고, 世宗때에는 170만결이 되었습니다. 이 170만결은 조선조 500년간 두 번 다시 상회한 적이 없는 최고의 田結數였습니다.

이처럼 많은 땅을 경작지로 확보한 세종은 그 땅으로부터 소출을 극대화하기 위해 農器具, 水利施設, 施肥方法 등을 개량하여 농업기술을 개발하여 벼농사 확대에 심혈을 기울였습니다. 또한 ≪農事直說≫을 발간하여 농법개량을 지속하고 그 방법을 부지런히 보급하였습니다.

이러한 모든 노력은 租稅徵稅方法의 개선, 科田과 사원노비의 혁파 등과 맞물려 인적자원을 확보함으로써 조세증대의 기틀을 마련하는 데까지 발전하였습니다. 세종대에 일단 정비된 인적 물적 자원은 그 후의 조선조의 경제를 지탱한 근간이 되었습니다.

2-3

셋째 사회적 안정에도 성공하였습니다.

정치 경제적 안정은 필연적으로 사회적 안정을 수반합니다. 그러나 그것이 아무런 정책시행도 없이 저절로 이루어지는 것은 아닙니다. 세종은 中央集權體制와 租稅增大를 위하여 필요한 인적자원을 확보하려 하였습니다. 그것은 신분의 양극화를 해소함으로써 성공을 거둘 수 있었습니다.

세종대 초까지는 여전히 양반과 노비가 많았습니다. 이 두 계층은 조세와 부역의 부담에서 자유로운 계층입니다. 따라서 양반과 노비를 줄여서 양인의 수가 많아지면 그만큼 조세원이 확보되는 것입니다. 세종은 이 사업을 적극 시행하였습니다.

양반을 줄이기 위해서는 鄕吏의 지위를 격하하고 기술관 京衙前에 대하여서도 차별대우를 하였습니다. 또 양인을 늘이는 방편으로는 奴婢辨正을 적극 실시하여 身良賤役을 양인화하고, 양인과 천인이 결혼하여 낳은 자녀는 양인으로 삼고, 才人·禾尺 등 과거에 천인에 속한 부류를 양인으로 삼았습니다. 이렇게 양반과 천인을 줄이고 양인을 늘이면서 신분간의 양극화를 해소하였습니다. 양인의 증대는 오늘날의 관점에서 보면 중산층의 증대와 같은 것이라 할 수 있습니다.

이러한 인적자원의 확보를 바탕으로 하여 세종은 사회질서를 확립하는 사업에 들어갑니다. 이 사업은 ≪國朝五禮儀≫의 간행과 四禮(冠·婚·喪·祭) 整備로 나타납니다. ≪국조오례의≫는 왕실과 백성의 미풍양속을 진작시키기 위한 것입니다. 동성동본의 不婚, 四代奉祀, 再嫁女人 貶視같은 것은 모두 세종대에 확립된 사회적 규범이었습니다. 또

한편으로는 ≪三綱行實圖≫를 간행하여 널리 보급함으로써 忠臣·孝子·烈女를 至上善으로 여기게 하였습니다. 물론, 忠臣·孝子·烈女를 발굴하여 현양하고 표창하는 일을 게을리 하지 않았습니다. 그 결과 세종대는 상하존비의 위계질서가 분명하고 유교적 사회기강이 확립된 탄탄한 사회가 되었습니다.

오늘날의 관점에서 보면 중세적 왕정체제이어서 자유와 평등은 부족했겠지만 삼강오륜을 충실하게 지키며 반상의 위계질서가 정연한 평화롭고 풍요로운 중세사회가 형성되었던 것입니다.

2-4

이상과 같이 정치·경제·사회의 안정을 이룩한 세종이 그 다음으로 전개할 사업은 무엇이겠습니까? 그것은 문화사업이 있을 뿐입니다. 시기로 보아 앞에 언급한 사업들이 문화사업과 동시에 이루어진 것도 있겠지만 논리적 순서로 보아서는 정치·경제·사회의 안정을 위한 정책시행과 문화사업은 분명히 선후의 지위를 갖는다고 보아야 할 것입니다.

15만의 군병을 보유하여 六鎭을 개척하고 三南에는 왜구의 근접을 용서치 않는 당당한 국방체제하에서 170만결이라는 농경지로부터 착실하게 조세를 거두어 들여 國庫가 든든하게 된 터에 백성들은 三綱五倫의 덕목에 충실한 충신·효자·열녀를 갈망하며 자기 신분에 합당한 처신을 하는 충직한 신민이 되었습니다. 이제 임금은 이들 백성들의 정신문화를 풍요롭게 할 일만 남아 있는 것입니다.

세종은 크게 보아 네 가지 방면에서 문화정책을 펼쳤습니다. 첫째는 經史의 연구와 보급이요, 둘째는 제반 과학기술의 연구 개발이고, 셋째는 예악체제의 정비요, 넷째는 어문생활의 개선이었습니다. 이 어문생활의 항목 속에 훈민정음 창제의 계획이 들어 있는 것입니다. 이 가운데에서 민족 만대에 빛나는 업적은 이 네 번째 항목에 들어 있는 훈민정음의 창제입니다만 이것은 또한 앞의 세 가지 문화정책과 밀접한 관련이 있는 표리의 관계로서 이들 네 가지 사업은 총체적으로 맞물려가며 진행되었습니다.

첫째, 經史의 연구와 보급은 지배이데올로기를 확립하기 위한 철학적 · 사상적 기반을 구축하기 위하여 반드시 이루어야 할 사업이었습니다. 세종은 ≪永樂三大全≫ 곧 ≪四書大全≫ · ≪五經大全≫ · ≪性理大全≫을 명나라로부터 들여와 간행하여 보급하였습니다. 세종은 즉위 후 16년간은 2, 3일에 한 번씩 경연에 참석하여 四書五經과 ≪資治通鑑≫을 철저히 분석하고 연구하였습니다. 이 연구를 효율적으로 성취하기 위하여 집현전을 설치하여 인재양성과 연구 성과를 동시에 도모하였습니다. 이 성리학적 사유의 일단인 음양오행의 이론은 그대로 훈민정음의 기본원리가 되었습니다.

둘째, 제반 과학기술의 연구 · 개발에는 천문학과 의학이 특별히 주목됩니다. 渾天儀 · 簡儀 · 自擊漏 및 ≪七政算內篇≫(西域의 曆法) 등 천문학의 성과는 통치의 권위를 보장하는 것이었습니다. 정확한 천체관측과 표준시각의 확정은 그대로 그것이 왕권의 상징이기 때문입니다. 더구나 중국과의 차별화는 농사에도 직결되는 사항이었습니다. 서역의 역법을 번역한 ≪七政算內篇≫의 완성은 천문학을 중국수준과 대등하게 끌어올리고 ≪農事直說≫의 간행은 조선의 농사법을 한 단계 끌어 올렸습니다. 또한 동의학을 체계화하여 ≪鄕藥濟生集成方≫, ≪鄕藥採取月令≫, ≪鄕藥集成方≫ 등의 醫書를 간행하여 959종의 질병에 대해 10,760가지의 처방을 개발하고 鍼灸法, 藥材의 분류와 加工法 등 조선 고유의 의술을 발전시켰습니다. 이 무렵에 비로소 동의학 및 향약에 대한 깊은 인식이 형성되었습니다.

셋째, 세종은 음악을 정비하는 데 심혈을 기울였습니다. 음악은 백성의 심성을 교화하고 예절을 순화하는 데 필수불가결의 요소이기 때문입니다. 세종은 세 가지 음악을 모두 정리하였습니다. 宋代의 大晟樂인 雅樂을 정비하여 궁중음악에 채용하였고, 송대에 俗樂으로 유행하던 唐樂도 정리하는 한편 고려 이래로 우리나라 俗來樂인 향악도 정비하여 예속을 순화하는데 기여하게 하였습니다. 요컨대 세종은 중국문화를 철저히 해부 분석하여 조선문화의 독자성을 수립하는 일에 온갖 정성을 다 기울인 분이었습니다. 다시 말하여 세종은 우리 민족 고유의 철학, 고유의 천문학, 고유의 의약학, 고유의 음악이 있어야 함을 깨닫고 그 실체를 찾아내기 위하여 노력한 분이었습니다.

따라서 어문생활의 개선이라는 문화정책을 수립함에 있어서 조선고유의 어문생활에 기여할 고유문자의 필요성은 세종에게 있어서 절체절명의 과제이었을 것입니다. 그리하여 세종은 네 번째 문화사업으로 어문생활 개선에 꼭 필요한 고유문자 곧 훈민정음 창제 사업에 돌입합니다.(이 부분은 章節을 바꾸어 논의합니다.)

3. 訓民正音 創製 이전 — 世宗의 探索과 推進

이제 세종은 당시 조선의 語文生活에 주목합니다. 유사 이래 사용해 온 한자 · 한문은 일상의 언어생활과는 거리가 있는 문어로서만 존재하고 있었습니다. 이러한 말하기와 글쓰기의 이중구조는 지식계층과 무식계층, 양반과 상민, 지배자와 백성을 보이지 않는 벽으로 분리시키고 있었습니다. 이러한 어문현실을 직시하여 세종은 당대의 선진인 명나라의 어문정책에 어떤 것이 있는지를 알아보았을 것입니다. 즉 세종은 明나라의 사례와 조선의 사례를 비교 검토하는 것으로부터 어문정책 수립의 계획을 세워나갔을 것입니다. 물론 세종이 명나라의 어문정책을 검토할 때에 그 주변 국가들의 사례로 함께 조사하였을 것은 자명한 일입니다.

3-1

그러면 우리는 우선 우리가 세종대왕이 된 심경으로 세종 당대에 실존했던 語文現實을 살펴보면 좋겠습니다.

거듭 밝히거니와 15세기 당시, 우리나라의 언어문자 생활은 완벽한 二重構造였습니다. 말하기는 우리 조선말을 하면서, 그 말하기의 내용을 글로 쓸 때에는 漢文으로 바꾸어 표현하였습니다. 당연히 한문으로 바꾸어 글로 쓸 수 있는 사람들은 극히 제한된 지식층이었습니다. 간단히 양반관료층이라고 말할 수 있습니다. 그러나 양반관리들이 일반 양민을 다스릴 때 여러 가지 행정사무에 일일이 문어체인 한문을 쓸 수는 없고 말하기의 모습이 반영된 편한 한문이 필요하였습니다.

이 편한 한문은 아주 오랜 전통을 가진 것으로서 모두 한자를 이용한 것이었습니다. 한자만 가지고 살려니까 삼국시대 이래 자연스럽게 발전한 것입니다. 이것은 吏讀라고 하였습니다.

한편 四書五經이나 ≪資治通鑑≫ 같은 고전한문전적을 공부할 때, 우리는 당연히 그 意味를 이해하기 위해 解釋하는 과정이 필요하였습니다. 그때에 漢文原文에 자연스럽게 우리말 토(吐)라는 것이 들어가야 편한 우리말로 바뀌었습니다. 이때에 그 吐를 口訣이라고 하였는데 이 구결도 한자로 적을 수밖에 없었을 것 아닙니까? 이 구결의 최초 권위자가 신라시대의 薛聰이라고 알려져 있었습니다. 그런데 앞에서 말한 이두는 우리말 토를 적는 것은 한문해석에 쓰이는 구결과 본질적으로 같은 것이지만, 한자의 약자를 사용하지 않았는데 구결은 漢字原字보다는 略字를 즐겨 사용하였습니다.

이처럼 한자를 사용하여 우리말의 토를 적은 전통은 행정문서에 쓰이는 이두와 한문해석에 쓰이는 구결 두 가지 방면에서 아주 오랜 전통을 가지고 있었습니다. 물론 한자를 가지고 통째로 우리말을 표기하려고 노력했던 신라시대의 향가가 있었습니다. 鄕歌에 쓰인 한자사용 표기법을 우리는 향찰이라고 합니다. 이 향찰과 이두와 구결은 오늘날 한자 借用 表記體系라고 하는데 이것은 우리 민족이 얼마나 현명하게 한자를 활용하여 우리말을 표기하려 하였는지를 알려주는 생생한 증거가 되고 있습니다.

그러면 다시 한 번 정리해 보십시다. 鄕札, 吏讀, 口訣은 모두 한자를 이용하여 우리말을 표기하려고 노력했던 방법들이었습니다. 향찰은 한자의 훈과 음을 이용하여 우리말 전체를 표기하는데 성공한 표기법입니다. 오늘날 향가 25수(≪三國遺事≫에 14수 ≪均如傳≫에 11수)가 전할 뿐이지만 신라 고려대에는 상당한 보급이 되었을 것입니다.

이두는 행정문서에 광범위하게 쓰인 것으로 역시 한자의 훈과 음을 이용하여 우리말의 토(體言의 助詞와 용언의 語尾 부분)를 표기하였으나 한자원자를 사용하였습니다. 그런데 구결은 주로 경서를 번역할 때 사용되는 우리말 토를 한자의 原字(正字)보다는 약자로 간략하게 표기하는 전통이 아주 오래 되었습니다. 고려시대의 많은 불경에 이 약자 구결이 사용되었습니다.

이 세 가지 표기법 가운데에서 향가는 이미 고려 초에 사라진 것이니까 세종대에는 없었던 것이라 생각되지만 이두와 구결은 왕성한 생명력을 자랑하며 세종시절에 통용되고 있었습니다. 세종이 향가의 존재를 알고 있었는지는 알 수 없습니다. 그러나 향가식 표기방법의 가능성에 대해서는 충분한 이해를 하고 있었을 것입니다. 세종실록 지리지에 실린 우리나라 지명, 인명 등 고유명사 표기가 모두 향찰식 차음표기이기 때문입니다. 세종이 이것을 몰랐을 리가 없습니다. 또한 세종은 이두와 구결에 대해서는 너무나 잘 알고 있었습니다.

이제 세종이 우리말을 표기하는 문자의 구상 단계에 들어갔다고 가정해 봅시다. 이때에 세종은 이두와 구결문자를 생각해 보았을 것입니다. 그런데 이두는 한자의 정자를 쓰니까 일단 제외하고 구결자에 쓰이는 약자에 눈을 돌렸을 가능성이 매우 큽니다. 그런데 지금까지 연구되고 알려진 구결약자는 5, 60자에 불과한 것입니다. 이 5, 60자를 가지고는 우리말을 제대로 표기할 수 없다는 것이 너무나 자명해 집니다. 왜냐하면 이 5, 60자의 口訣字는 일종의 음절문자로서 우리말의 조사와 어미에 자주 쓰이는 제한된 음절을 표기하였기 때문입니다.(사실, 이 구결자는 음절문자인 일본의 가나(かな)문자와 본질적으로 같은 문자입니다. 일본은 일찍이 우리나라에서 한문 문화를 수입하는 과정에서 구결자도 배웠을 것이고 그것을 발전시키고 정리하여 자기네 かな를 개발하였을 것입니다. 그러나 우리나라 구결문자가 일본의 かな 발생 이전에 문헌상 존재한 근거가 없어서 그 상관관계를 밝힐 수는 없습니다.)

여기까지의 논의에서 우리는 이미 세종이 우리나라 말소리를 적기에 편한 소리글자(表音文字)에 대하여 생각에 생각을 모으고 있었다는 가정을 하고 있습니다. 한자에 맞서서, 민족 고유의 문자를 만든다면 그것은 당연히 말소리를 적는 표음문자이어야 할 것이요, 표음문자라면 또한 이미 천년이상의 漢字借用表記體系의 하나인 구결자에 관심을 보였을 것이라는 생각에서였습니다. 아마도 세종은 이 단계에서 무언가 과감한 비상과 도약을 결행하지 않고는 문제를 해결할 수 없다는 결론에 이르렀을 것입니다.

그러나 한편 생각해 보면 불완전 표음문자 구결자가 고려 오백 년 동안 경서번역의 오랜 전통으로 살아있었기 때문에 그것이 세종대에 이르러 환골탈태의 기회를 얻은 것이라고 생각해 볼 수도 있습니다. 새로운 문화 창조가 갑자기 하늘에서 떨어지는 것은 아니기 때문입니다.

3-2

세종은 또다시 심사숙고에 들어갑니다. 자연스럽게 중국을 비롯한 이웃나라의 사정을 살펴봅니다. 이미 중국의 주변에 있는 나라들은 자기네 고유문자를 가지고 있었습니다. 거란은 10세기에, 당구트는 11세기에, 여진은 12세기에, 몽고는 13세기에, 월남은 14세기에 각각 자기네 문자를 개발하여 사용하고 있었습니다. 이들 문자가운데에는 한자를 변조하여 만든 것도 있으나 전혀 새로운 체계의 표음문자도 있었습니다. 고유문자가 없다는 것은 小中華라 자처하며 문화적 우월감을 갖고 있는 조선으로서는 민족적 자긍심에 관계되는 일이기도 하였습니다.

이때에 세종은 또 하나의 문제에 봉착합니다. 나라 안에 통용되는 한자의 음이 중국에서 통용되는 한자의 음과 상당히 다르다는 사실입니다. 한자가 우리 민족에게 문자생활의 기간으로 받아들여서 활용될 초기에는 중국의 한자음과 다르지 않았을 것이지만 세월이 흐르면서 우리나라의 漢字音은 독자적인 변화를 거쳤으므로 中國의 漢字音과는 달라질 수밖에 없었습니다.

세종은 이 점에 착안합니다. "어떻게 하면 우리나라 조선의 한자음과 중국 명나라의 한자음을 일치시킬 수는 없을까? 일치가 불가능하다면 비슷하게 만들 수는 없을까?" 이런 생각을 하였을 것 같습니다, 왜냐하면 한자음을 제대로 이해하고 정확하게 쓰는 방법으로 중국에서는 왕조가 바뀔 때마다 소위 표준 漢字音辭典이라고 할 韻書를 편찬하여 왔는데 명나라가 세워진 뒤에도 역시 ≪洪武正韻≫(1375)이라는 운서가 간행되어 명나라 안에서 널리 보급되고 있었기 때문입니다. 그리하여 세종은 용단을 내립니다. "≪홍무정운≫을 정확하게 이해하자. 그리고 중국의 발음도 확실하게 익히자. 그 다음에 우리나라 한자음도 ≪홍무정운≫과 가깝게 고쳐보자." 이렇게 생각을 정리합니다. 이 세 가지 목표는 그 후에 ≪洪武正韻譯訓≫, ≪四聲通攷≫, ≪東國正韻≫이라는 세 가지 책을 만드는 사업으로 결실을 보게 됩니다.

그런데 이 한자음 바로잡기 사업에는 두 가지 전제사업이 선행되어야 하였습니다. 그 하나는 漢字音辭典의 명나라 결정판인 ≪홍무정운≫을 올바로 이해하려면 중국에서 오랫동안 축적되고 발전해온 漢字音學 곧 聲韻學을 제대로 숙지하고 활용할 수 있어야 하는 것이요, 둘째는 그 성운학에서 표기하는 한자음의 표기방식이 중국 전래의 운학전통인 반절법에 의존하고 있는데, 이것은 한자를 다른 한자로 표기하여 한자음을 나타내기 때문에 그것을 객관적으로 표기할 수 있는 다른 방안이 있어야 하겠다는 것이었습니다. 다시 말하면 정확한 발음부호의 필요성입니다. 이 발음부호의 필요성이야말로 우리나라가 불완전한 구결문자로 불편을 겪었던 지난 세월을 청산하고 새로운 우리의 표음문자를 만든다는 목적과 정확하게 부합하는 일이었습니다.

그리하여 이 단계에서 세종은 과감한 실천의지를 갖고 또 용단을 내립니다. "그렇다. 우리말을 자연스럽고 완벽하게 표기할 수 있는 고유한 우리의 표음문자를 만들자. 그리고 그것을 ≪홍무정운≫을 바르게 이해하는 한자의 표음수단으로도 활용하자. 더 나아가 주위의 다른 나라 예컨대 蒙古語, 女眞語, 倭語를 배우는 데에도 이용하자." 이렇게 결정을 하고 보니 세종이 구상하는 새 문자는 결국 ①우리말 표기 ②한자음 표기(중국어 표기) ③이웃한 다른 나라말의 표기라는 세 가지 목표를 갖게 되었던 것입니다. 아마도 그 무렵에 그 문자의 명칭을 '훈민정음'이라고 하자는 결정도 함께 하였을 것입니다.

이제 남은 것은 이 사업을 진행할 인재를 확보하는 일이었습니다. 그 때에 신숙주와 성삼문 등이 발탁되었습니다. 그리고 본격적으로 성운학의 연구에 매진합니다. 그 운학의 연구 성과 가운데 훈민정음의 탄생이 들어 있습니다.

3-3

이렇게 시작된 훈민정음 창제 사업은 처음부터 난항에 부딪칩니다. 문화의 선진국인 명나라를 철저히 배우고 그 문화적 우수성을 받아들이면서도 우리 조선 문화의 고유성과 독자성을 발현하고자 애쓰는 세종과 단순한 小中華 사상에 젖어 崇明事大만을 고집하는 당대 신하들 및 지식인의 생각은 서로 거리가 있었기 때문입니다. 그러한 시대 분위기 때문인지 훈민정음 및 운서연구 사업은 대단히 은밀하게 진행된 것으로 보입니다. 따라서 이들 사업의 진행 상황을 알리는 기록도 빈약하기 짝이 없습니다.

비록 은밀하게 추진을 했으나 소문을 듣고 강력하게 항의하는 학자들이 없지 않았습니다. 崔萬理 같은 사람이 그 대표적인 예인데, 세종은 그 때에 "네가 韻書를 아느냐?"는 한 마디로 일축하고 옥에 가두라고 호령하지만 그 다음날 바로 풀어주는 아량을 보이며 세종은 고루한 학자를 다독입니다.

얼마간의 세월을 소요했는지는 알 수 없으나 훈민정음이 그 모습을 드러내는 것은 중국의 운서연구와 표리관계를 이루며 진행됩니다. 우리는 그 과정을 모두 추적할 수는 없습니다. 다만 그 결과만을 가지고 그 연구 배경을 막연하게 추측할 수 있을 뿐입니다.

흥미로운 사실 한 가지는, 명나라가 나라 안의 한자음을 표준화하려고 만든 ≪洪武正韻≫과, 세종대왕이 ≪홍무정운≫을 모범으로 삼아 우리 조선안의 한자음을 표준화하려고 만든 ≪東國正韻≫, 이 두 책은 그 책들이 만들어지기까지의 힘든 과정과 정성에도 불구하고, 두 책이 똑같이 실제의 어문생활에는 아무런 도움도 주지 못하는 선반 위의 이론서로 끝이 났다는 사실입니다. ≪홍무정운≫은 중국의 북방음과 남방음의 조화와 통일을 모색한 것이었지만 결국 현실음의 교정에 기여하지 못하였고, ≪동국정운≫은 조선 한자의 현실음과 중국 명나라의 이상적 표준음과의 조화를 모색했으나 역시 조선의 현실음을 개정할 수는 없었기 때문입니다.

역사적으로 많은 나라들이 나라 안의 언어정책을 이상에 치우쳐 추진하는 수가 있었지만, 그 대부분은 실패하였습니다. 언어는 인위적으로 변개한다는 것이 거의 불가능하다는 것을 보여 주는 교훈이라 하겠습니다. 명나라도 세종도 이 점에는 예외 없이 실패하였습니다. 그러나 세종은 조선의 한자음을 정비하는데 실패하였지만 그 연구과정에서 ≪홍무정운≫의 한자음을 철저하게 분석하고 연구하여 그 한자음을 표기할 뿐 아니라 ≪동국정운≫의 理想的 한자음을 표기하는 훈민정음을 창안함으로써 의외의 성과를 거두었습니다.

4. 訓民正音의 構造와 體系

그러면 이제 세종이 한자음 표기방안 탐색과정에서 얻게 된 소득 곧 훈민정음의 실체를 찾아가 보기로 하겠습니다. 훈민정음은 초성 17자, 중성 11자 도합 28자입니다. 초성은 오늘날의 자음이며 중성은 오늘날의 모음입니다.

4-1

초성 17자의 제자원리는 訓民正音解例에 따르면 다음과 같습니다

五聲	象形	加劃	性理學的 理論
牙	ㄱ 舌根閉喉	ㅋ ㆁ	木 春 角 東
舌	ㄴ 舌附上齶	ㄷ ㅌ ㄹ	火 夏 徵 南
脣	ㅁ 口形	ㅂ ㅍ	土 季夏 宮 末
齒	ㅅ 齒形	ㅈ ㅊ ㅿ	金 秋 商 西
喉	ㅇ 喉形	ㆆ ㅎ	水 冬 羽 北

이 표를 보면 세종은 초성자를 엄정한 音聲學的 기초에서 출발하고 있습니다. 牙舌脣齒喉의 다섯 개 發音器官은 오늘날 音聲學 音韻論 등에서 논의하는 調音器官의 분류와 완벽하게 일치합니다. 게다가 그것은 성리학적 이론인 오행사상과도 절묘하게 부합합니다. 이것은 인간의 발음이 천지자연의 조화와 분리되지 않는다는 古來의 동양전통사상을 강하게 반영하고 있습니다.

이 牙舌脣齒喉 다섯 개 발음기관에서 기본발음의 형상을 'ㄱ ㄴ ㅁ ㅅ ㅇ'로 정하고 그곳에서 발음되는 다른 음들을 加劃을 통하여 모두 17개의 자형을 얻었습니다.

그러나 우리말의 초성발음을 모두 조사해 보니 17개로는 부족하고 6개가 더 있어야 한다는 것을 세종은 알고 있었습니다. 그 뿐 아니라, 중국운서의 연구를 통하여 중국 한자음의 초성은 36개나 된다는 것을 알고 있었습니다. 그래서 세종은 우리말을 적는데 꼭 필요한 23개의 초성을 우선 확정하게 됩니다. 그것은 'ㄱ ㄷ ㅂ ㅅ ㅈ ㅎ'의 6개 초성자를 나란히 포개어 적은 병서자를 만드는 것이었습니다. 즉 'ㄲ ㄸ ㅃ ㅆ ㅉ ㆅ'의 6자가 처음의 17자와 합하여 23개의 초성자를 만들게 됩니다. 그것을 소리의 성질에 따라 표를 만들면 다음과 같습니다.

訓民正音 23字母表

	牙	舌	脣	齒		喉	半舌	半齒
全淸	ㄱ	ㄷ	ㅂ	ㅈ	ㅅ	ㆆ		
次淸	ㅋ	ㅌ	ㅍ	ㅊ		ㅎ		
全濁	ㄲ	ㄸ	ㅃ	ㅉ	ㅆ	ㆅ		
不淸不濁	ㆁ	ㄴ	ㅁ			ㅇ	ㄹ	ㅿ

아마도 이 23개의 초성자는 세종이 생각하기에 우리말을 적는 데에는 부족함이 없을 것이라 생각하였을 것입니다. 그래서 이 23자모표를 만들고 한 숨 돌립니다. 그 다음에는 중국한자음에 필요한 36자모를 위하여 고심합니다. 우리나라 말소리에는 없는 중국어 말소리는 舌音, 脣音, 齒音에 있었습니다. 중국어음에는 설음이 舌頭音과 舌上音, 순음에 脣輕音과 脣重音, 치음에 齒頭音과 正齒音이 있는 것이었습니다. 중국어를 배우는 사람들은 그것을 잘 익혀서 발음할 수도 있고 귀로 변별할 수도 있지만 보통 우리나라 사람들은 변별하기도 어렵고 발음하기는 더구나 어려운 것이었습니다. 그러나 그것을 정확하게 표기하지 않으면 배울 수도 익힐 수도 없는 것 아닙니까? 그래서 그것을 구분하는 방법을 개발하였습니다. 예컨대 齒頭와 正齒를 구분하기 위하여 'ㅈ ㅅ'의 좌우획의 길이를 달리하는 방법을 택했습니다. 즉 'ᅎ, ᅐ, ᄼ, ᄾ'과 같은 것입니다. 이렇게 하여 중국어음 표기도 성공합니다.

그러면 초성자모 23개로 우리말을 적는 데는 부족함이 없었을까요? 완벽한 줄 알았는데 고만 脣音 가운데 'ㅂ' 系 발음에 중국음에 있는 脣輕音이 존재한다는 것을 발견하였습니다. 그래서 부랴부랴 'ㅸ'자를 하나 더 만들어 냅니다. 그 결과 훈민정음 초성자모 23자 체계에는 들어 있지 않은 'ㅸ'자가 초기 언해본에 매우 광범위하게 쓰입니다. 이러한 사실을 통하여 우리는 완벽을 기한다는 것이 얼마나 어려운가를 깨닫습니다. 그러나 'ㅸ'字의 가세로 15세기의 훈민정음이 우리말을 표기하는 데에는 거의 완벽을 기했다 할 수 있습니다.

4-2

中聲 11字의 제자원리는 訓民正音解例에 다음과 같이 설명되었습니다.

	音韻學的 說明	字形	象形
·	舌縮而聲深	圓	天
ㅡ	舌小縮而聲不深不淺	平	地
ㅣ	舌不縮而聲淺	立	人
ㅗ	與 · 同而口蹙	初生於天	
ㅏ	與 · 同而口張	初生次之	
ㅜ	與ㅡ同而口蹙	初生於地	
ㅓ	與ㅡ同而口張	初生次之	
ㅛ		再生於天	
ㅑ		再生次之	
ㅠ		再生於地	
ㅕ		再生次之	

이것은 15세기 당시 우리나라의 單母音이 '· ㅡ ㅣ ㅗ ㅏ ㅜ ㅓ'의 7개임을 보여주는데 天地人 三才를 기본자로 하고 그 일차결합으로 'ㅗ ㅏ ㅜ ㅓ' 4자를 얻어내고 單母音 7개를 확정한 것은 오늘날의 관점으로 보아서도 놀라운 결정이 아닐 수 없습니다. 'ㅣ'와의 2차 결합을 'ㅛ ㅑ ㅠ ㅕ'로 잡고 그것까지 합하여 11자를 中聲(母音)의 기본자로 삼은 것은 현대의 관점에서는 조금 문제가 있으나 어쨌거나 세종은 이 11자를 중성자로 삼았습니다.

4-3

이와 같이 초성과 중성자를 결정한 세종은 초·중이라는 글자에서 연상할 수 있는 바와 같이 終聲字도 필요하다는 것을 알고 있었습니다. 왜냐하면 모든 한자음은 反切로 표시되어 오늘날의 음절의 개념으로 발음되는데 그 음절은 초성과 중성 이외에 종성발음도 있었기 때문입니다. 즉 예를 들면 東은 德紅切이라 표기하여 德의 初聲音과 紅의 초성음을 뺀 나머지 음과의 결합임을 보여 주고 있었습니다. 그러니까 德에서는 d(ㄷ), 紅에서는 ong(ㅎ)을 나타내고 있습니다. 초성을 뺀 나머지 音을 중국 운학에서 '韻'이라 하였습니다. 한자음 연구는 결국 초성체계와 운체계 곧 성운연구로 압축되는 것입니다.

중국에서 한자음사전이라 할 수 있는 韻書들은 한자를 聲調에 따라 平上去入으로 四分하고 그 각각의 성조에 일정수의 운자를 배정한 다음 모든 한자를 이 체계의 어느 하나에 소속시켜 그 발음을 규정하는 것이었습니다.

가령 고대의 운서인 切韻(隋, 陸法言)이나 唐韻(唐, 孫愐) 같은 것은 平上去入 四聲에 도합 193운으로 정하고 모든 한자의 음을 그 속에 배분하였고, 그 후의 운서들은 초성체계인 자모를 대개 36자모로 잡고 사성에 106운, 107운으로 분류하여 한자음을 정리하였습니다. 세종은 이렇게 복잡한 운의 체계를 중성과 종성을 분리함으로써 100개에서 200개 정도에 이르는 운체계를 없애버릴 수 있었습니다. 그러면 종성자는 몇 개로 정하고 어떤 자형을 만들었을까요? 이때에 세종의 놀라운 창의성이 빛을 발합니다. 종성자는 별도로 만들지 않고 초성자를 그냥 다시 쓰는 것입니다.

音節末에 나타나는 종성 소리가 음절초에 발음되는 초성소리와 같은 것이라는 인식은 세종으로 하여금 종성자의 제작을 불필요한 것으로 만들었습니다. 이것은 요즘의 눈으로 보면 모든 한자음이나 음절이 자음과 모음으로 분리된다고 하는 것이 별 것 아닌 상식이지만 수천 년 反切法에 익숙하고 운을 100여 개 이상으로 나누어 놓고 그것을 외우느라 열심이었던 15세기에 그와 같은 생각에 도달할 수 있었던 것은 참으로 놀라운 세종의 탁견이었습니다.

그리하여 초성 17자 가운데에서 종성으로 발음되는 8개를 초성자에서 다시 쓰는 것으로 하였습니다. 그것은 'ㄱ ㄴ ㄷ ㄹ ㅁ ㅂ ㅅ ㅇ'입니다. 현대에는 'ㄷ'과 'ㅅ'이 발음상 구분되지 않아서 7종성이 되었습니다.

4-4

초·중·종 3성 체계를 확립한 세종은 이제 이것을 음절단위로 어떻게 모아 쓸 것인가를 생각하게 됩니다. 여기서 우리가 분명히 짚고 넘어가야 할 것이 있습니다. 훈민정음 28자가 우리말을 적을 수 있을 뿐만 아니라 한자음을 정확하게 표기하기 위한 목적도 가지고 있었다는 사실입니다. 한자는 한 글자, 한 글자가 음절단위로 발음됩니다. 즉 한자는 음절로 읽힙니다. 따라서 한자 한 글자의 음도 독립된 음절로 적혀서 한자와 편하게 대응할 수 있어야 할 것입니다.

그래서 훈민정음이 초성자(子音)와 중성자(母音)로 나누어져 있는 음소문자이지만 그것이 글자 기능을 할 때에는 한자와의 조화를 이루기 위하여 좌·우 또는 상·하로 결합하여 음절자로 쓰지 않을 수 없게 만들었습니다. 다시 말해서 영어의 알파벳처럼 한 줄로 늘어 쓰는 풀어쓰기를 할 생각을 전혀 하지 않았다는 사실입니다. 이것은 훈민정음이 한자문화권 속에서 한자와 조화로운 공존을 하기 위하여 취한 매우 현명한 합자법이었던 것입니다.

5. 實錄記事를 通한 推定

5-1

지금까지의 논의를 좀 더 구체화시키고 창제과정의 참모습을 찾아보기 위하여 우리는 세종실록에 적힌 훈민정음 관련기사를 檢討해 보기로 하겠습니다. 훈민정음이 창제된 세종 25년 12월 이전에는 訓民正音 창제와 관련된 어떠한 기사도 실록에 실리지 않았습니다. 國字를 만드는 중차대한 국가사업이 감감 무소식으로 진행되다가 불쑥 "上親制諺文二十八字"라는 한 마디로 그것도 한 해 기사의 맨 끄트머리에 적는 것으로 마무리했다는 것은 이 훈민정음 창제사업이 얼마나 은밀하게 극비리에 추진되었는지를 짐작하게 합니다.

세종은 재위 20년 무렵부터 정무시사의 상당부분을 東宮에게 위임합니다. 세종의 신병이 겉으로 드러난 이유입니다. 그러나 身病療養次 清州 椒水里 등으로 행차가 잦아 1, 2개월간 행궁이 차려지고, 때로는 신하들의 집으로 수일에서 1, 2旬間 移御하는 일이 잦은 상황에서 세종은 오히려 훈민정음 창제사업을 편한 여건에서 진행하지 않았을까 생각해 볼 수도 있습니다.

5-2

그러면 우선 세종 25년 12월부터 세종 말년까지 훈민정음 관련기사를 뽑아보면 다음과 같습니다. 우리는 이 연대표를 갖고 훈민정음이 어떻게 만들어졌는지를 거슬러 올라가 보기로 하겠습니다.

1443年(世宗 25)	12月	訓民正音 創制
1444年(世宗 26)	2月	崔恒 등에 韻會 번역을 命함

	2月	集賢殿 崔萬理 등 訓民正音 反對上疏
1445年(世宗 27)	1月	申叔舟 등 韻書 質問次 遼東行
	4月	權踶 등 ≪龍飛御天歌≫ 撰進
1446年(世宗 28)	3月	昭憲王后 逝去
	7月	首陽大君 ≪釋譜詳節≫ 編纂
		世宗 ≪月印千江之曲≫ 創作
	9月	鄭麟趾 등 ≪訓民正音≫ 解例本 탈고
	11月	諺文廳 設置
	12月	吏科에 訓民正音 賦課
1447年(世宗 29)	4月	訓民正音 先試 吏科取材者 竝試
	9月	申叔舟 등 ≪東國正韻≫ 完成 刊行
	10月	崔恒 등 註釋 ≪龍飛御天歌≫ 刊行
		≪釋譜詳節≫ 24卷 刊行
		≪月印千江之曲≫ 3卷 刊行
1448年(世宗 30)	10月	≪東國正韻≫ 6卷 各道 및 成均館 四部學堂에 頒賜
1449年(世宗 31)	10月	政丞 河演을 비방하는 諺文壁書 나옴
	12月	申叔舟 등 明 使臣에게 韻書를 質正
1450年(世宗 32) 閏	1月	成三問 등 明 使臣에게 韻書를 質問
	10月	正音廳 設置

5-3

제일 먼저 '訓民正音'이란 낱말이 實錄에 最初로 모습을 드러낼 때의 記事內容을 꼼꼼히 따져보는 것으로 우리의 推論을 시작하겠습니다. 그것은 세종 25년 12월말의 기사로 그 내용은 다음과 같습니다.

"이 달에 임금님께서 친히 諺文 28자를 지으셨는데, 그 글자가 옛날의 篆字를 닮았고, 初聲 · 中聲 · 終聲으로 나뉘어 있으나 그것들이 합한 다음에야 글자를 이룬다. 무릇 문자에 관한 것과 우리나라 俚語에 관한 것을 모두 쓸 수 있고, 글자는 비록 간단하고 단출하지만은 전환하는 것이 무궁하니, 이것을 훈민정음이라고 이른다.〔是月, 上親制諺文二十八字, 其字倣古篆, 分爲初中終聲, 合之然後乃成字, 凡于文字及本國俚語, 皆可得而書, 字雖簡要, 轉換無窮, 是謂訓民正音.〕"

한 나라의 새 문자가 탄생했는데 그 내용 해설이 이렇게 간결하고 소략할 수 있을까? 참으로 놀랍기 그지없습니다. 그러나 그 내용을 보면 언급하여야 할 기본적인 중요사항은 모두 들어 있습니다.

첫째로 언문 28자라 하여 나라 안에서 통용되는 일반명칭 곧 문자의 속칭을 밝히고 있습니다. 이 '諺文'이란 말은 '文'이란 글자를 통하여 한자를 지칭하는 '문자'와 대등한 대중문자 내지 서민문자라는 뜻을 나타내고 있습니다. 즉 "朝鮮의 朝鮮語(土俗 固有語)를 위한 朝鮮文字"라는 뜻을 천명하고 있습니다. '훈민정음'라는 낱말에서 풍기는 표음성을 은근히 뒤로 감췄다는 점에서 언문이 오히려 훈민정음보다 품격을 높인 명칭이라고 볼 수도 있습니다. '音'이 아니라 '文'을 내세웠기 때문입니다.

둘째로 字倣古篆이란 말을 통하여 새 문자가 전혀 생소하고 낯선 것이 아니라 예부터 우리 조상들이 익숙하게 접하던 字貌요 字樣임을 밝히고 있습니다. 그래픽 이미지(graphic image)가 백성들, 특히 문자를 아는 식자층에게 친숙한 것임을 강조한 말입니다.

셋째로 이 언문 28자가 음소적 文節文字임을 밝히고 있습니다. 초성 17자와 중성 11자, 그리고 초성에서 다시 쓰는 종성 8자는 모두 독립적인 音素文字(phonemic letters)이지만 그것은 音節 구성표기가 완성되는 초 · 중 · 종성의 합자로만 읽을 수 있음을 해설하였습니다. 音節文

字인 한자와 대등하게, 그리고 조화롭게 쓰일 수 있도록 염두에 두었음을 분명하게 밝힌 구절입니다.

넷째로 문자와 본국 俚語에 두루 적용됨을 밝히고 있습니다. 이것은 매우 의미심장한 표현입니다. 문자는 곧 한자입니다. 따라서 한자로 적힌 중국과 우리나라 한자어 표기에 유용하며 우리나라말 곧 고유어에는 두말할 것 없이 유용한 문자임을 밝히고 있습니다. 본국 俚語보다 文字를 앞세워 적은 것으로 보아 어쩌면 한자음 연구의 필요성, 곧 중국운학의 지식과 그 활용이 훈민을 위한 고유문자의 필요성을 앞선 것이 아닌가 하는 추측도 해 볼 수 있는 구절입니다.

이 시점에서 우리는 훈민정음이 다목적 문자임을 확인하게 됩니다. 한자음 표기와 고유어표기에 두루 활용할 목적을 가지고 출발했고 결국 그것을 완성한 문자라는 사실이 이 구절에서 드러납니다. 그러니까 세종 25년 12월이면 중국 운학에 관한 지식 곧 한사음 표기에 관한 지식도 이미 완숙하여 후에 언급되겠지만 ≪東國正韻≫이 거의 완성된 것 아닌가 추측해 볼 수 있습니다. 적어도 이 한마디는 ≪洪武正韻譯訓≫, ≪동국정운≫ 등 韻書事業과 긴밀하게 묶여 있다는 점을 밝히고 있습니다.

다섯째로 字雖簡要, 轉換無窮 여덟 자는 오늘날 온 세계 문자연구가들과 언어학자들이 훈민정음의 우수성을 賞讚하는 것과 동일한 표현입니다. 특별히 좋은 문자임을 강조하지 않으면서 매우 간결하게 문자의 單純性 · 合理性 · 活用性 등 과학적 우수성을 자랑한 구절입니다. 그러나 여기에서 주의할 점이 있습니다. 이것은 어디까지나 수사적 표현이라는 점입니다. 이 표현은 훈민정음이 만능의 문자라는 뜻이 결코 아님을 알아야 할 것입니다.

여섯째로 이 글자의 공식명칭을 밝혔습니다. 愛民 · 便民 · 爲民思想을 이 이름 '훈민정음' 넉자로 나타내고 있습니다. 본질적으로 이 글자가 發音記號의 기능을 하는 표음문자라는 점을 분명히 하였습니다. 두

해 뒤에 완성되어 발표된 이른바 ≪훈민정음 해례본≫ 첫머리 例義篇에 나오는 훈민정음서문(國之語音 云云)의 豫表라고 보면 좋을 것입니다.

이상의 여섯 가지 사항은 신 문자, 훈민정음이 지닌 본성, 기능, 특징이 무엇인가를 빠짐없이 언급했다고 볼 수 있습니다. 사실상 덧붙일 말이 필요 없습니다. 이 날의 기록 이후의 기록들은 이 기록이 얼마나 사실에 충실했는가를 증명해 보입니다.

5-4

"上親制諺文二十八字 云云"의 기사가 나오고 2개월 뒤인 26년 2월에 두 가지 사건이 발생합니다. 하나는 崔恒 등에게 韻會의 번역을 명한 일이고, 또 하나는 집현전 학사 崔萬理 등이 훈민정음 반대상소를 올린 일입니다. 이 두 사건은 表裏關係로 보입니다. 우선 韻會의 번역이 가능하려면 운회에 대한 전반적인 이해가 완료되어야 하고 또 그 이해의 바탕에는 번역의 수단인 발음표기 곧 훈민정음의 체계가 운회의 체계를 소화할 수 있어야 가능한 것입니다. 그러므로 운회 번역건은 훈민정음의 창제로 그 기초 작업이 완료되었기 때문에 가능했던 일입니다.

한편 崔萬理 등의 반대상소는 그 문면에 흐르는 장황한 반대이유에도 불구하고, 그것은 일종의 심술행위처럼 보입니다. 훈민정음과 운서사업에 협조한 문신학자들은 成三問 · 申叔舟 등 모두 집현전의 신진관료들입니다. 그런데 최만리는 집현전에 속한 사람이면서도 (그 당시 집현전 부제학) 그 사업에서 소외되어 있었습니다. 물론 세대차가 있는 先輩였습니다. (최만리는 세종 1년(1419)에 생원으로 增廣文科에 급제한 사람이니까 세종과 年相若하거나 적어도 2, 3년 나이 많은 연상이요, 신숙주 · 성삼문 등과는 아마도 20년에서 25년 정도 연상의 인물이었습니다.) 그러므로 최만리는 자기가 집현전의 장로임에도 불구하고 은밀하게 진행된 운서번역과 신 문자 창제라는 비밀 국책사업에 배제된 것을 섭섭하게 생각하고, 반대의 명분을 事大慕華에 어그러진다고 하는 小中華思想에 기대어 이리저리 반대의 구실을 찾아 항의하는 글을 올렸던 것입니다. 이러한 최만리의 내심을 꿰뚫고 있는 세종은 최만리를 잡아 가두라고 엄명을 내렸다가 하루 만에 풀어주는 것으로 끝이 납니다. 말하자면 일종의 몽니요 해프닝이었던 것입니다.

5-5

崔萬理의 반대상소 사건이 있은 지 1년쯤 지난 세종 27년 1월에 申叔舟가 요동에 귀양와 있던 명나라 한림학사 黃瓚을 찾아갑니다. 韻書의 문제점을 질의하기 위해서였습니다. 이러한 요동행은 전후 13차에 이르렀습니다. 그 당시 신숙주는 중국어에 능통한 신예학자로 운서사업에 핵심역할을 하는 사람이었습니다. 운서사업이 얼마나 중요한 사업이었기에 한 번의 요동행이 짧아도 1, 2개월이 소요되었을 그 번거로운 여행을 한 것이었을까요? 그것은 우리나라 한자음의 교정이 필수불가결한 것이라고 생각한 세종의 집념이 아니고는 이루어질 수 없는 일이었습니다. 이와 같이 고된 여행과 노력 끝에 우리나라의 이상적인 漢字音辭典인 ≪東國正韻≫이 세종 29년에 완성되고, 30년 10월에 6권의 책으로 완간됩니다.

5-6

세종 28년 9월 29일조에는 다음과 같은 記事가 실립니다.

"이 달에 ≪訓民正音≫이 이루어졌다.〔是月 訓民正音成〕"

이 기사에 쓰인 ≪훈민정음≫은 문자 훈민정음이 아니라 책자 ≪훈민정음≫입니다. 모든 서책 전적의 완성을 '成'자로 표현하는 것이기 때문입니다. 한 때 이 기사를 잘못 읽어서 25년 12월말조에 나온 "是謂訓民正音"이라는 기사와 혼동하여 훈민정음 문자의 창제일자를 두고 혼선을 빚은 적이 있습니다. (실제로 오늘날 경축하는 한글날은 이 28년 9월말의 "是月 訓民正音成"이라는 기사에 근거하여 그 날짜를 정한 것이므로 이 한글날은 엄격하게 말하면 ≪訓民正音≫이라는 책자의 脫稿 내지 出版紀念日에 해당하는 셈입니다. 정확한 한글날은 25년 12월로 소급되어야 할 것입니다.)

이렇게 볼 때에 우리가 '訓民正音'이라는 낱말을 쓸 때에는 그것이 문자명으로 쓰는 것인지, 책자명으로 쓰는 것인지 불분명하게 됩니다. 그래서 28년 9월조의 책자 ≪훈민정음≫을 편의상 ≪解例本 訓民正音≫이라고 부릅니다. 실록기사 "是月 訓民正音成" 다음에도 해례본의 例義篇과 鄭麟趾의 서문이 연이어 실려 있습니다. 그러나 해례본의 실체가 세상에 알려진 것은 1940년경 안동의 어느 고가의 서재라고 합니다. 현재 이 책은 유일본으로서 국보 70호로 指定되어 澗松文庫(故 全鎣弼氏의 澗松美術館內)에 所藏되어 있습니다. 이 해례본 ≪훈민정음≫은 世宗御製 서문과 신 문자의 音價 및 운용법을 밝힌 例義篇 다음에 制字解, 初聲解, 中聲解, 終聲解, 合字解 및 用字例(이것을 五解一例라 함)가 실려 있고 말미에 鄭麟趾의 서문이 실려 있습니다.

이렇게 책자 ≪훈민정음≫과 문자 훈민정음을 구별할 필요성이 있는 터에 책자 ≪훈민정음≫은 또 하나의 주의사항을 갖게 됩니다. 즉 해례본 ≪훈민정음≫의 처음 부분인 例義篇이 세조 연간에 간행된 ≪月印釋譜≫ 卷頭에 우리말로 번역되어 실려 있습니다. "나랏말ᄊᆞ미 中國에 달아……"로 시작하는 그 번역문 말입니다. 이것을 우리는 한문본인 해례본 ≪훈민정음≫과 구별하여 언해본 ≪훈민정음≫이라고 합니다. 이 언해본 ≪훈민정음≫에는 해례본의 예의편을 번역하고 그 끝에 홍미롭게도 中國音 齒聲部分에 대한 설명이 덧붙어 있습니다. 만일에 문자 훈민정음이 우리나라 고유어 곧 本國俚語에만 적용되는 문자라면 漢音齒聲에 齒頭音과 正齒音이 있으며 그 구별자는 ㅈ ㅊ ㅉ ㅅ ㅆ의 左劃과 右劃의 장단표시로 구별해야 한다는 구구한 설명이 과연 필요한 것일까요? 이것으로 보아 문자 훈민정음이 한자음(中國漢字音을 기준으로 하는 우리나라 한자음)의 교정을 목적으로 창제되었다는 분명한 의도를 재삼 확인할 수 있습니다.

지금까지의 논의를 간단히 요약하면 훈민정음이란 낱말은 적어도 세 가지를 구별해야 됩니다. 하나는 문자명 훈민정음이고 또 하나는 책자명 ≪훈민정음≫인데, 이 책자는 또 한문본 해례본 ≪훈민정음≫과 諺文本 언해본 ≪훈민정음≫이 있다는 사실입니다.

한편 해례본 ≪훈민정음≫이 탈고 내지는 간행된 28년 9월 이전에 문자 훈민정음을 사용한 최초의 문헌 3종이 창작 편찬 撰進되었다는 사실입니다. 그 문헌은 ≪龍飛御天歌≫·≪釋譜詳節≫·≪月印千江之曲≫입니다. 27년 4월에 찬진된 ≪용비어천가≫는 29년 10월에 崔恒 등의 주석을 붙여 간행되는데 오늘날 국한혼용문의 효시가 되었습니다. 그리고 28년 7월에 首陽大君이 주도하여 편찬한 ≪석보상절≫은 그보다 4개월 전 서거한 모후 昭憲王后의 명복을 비는 뜻이 스며있는 것으로 세종의 好佛性向과 왕비의 극락천도를 기원하는 의지와 백성들의 교화를 함께 의식한 다목적 출판물입니다. 이 ≪釋譜詳節≫도 29년 10월에 24권이 간행됩니다. 월인천강지곡은 세종 자신의 창작으로 알려져 있습니다. 이것도 29년 10월에 3권이 간행됩니다. 이들 3종의 문헌, ≪龍飛御天歌≫·≪釋譜詳節≫·≪月印千江之曲≫은 모두 국한혼용으로 되어 있습니다. 신 문자 훈민정음과 한자가 함께 어우러져 자연스럽게 그 당시 언어문자생활의 이상적인 모습을 보여준 좋은 예입니다. 이 아름다운 전통이 오늘날까지 이어오고 있는 것입니다.

5-7

이와 같이 세종은 3종의 문헌간행을 통하여 문자 訓民正音이 실제의 언어 문자생활에 자연스럽게 쓰일 수 있음을 확인하고 그 문자의 보급·활용을 위한 행정조치에 들어갑니다. 28년 11월에 諺文廳을 설치하고 뒤미처 12월에는 吏科에 훈민정음을 시험과목에 넣도록 지시합니다. 잠시 그 내용을 보겠습니다.

"吏曹에 傳旨하기를 '금후로는 吏科에 吏典의 取材 때에는 訓民正音도 아울러 시험해 뽑게 하되 비록 의리는 통하지 못하더라도 능히 합자하는 사람은 뽑게 하라.〔傳旨吏曹 今後吏科及吏典取才時 訓民正音竝令試取 雖不通義理 能合字者取之〕"

이것을 보면 세종이 얼마나 용의주도하게 훈민정음의 보급을 위하여 애쓰고 있는가를 볼 수 있습니다. 아무리 훈민정음이 배우기 쉬운 글자라 한들 배우려고 들지 않고 사용하려 들지 않는다면 무슨 소용이 있겠습니까? 세종은 그래서 일선 행정 부서에서 직접 문서를 취급하는 吏科 초급관리들이 이 훈민정음에 관심을 갖도록 유도합니다. 의리를 통하지 못해도 合字만 하면 합격시키라는 말은 무엇입니까? 훈민정음 문자로 문장을 써내지는 못해도 감·나무·달·바위 등 합자하는 낱말만 쓸 수 있어도 합격시키라는 말입니다.

이러한 정책이 얼마나 주효했던지 세종 31년경이 되면 훈민정음은 일반백성들에게 널리 통용되는 문자로 정착되었음을 알 수 있습니다. 25년 12월 親制 28자의 기사가 나온 지 6년째에 해당합니다. 그 증거는 세종 31년 10월 초5일에 정승 河演을 비방하는 언문벽서입니다. 다음은 그 내용입니다.

"……河演은 까다롭게 살피고 또 노쇠하여 행사에 착오가 많았으므로, 어떤 사람이 벽 위에다 언문으로 쓰기를 '河政丞아, 또 공사를 망령되이 하지 말라'고 하였다…….〔……演苛察又老耄 行事多顚錯 人有以諺字壁上曰 河政丞 且休妄公事……〕"

5-8

이제 끝으로 ≪東國正韻≫의 간행 사실에 유념해 보고자 합니다. 앞에서도 누차 언급하였습니다만 훈민정음 창제동기에는 우리나라 한자음을 어떻게 하면 중국의 ≪洪武正韻≫에서 가리키는 한자음과 가깝게 접근시킬 수 있을까하는 염원이 함축되어 있다고 하였습니다. 그것을 극명하게 밝힐 수 있는 것은 29년 9월에 간행된 ≪동국정운≫을 검토하는 것입니다. 그 간행 사실을 알리는 기사는 다음과 같습니다.

"이날에 ≪동국정운≫이 완성되니 모두 6권인데 명하여 간행하게 하였다. 집현전 應敎 신숙주가 교지를 받들어 서문을 지었다.〔是月 東國正韻成. 凡六卷 命刊行 集賢殿應敎 申叔舟 奉敎序〕"

이 기사에 연이어 申叔舟의 ≪동국정운≫ 序가 인용되어 있는데 조금 번거로운 감이 있으나 그 서문에서 주목해야 할 부분 한 두 군데를 옮겨 보기로 합니다. 먼저 억지로 고치려한 質·勿韻에 관한 부분입니다.

"이에 四聲으로써 조절하여 91운과 23자모를 정하여 가지고 어제하신 훈민정음으로 그 음을 정하고 또 '質·勿' 두 운은 '影ㆆ'소리로써 '來ㄹ' 소리를 기워서 속음을 따르면서 바른 음에 맞게 하니 이에 이르러 모두 고쳐진지라. 글이 완성되매 이름을 하사하시기를 ≪동국정운≫이라 하시고…….〔於是 四聲定爲九十一韻 二十三母 以御製訓民正音 定其音 又於質勿諸韻 以影補來 因俗歸正 舊習譌謬至是 而悉革矣 書成 賜名曰 東國正韻……〕"

이 내용은 예컨대 '月'字의 우리나라 음은 '월'인데 그에 해당하는 중국음은 '웛'이니 그 간격을 조절하기 위하여 '月'자의 우리나라 음을 '웘'로 적어서 앞으로는 '웛'에 가깝게 하자는 것입니다. 그리하여 月印千江之曲이 "웘·인쳔강지·곡"이 되었던 것입니다.

다음은 서문의 끝부분입니다.

"훈민정음이 제작됨으로부터 만고의 한 소리도 털끝만큼도 틀리지 아니하니, 실로 음을 전하는 중심줄〔樞紐〕인지라, 淸濁이 분별되매, 천지의 도가 정하여지고, 사성이 바로 잡히매 사시의 운행이 순하게 되니 진실로 조화를 경륜하고 우주를 주름잡으며 오묘한 뜻이(玄妙한 道로 들어가는) 玄關에 符合되고 신비한 기미가 대자연에 통한 것이 아니면 어찌 능히 이에 이르리요, 청탁이 돌고 구르며 자모가 서로 밀어, 七音과 12운율과 84성조가 성악의 정도로 더불어 한 가지로 크게 화합하게 되었도다. 아아, 소리를 살펴서 음을 알고, 음을 살펴서 음악을 알며, 음악을 살펴서 정치를 알게 되나니 뒤에 보는 이들이 반드시 얻는 바가 있으리로다.〔自正音作 而萬古一聲 毫釐不差 實傳音之樞紐也. 淸濁分而天地之道定 四聲正而四時之運順 苟非彌綸造化. 轇輵宇宙妙義 契於玄關 神幾通于天籟 安能至此乎. 淸濁旋轉 字母相推 七均而十二律而八十四調 可與聲樂之正 同其大和矣. 吁審聲以知音 審音以知樂 審樂以知政 後之觀者 其必有所得矣.〕"

이렇듯 기세등등한 포부와 소회를 보이며 ≪동국정운≫은 전국의 행정부서(各道)와 학계(成均館·四部學堂)에 頒賜하기에 이릅니다. 그러나 그 결과는 어떠하였는지요? 30년 10월 17일조의 다음 기사를 읽어보기로 합니다.

"≪東國正韻≫을 여러 道와 成均館·四部學堂에 반사하고 하교하기를 '본국의 인민들이 속운을 익혀서 익숙하게 된지가 오래 되었으므로, 갑자기 고칠 수 없으니, 억지로 가르치지 말고 배우는 자로 하여금 의

사에 따라 하게 하라.' 하였다.〔頒東國正韻于諸道及 成均館四部學堂 仍教曰 本國人民 習熟俗韻已久 不可猝變 勿强敎 使學者 隨意爲之〕"

이와 같은 기사내용으로 보아 세종은 어떠한 정책도 강제하지 않고 백성들이 편안하고 자연스런 분위기에서 따르고 시행하도록 배려하였음을 알 수 있습니다. 세종의 관후한 통치 자세를 보게 됩니다. 그러나 어음문제의 경우, 탁상의 이론이 결코 성공할 수 없다는 암시도 동시에 발견하게 됩니다. 즉 모든 백성들이 月을 '월'이라 하고 曲을 '곡'이라 하는데, 그것을 '웛'이라 '콕'이라 발음하라고 해서 그렇게 고쳐질 수 있겠습니까? 언어음의 인위적 조작 변개는 결코 성공할 수 없는 것이었습니다.

그리하여 훈민정음 창제의 첫째 목적, 본국 俚語를 표기하는 데에는 성공했으나, 훈민정음 창제의 둘째 목적, 한자음을 교정하려는 ≪東國正韻≫의 이상은 한낱 백일몽이 되고 말았습니다.

≪동국정운≫이 완성 반포되고 교정음의 현실화가 불투명하게 된 뒤에도 명나라 사신에게 成三問이나 申叔舟가 기회 있을 때마다 운서의 의문점을 질정합니다만 그것은 아마도 ≪동국정운≫ 체계의 미비점에 관한 것이 아니라 이상적 운서의 성패여부를 확인하려는 마지막 노력이 아니었을까 생각해 봅니다.

6. 남은 말

6-1

이상으로 우리는 세종의 心境이 되어 훈민정음이 창제된 과정을 추적하여 보았습니다. 이것은 매우 소략한 개관입니다만 여기에 한 가지만 덧붙여 보겠습니다. 훈민정음 28자가 훈민정음 해례에 字倣古篆이라 하여 그 글자의 모형이 古篆이라고 밝히고 있습니다. 그런데 古篆字에 'ㄱ ㄴ ㄷ ㄹ ㅏ ㅑ ㅓ ㅕ' 같은 글자가 있는 것은 아닙니다. 다만 그것이 古篆字를 연상시킨다는 뜻으로 해석될 수 있습니다. 좀 더 상상의 날개를 펼친다면 평평하고 반듯한 竹筆로 획을 그을 때에 'ㄱ ㄴ ㅏ ㅑ' 와 같은 글자 모양을 보이는 것이 或 古篆字와 같다는 의미의 말은 아닐까 추측해 볼 수 있습니다.

그리고 그 글자의 원리는 오직 천지인 삼재요, 그것을 상형한 'ㅇ ㅁ △'이 보다 원초적인 자형의 모습은 아니었을까 추론해 볼 수 있습니다. 그 'ㅇ ㅁ △'이 'ㆍ ㅡ ㅣ'로 단순화되었고, 그 'ㅇ ㅁ △'에서 'ㅁ'이 'ㄴ'과 'ㄱ'으로 다시 갈라져서 초성자의 기본인 'ㅇ ㄴ ㅁ ㄱ ㅿ'으로 나눈 다음 거기에 각각 牙舌脣齒喉의 상형설을 만들어 낸 것은 아니었을까? 추측해 볼 수 있습니다. 도표로 보이면 다음과 같을 것입니다.

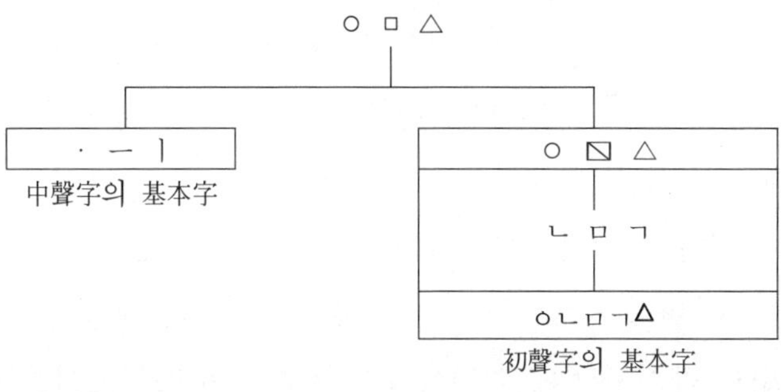

6-2

끝으로 세종이 훈민정음을 완성한 후에 그것이 나랏말을 자유롭게 적을 수 있는 고유문자로 한자와 평화롭게 공존하기를 기대하면서 훈민정음에 품었을 염원은 무엇이었을까 생각해 보기로 하겠습니다.

이것은 어디까지나 추론이요 가정입니다. 그런데 ≪훈민정음≫ 서문을 읽으면 이상하게도 불교적 발상이 있었으리라는 생각을 떨칠 수가 없습니다. ≪훈민정음≫ 서문의 한문과 그 번역문을 읽어봅시다.

國之語音, 異乎中國, 與文字不相流通,
故愚民有所欲言而終不得伸其情者多矣.
予爲此憫然, 新制二十八字,
欲使人人易習, 便於日用耳.

나랏 말씀이 중국에 달라 문자와로 서로 사맞지 아니할 쌔
이런 전차로 어린 백성이 이르고자 할 배 있어도
마침내 제 뜻을 시러 펴지 못할 놈이 하니라
내 이를 위하여 어엿비 여겨 새로 스물여덟자를 맹가노니
사람마다 하여 수비 익혀 날로 씀에 편안케 하고자 할 따름이니라
(글자 수를 맞추기 위하여 옛글대로 쓰면서도 현대 철자법을 따랐음)

위 글을 보면 한문은 54자요, 한글 풀이 글은 그 배수인 108자입니다. 그런데 그렇게 글자 수를 맞추기 위하여 번역풀이 글에서는 없어도 좋을 '이런 전차로' 같은 것이 들어 있습니다. 이것은 108자를 맞추기 위한 의도적 작위라고 생각됩니다. 그렇다면 세종은 왜 이런 풀이를 했을까요? 108이라는 숫자에서 연상되는 불교적 이미지는 세종의 好佛하는 성품과 관계가 없을까요?

모든 백성이 훈민정음을 일용함으로써 세속의 번잡한 108번뇌를 벗어나서 편안한 세상을 누리다가 한결같이 극락왕생하라는 군왕의 백성을 향한 염원을 그 훈민정음을 통하여 나타내고는 싶으나 고유문자를 만든다고 그것이 事大崇明에 어그러진다 하여 빗발치듯 상소하는 儒生과 臣下들에게 그 불교적 염원을 노골적으로 드러낼 수는 없는 처지이

었으므로 그 뜻을 ≪훈민정음≫ 서문의 字數로 아주 은밀하게 표현하려 했다고는 볼 수 없을까요? 이 가정은 오늘의 우리들 후손에게는 매우 큰 설득력이 있습니다. 원래 유능한 통치자는 모든 이념과 사상에 두루 개방적이고 포용적인 자세를 갖기 때문입니다.

6-3

이렇게 탄생한 訓民正音(한글)은 오늘날까지 570년간 민족사와 애환을 같이하며 살아 있습니다. 살아 있을 뿐 아니라 民族正體性의 상징으로 크게 발전하여 왔다고 할 수 있습니다. 첫째로 훈민정음 한글은 그동안 세종의 염원대로 한자문화 생활과 조화로운 공존을 지속하였고, 둘째로 전 세계에 훈민정음이 가장 우수한 표음문자의 하나로 끊임없이 경탄의 대상이 되어왔다는 사실입니다. 제프리 심슨이라는 영국의 언어학자는 그의 책 문자체계(Writing system)에서 훈민정음을 다음과 같이 극찬하고 있습니다.

> "한국 사람들에게 있어서 이 한글문자가 궁극적으로 최상의 문자인지 아닌지는 알 수 없으나 의심할 바 없이 이 문자는 인류가 쌓은 가장 위대한 지적 성취의 하나로 손꼽히지 않으면 안 된다."

훈민정음이 이렇게 훌륭한 문자라고 하여, 그것이 세상의 모든 언어를 완벽하게 표기할 수 있는 것은 아닙니다. 우리는 이미 앞에서 훈민정음 창제 당시에 명나라 한자음을 표기하기 위해 우리말 표기에서는 쓰이지 않는 齒音系 문자를 개발하였음을 보았습니다. 그리고 우리말 표기에서도 훈민정음 28자의 원안에는 포함되지 않은 脣輕音 'ㅸ'字를 사용한 사실을 보았습니다. 간혹 우리나라 사람들은 한글이 우수한 문자라는 사실을 맹목적으로 받아들이고 한글은 세상에 있는 모든 언어를 유감없이 표기할 수 있는 문자라고 믿고 있습니다. 이것은 매우 잘못된 생각입니다.

또 아주 위험한 생각으로 한자 없이 한글만으로 우리의 문자생활이 가능하다고 믿는 일입니다. 이것 역시 아주 무식하고 잘못된 생각입니다. 한글은 애초부터 한자와의 조화를 생각하고 만들어진 문자이기 때문입니다. 세종은 한자 없는 한글은 상상조차 하지 않았습니다. 문자생활이란 오랜 문화전통을 아름답게 계승하는 데에서 좋은 결실을 보는 것입니다. 우리가 세종대왕을 사랑하고 그분을 자랑으로 여긴다면 이러한 문제들을 깊이 생각하여야 할 것입니다.

다시 말해서 훈민정음 한글은 세종을 비롯하여 우리 민족 전체의 문화적 창조성을 극명하게 드러낸 업적이요, 또한 우리 문화의 종합성을 보여주는 좋은 표본입니다. 우리 후손들은 세종대왕을 사랑하는 마음으로 이러한 문화적 창조성과 종합성을 계승·발전시키기 위하여 앞으로 무엇을 어떻게 해야 할 것인가를 깊이 생각하며 살아야 하겠습니다.

漢字倂用의 문자생활

1.

금년(1999년) 2월에 문화관광부에서 정부의 事務管理規程(1991년 6월 19일 대통령령 제13390호) 제10조를 수정하겠다는 발표를 하자, 온 세상이 갑자기 난리가 난 것처럼 시끄러웠었다. 우선 그 내용과 건의 경위를 간략하게 살펴보자.

그 사무관리규정 제10조의 내용을 다음과 같다.〈문서는 쉽고 간명하게 한글로 작성하되, 특별한 사유가 있는 경우를 제외하고는 한글맞춤법에 따라 가로로 쓴다.〉

이 규정의 골자는 정부 안에서 통용되는 문서를 오직 한글로만 적는다는 것이다. 즉 한글전용을 하도록 규정한 것이다. 그러나 실제로 정부 안에서 통용되는 공문서는 한자혼용의 모습을 보이는 것도 있고 사람 이름이나 땅 이름, 또는 특수한 전문용어에서는 혼란이나 오해의 요인을 없애기 위하여 괄호를 써서 한자병기를 하여 왔었다.

말하자면 실제의 공문서 통용의 모습과 사무관리 규정과는 차이가 있었는데 이것을 명실상부한 상태로 돌리는 것이 이번 문화관광부의 발표 내용이었다. 새로이 확정된 사무관리규정이 아직 발표되지 않았으나 아마도 수정된 규정은 다음과 같은 내용으로 바뀔 것이 예상된다.

〈文書는 쉽고 간명하게 한글 맞춤법에 맞게 작성하되, 인명·지명·역사적 명칭 등 의미를 분명히 표현해야 할 경우에는 괄호 안에 한자를 병기한다.〉

그렇다면 이렇게 바뀐다고 해서 종전과 달라진 것은 무엇인가? 일상의 문자생활에서 달라지는 것은 아무 것도 없다. 굳이 달라진 것이 있다면 정부 안에서 공문서 작성이 실제 모습과 같게 법(사무관리규정)을 합리화했다는 것이 있을 뿐이다. 조금 덧붙여 말하자면 1948년 한글날에 제정 공포된 법률 제6호(한글전용에 관한 법률)의 입법 정신을 더욱 충실히 살렸다는 점을 지적할 수 있을 것이다. 오늘날 "한글전용법"이라는 명칭으로 이해되고 있는 이 법률조문은 다음과 같이 간결하다.

〈대한민국의 공용문서는 한글로 쓴다. 다만 얼마동안 필요한 때에는 한자를 병용할 수 있다.〉

이 法條文의 입법 정신에 따르면 공용문서 곧 公文에 한하여 한글로 쓸 것을 권장하면서 "얼마동안 필요한 때"에는 한자병용을 허용함으로써 입법의 기본정신과 현실 사정과의 조화를 모색하고 있다. 따라서 수정되는 사무관리규정은 한글전용법의 입법취지에 맞게 고쳐진 것으로 실제의 문자생활에 아무런 변화도 불러오는 것이 없는 사건이었다.

그런데 어째서 이와 같은 정부의 사무 절차에 관한 현실화 계획이 세상을 떠들썩하게 만든 것일까? 그 이유는 너무도 단순하고 명백하다. 우리나라 문자생활에 대한 국민의 의식과 태도가 양극화되어 있기 때문이다. 어떤 사람은 한글만으로도 우리나라의 문자생활이 완벽하고도 충분하게 이루어질 수 있다는 것이요, 또 일부의 사람은 한글전용으로는 문자생활을 제대로 할 수가 없으니 한자를 병용하거나 혼용하여야 한다고 주장한다.

그래서 사무관리규정 제10조를 수정하겠다는 발표를 했을 때, 한글전용을 주장하는 분들이 이것은 한자혼용으로 가기 위한 음모요, 역사를 거꾸로 돌리는 일이라고 흥분하였고, 한자혼용을 줄기차게 주장해온 분들은 정부의 시책을 환영한다는 찬성의 성명서를 내기까지 하였다. 그 발표로부터 약 한 달 동안 나라 안의 모든 언론매체들은 한글전용이냐, 한자병용이냐 하는 문제를 놓고 불꽃 튀기는 논쟁을 부추겼다. 일부 신문은 아예 어느 한쪽 편에 적극 찬동하면서 상대방의 부당함을 지적하는 데 열을 올렸다.

이제 우리는 이러한 현상을 냉정하고도 엄밀하게 분석하여 해결방안을 찾아내도록 하여야 하겠다. 그러면 우리는 이 문제를 어디에서부터 풀어 나가야 하는가? 그 해답은 너무도 쉽게 풀린다.

첫째 단계로 한글전용론과 한자혼용론으로 맞서 있는 두 주장을 옳고 그름이라는 **흑백논리로 갈라버릴 수 있는가**를 검토해야 한다.

둘째 단계로 만일에 한글전용론이나 한자혼용론의 어느 주장도 완전히 옳은 것일 수 없다면, 우리는 부득이 둘 다 옳은 것이라는 **兩是論**을 세울 수밖에 없을 것이다.

셋째 단계로 둘 다 옳은 것이라는 양시론은 상대방의 부족한 점, **불완전한 점을 보완하는 방안**으로 가닥을 잡아야 할 것이다.

그러면 이제 이 세 단계 작업의 검증에 들어가 보기로 하자.

2.

우리의 논리를 다시 원점으로 돌려 보자. 정부가 발표한 事務管理規程 제10조의 수정은 어째서 나오게 된 것일까? 對國民 발표 없이, 조용히 처리할 수도 있었던 것 아닌가? 일단 이렇게 생각할 수 있다. 물론 투명한 행정을 표방하는 정부로서는 대국민발표를 생략한 수정작업은 있을 수 없을 것이다. 그러므로 그 발표는 올바른 처사였다. 그리고 그 수정 의지를 밝힌 것은 현실적으로 존재하는 문자생활의 불합리성을 고백하고 그것을 국민에게 홍보하고 이해시키고자 하는 의도가 있었던 것이라고 보아야 할 것이다. 다시 말하여 한글전용만으로는 우리의 문자 생활이 완전하게 이루어지지 않는다는 것을 알리면서 그 보완책이 무엇인가를 제시한 것이라 할 수 있다.

우리는 지난 50년간 매우 진지하게 한글전용의 길을 모색해 왔다. 짐짓 한자 가르치기를 게을리(?)하면서 한글전용을 고집해 보았다. 그리하여 한글전용을 지키는 한겨레신문도 생겨났고, 상당수의 서적은 한글전용으로 간행되기에 이르렀다. 겉보기에 한글전용은 정착 단계에 이른 듯한 양상을 보이고 있다. 만일에 이러한 한글전용의 양상이 전적으로 만족할 만한 수준의 문자생활이라면 한자병용이나 한자혼용의 문제 제기는 발생하지 않았어야 한다. 그러나 한글전용이 확대되는 것에 비례하여 漢字倂用(또는 混用) 논의가 끈질기게 대두되었다. 그렇다면 한글전용이란 것은 겉보기와는 달리 무엇인가 문제점이 있다는 것을 나타내고 있는 것이다.

사실 한국 사람이라면 누구나 자랑스런 한글만으로 문자생활을 하고 싶어 하며 또한 그렇게 하는 것이 편하고도 행복한 일인 줄을 알고 있다. 그런데 한글만 쓴 글을 읽을 때 우리는 언제나 편하고 행복하였는가? 한글전용을 주장하는 분들은 철저하게 한글전용의 글쓰기를 지키면서 그러한 글자살이가 편하고도 행복한 일이라고 주장한다. 그러나 그렇게 주장하는 분들의 글 속에는 어쩔 수 없이 사용된 한자어들이 있는데 이러한 한자어는 궁극적으로는 한자를 알아야 그 뜻이 이해되는 낱말들이다. 다음에 한 두 개만 예를 보인다.

"정부의 漢字倂用政策을 聲討한다."

"국민정부의 獨善的 言語政策"

위의 예에서 성토(聲討)와 독선적(獨善的)이라는 두 개의 낱말을 한글로 적고 문맥에 따라 그 뜻을 알면 된다고 했을 때에 과연 그 낱말 뜻을 얼마나 정확하게 파악할 수 있는 것일까? 한글전용을 주장하는 분들은 한걸음 더 나아가 국어시간에는 절대로 한자를 가르쳐서는 안 되고 특히 초등학교에서는 더더구나 안 된다고 주장한다. 다음 글을 주의 깊게 읽어 보자.

> "초등학교의 어린이들은 활기 있게 자유로이 자라야 한다. 그래야 활발한 창의력을 발휘할 수 있다. 한자는 일방적으로 많은 기억을 강요하는 글자이다. 한창 자라는 우리 어린이들에게 이러한 원시적인 글자의 기억을 강요했다가는 어린이의 창의력을 발휘하지 못하도록 하는 걸림돌이 된다. 국어시간이 국어를 가르치는 시간이 아니라 한자나 가르치는 시간으로 타락하게 된다. 이것은 나라 망치는 교육이다.(≪한글새소식≫ 319호)"

우리는 지금 이러한 논조에 일일이 옳고 그름을 가려서 논의할 시간이 없다. 다만 이러한 생각을 지니게 된 원천이 어디에 있는가를 짚어보기로 한다.

한글전용의 모태였던 한글운동은 금세기 전반기 일제 식민지시대에 민족·救國운동의 일환으로 시작된 **防禦的 저항적 민족문화의식**에 뿌리를 두고 있다. 나라 잃은 설움을 달래고 민족적 긍지를 유지하기 위해서는 우리민족이 우수한 민족이며 우리말과 우리글(한글)이 더없이 자랑스러운 것임을 소리 높이 외쳐야 했었다. 그래야만 굴욕의 고난을 이겨낼 수 있었고 우월한 지배자의 간교한 동화정책에 저항하면서 생존의 이유를 찾을 수 있었다. 분명히 그 시절에는 민족적 자존심만이 목숨을 유지하는 부끄러움을 합리화하는 근거가 되었다. 그 자존심의 중심부에 한글이 있었던 것이다.

이처럼 민족적 우수성의 근거가 되었던 한글사랑의 전통은 해방이 되고 독립이 되고 세계화의 물결 속에 선진국을 꿈꾸는 21세기의 문턱에 와서도 멈추지 않고 지속되고 있다.

새로운 환경에 적응하기 위한 유연한 자세와 철저한 자기반성에 토대를 둔 의연한 자신감이 적극적 민족의식이요, 적극적인 문화의식이라고 한다면 한글만 쓰기를 고집함으로써 민족적 우월성과 자존심을 유지하려고 애쓰며 그것이 유독 민족문화 창달에 기여하는 것이라고 생각하는 것은 그야말로 피해의식에 사로잡힌 방어적 민족의식이요, 저항적 문화의식이라고 할 수 있다.

어느 민족이건, 자기 것만을 고집하고 몸을 움츠릴 때에는 발전을 기약할 수 없다. **유연하고 열린 자세로 외부의 문물을 수용할 수 있을 때에 그 민족의 발전은 보장되는 것이다.**

물론 우리의 과거 역사에는 한자를 배우고 익히느라고 필요이상의 정력을 소모했던 적이 없지 않았다. 그리고 남이 모르는 窮僻한 한자를 섞어 씀으로써 자신의 지식을 과시하며 자랑으로 삼았던 소비적인 문화풍토가 꽤 널리 펴져 있었던 적도 있었다. 그것은 새로운 유럽 문물을 배워야 하는 근대화 작업에 분명한 걸림돌이었다. 그러나 이와 같은 한자쓰기의 弊端은 급격히 사라졌고 한자 지식은 한자어를 이해하고 새로운 어휘를 만들 때에 활용되는 언어창고로서의 기능으로 축소되었다. 적어도 현재의 시점, 즉 한글전용이 이처럼 널리 펴져 있는 시점에서는 국어 어휘 자산에 들어 있는 한자어를 이해하고 활용하기 위하여 한자지식이 필요한 정도에 머물러 있는 것이다.

그렇다면 한자병용이란 결국 국어 어휘자산인 한자어를 이해하고 활용하기 위한 필연적인 조치라는 생각을 하게 된다.

새삼스러운 말이거니와 "한국어"라고 하는 우리의 언어자산은 약 50만 어휘에 이른다. 그 중 70%정도가 한자어이다. 물론 이들 한자어 가운데에는 없어도 별로 아쉬울 것이 없는 낱말이 없지 않을 것이다. 그러나 어휘의 수가 많은 것은 한 개인이나 나라에 돈이 많아야 좋은 것처럼 좋은 현상이다. 영어가 오늘날 세계를 휩쓰는 국제어로 행세하는 까

닮은 영어가 왕성한 흡수력과 포용력으로 세계 각국의 언어를 영어 속에 받아들여, 어휘수에 있어서 이 세상에서 가장 으뜸의 자리를 차지하는 언어가 되었기 때문이다. 어휘수가 많고 그것을 활용할 수 있는 능력을 갖추면 그것이 곧 다양한 표현력을 갖게 되고 그 표현력은 곧바로 사고력과 창조력으로 이어진다는 사실은 세상사람 누구나 인정하는 보편적 진리이다.

그런데 한글전용을 주장하는 분들 가운데에는 가능한 한, 한자어 쓰기를 줄이고 고유어로만 표현하는 것이 바람직한 언어생활이요, 문자생활이라고 생각하는 분이 있다. 다음 글을 읽어보자.

> 〈우리말과 글은 옛날 중국의 말·글인 한문·한자 때문에 심한 상처를 입어 왔습니다. 우리말 속에 한자말이 스며들면서 순수한 우리 토박이말의 발전을 가로막아 온 것입니다. 옛날 우리말이었던 '가람'이나 '뫼'라는 말이 중국에서 들어온 '강'이나 '산'이란 말 때문에 자취를 감추고 말았습니다. 지금도 '여기에 새가 살고 있다'라면 될 것을 '조류가 서식하고 있다'라는 말을 즐겨 쓰는 사람이 있고 '시간이 걸린다'라면 될 것을 '시간이 所要된다'란 어려운 표현을 하는 사람이 있습니다.(〈우리말글 문화 독립선언〉, 1999년 3월 1일 한글학회)

한글전용이 추구하는 궁극적인 목표는 국어에서 모든 외래요소를 몰아내고 토박이말만으로 언어생활 및 문자생활을 하자는 것임을 윗글은 명백하게 밝히고 있다. 여기에는 '문화'에 대한 중대한 오해가 도사리고 있다. 문화는 끊임없이 외래요소를 받아들이면서 그것을 내 것, 우리 것으로 만드는 과정을 통하여 발전하는 삶의 형태다.

전통문화니 외래문화니 하는 말로 문화의 순수성과 비순수성을 나누기도 하지만 순수성을 지닌 전통문화도 시대를 거슬러 올라가 보면 문자 그대로 고유의 것만을 지켜 내려온 것이 아니고 밖으로부터 받아들여 내 것, 우리 것으로 만든 것임을 발견하게 된다. 엄격하게 말하자면 어느 나라 어느 민족의 문화도 고유 전통만을 지켜온 것은 존재하지 않는다. **인간의 삶이 원래 어울림과 섞임으로 이루어지는 것이기 때문이다.** 우리가 단일 민족임을 자랑하지만 그것은 민족 구성원의 비율의 문제이지 문자 그대로 배달민족만으로 우리나라 백성이 구성되어 있는 것은 아니지 않는가? 언어에 이르면 더 말할 필요조차 없다. 우리는 주변의 다른 나라, 다른 민족과 어울려 살면서 그들로부터 필요한 말을 빌어다가 우리말로 살려 쓰면서 국어 어휘를 풍부하게 만들어 왔다. 그 가운데에는 앞에서도 언급한 바와 같이 한자어가 고유어의 수를 능가할 정도로 많게 되었다.

물론 한자어가 늘어나는 과정에서 고유어가 위축되는 현상도 발생하였고, 필요 이상으로 한자어를 즐겨 쓰는 폐단이 없었던 것도 아니다. 그러나 그런 것을 용납하고, 또 그렇게 될 수밖에 없었던 시대환경을 감안하면서 가능한 범위 내에서 한자어 사용을 줄이는 방안은 있을 수 있으나 한자어 사용이 무슨 죄를 짓는 것인양 매도하여서는 아니 된다.

최근에 민족 언어의 저력을 보여주었다 하여 세상의 이목을 끌고 있는, 최명희씨의 소설 ≪혼불≫에는 아름다운 토박이말을 살려 썼을 뿐만 아니라, 일상의 생활에서는 거의 쓰이지 않는 한자어가 많이 등장한다. 예컨대 "지견(知見)이 풍연(豊衍)하다"든가, "비백(非白)의 능선(稜線)이 삭연(索然)하다"는 표현이 나오는데, 이 소설을 읽은 사람이라면 누구나 다, 그러한 한자어의 감칠맛과 적절함에 감탄을 아끼지 못한다. 물론 이 소설에 낯선 한자어에는 예외 없이 괄호 안에 한자를 병기하였다.

소설 ≪혼불≫의 문학적 가치는 이 글에서 언급을 유보하거니와 적어도 ≪혼불≫에서 보여준 한자어의 활용과 한자병기의 표기노출은 그 자체가 현대 한국어의 실상과 문자생활의 바람직한 모습이 무엇인가를 보여주었다는 점에서 주목되어야 할 것이다.

한글전용을 주장하는 또 다른 분들은 한자어 사용은 어쩔 수 없는 것이므로 그 낱말들을 쓰지 말자는 것은 아니라고 말한다. 그러나 그 낱말의 뜻을 확연하게 알 수 있는 한자는 알 필요가 없다고 강변한다. 그러면서 모든 국민이 모든 낱말에 대한 語源을 아는 어원학자가 될 필요는 없다고 주장한다. 이것이야말로 답답한 생각이다. 영어를 쓰는 사람들이 알파벳을 쓴다고 하여 그리스어나 라틴어를 기원으로 하는 낱말을 어원의식 없이 사용하는 것은 아니다. 영어로 "물"을 "워터(water)"라고 하지만 aquanaut(해저탐험가), aquaplane(수상스키), aquarium(수족관), aquaduct(수로), aquamarine(바닷물빛깔) 등의 낱말에서 "aqua-"가 물이란 뜻을 나타내며 Hydro-cabon(탄화수소), Hydro-elctric(수력전기의), Hydro-pathy(물치료), Hydro-ponice(수경재배법), Hydro-plane(쾌속정) 등의 낱말에서 "Hydro-"가 물이란 뜻을 나타내고 있다. 이러한 경우에 영어를 말하는 사람들은 "aqua-"나 "Hydro-"가 모두 "물"을 뜻하는 것으로 그 말의 뿌리는 라틴어나 그리스에 두고 있음을 배우지 않을 수 없다.

한자어의 경우도 마찬가지라고 할 수 있다. 그런데 한자어의 경우는 오히려 사정이 더 복잡하다. 단음절로 읽히는 한자 하나하나는 그 자체가 독립된 의미를 지닐 뿐 아니라 같은 음으로 읽히는 한자가 많기 때문이다. 가령 다음과 같은 낱말의 무리를 생각해 보자.

인가(人家, 姻家, 認可, 隣家)

인간(人間, 印刊)

인견(人絹, 引見)

인내(忍耐)

인의예지(仁義禮智)

인과응보(因果應報)

인후염(咽喉炎)

위에 쓰인 낱말들은 우리가 일상으로 쓰는 것들인데 "인"이라는 단음절이 나타내는 뜻은 한자의 숫자만큼 다른 뜻을 갖고 있다. 즉 적어도 열 개의 뜻(人, 姻, 認, 隣, 印, 引, 忍, 仁, 因, 咽)을 지니고 있다. 이것은 이러한 낱말을 사용하는 한, 그 글자도 알고, 그 뜻도 함께 알아야 할 것을 요구한다.

같은 소리를 내면서 다른 뜻을 나타낸다고 하는 것은 분명히 하나의 약점이다. 그러나 인간의 발음할 수 있는 소리는 어차피 제한되어 있고, 그 제한된 소리로 나타내고자 하는 많은 수의 의미를 표출하여야 한다면, 그 때에는 소리를 보충할 수 있는 시각적 기호, 곧 문자의 **辨別力에 호소하는 수밖에 없는 것**이다. 그것이 다름 아닌 문자의 중요한 효용가치의 하나인 것이다.

우리는 모두 입을 맞추어, 한글의 우수성을 찬양한다. 그것이 우리의 말소리를 거의 완벽하게 표출해 낼 수 있는 소리글자이기 때문이다. 한글이 소리글자로서 세계의 으뜸이라는 것은 아마도 만고의 진리일 것이다. 그러나 그것은 말소리를 소리 자체로 드러내는 경우에 해당되는 것이지, 그 소리가 나타내고자하는 뜻을 밝히어 다른 사람에게 전달하는 언어의미의 총체적인 기능을 드러내는 것을 뜻하는 것은 아니다. 또한 우리의 문자생활은 입으로 말하는 구두언어(口頭言語, 입말)의 불완전성을 보완하는 수단으로 개발된 것임을 감안할 때 **문자가 의사전달의 記號的 특성을 좀 더 많이 발휘할 수 있는 방편으로 활동될 수 있다면** 그러한 문자가 문자생활에 더 유용한 것이 될 것이다.

우리가 맞춤법을 만들어 지키기를 애쓰는 것도 소리대로만 적었을 때에 발생할 수 있는 오해를 줄이려는 노력의 한 가닥이다. 그래서 "가름과 갈음", "거름과 걸음", "거치다와 걷히다", "다치다와 닫히다와 닫치다", "바치다, 받치다, 받히다, 밭치다", "부치다와 붙이다"등을 구별하여 적자고 맞춤법 규정을 마련하였다. 특별히 풀이말의 語幹을 고정시킨 결과 "늙-, 닭-, 밟-, 굶-"과 같은 표기는 그 글자만 보아도 한자의 "老似踏饑"가 연상되는 효과를 누리게 되었다. 사실 "늙-, 닭-, 밟-, 굶-"이라고 쓰기는 하지만 실제의 말소리 현실에서 그 글자의 구성과 일치하는 발음이 나타나는 경우는 그리 많지 않다. 이처럼 아무리 소리글자라고 하는 한글도 소리대로 적는 데에는 문제점이 있음을 인식하고 맞춤법을 제정하여 읽기에 편하도록 하는 장치를 갖추고 있다.

우리 언어 문자생활에서 한자를 써야하는 이유는 이러한 맞춤법 제정의 연장선상에서 생각할 필요가 있다. 문자라고 하는 것은 원천적으로 음성으로 존재하는 말의 부족함을 채워주기 위한 수단으로 개발된 것이므로 읽기의 효용가치를 넓혀야 함은 두말할 필요가 없는 것이다.

읽을 때에 쉽게 읽히는 것만이 아니라 뜻을 분명하게 알면서 읽도록 하는 것이 고려되어야 한다면 하나의 음으로 혼란이 발생하는 한자어는 당연히 번거롭더라도 한자로 써야 할 것이 아닌가? 그런데 그동안 한자교육이 제대로 안되어 한자를 모르는 사람이 많이 생겼으므로 한자병기를 통하여 한자에 대한 인식을 높이고 그 글자를 익히도록 하기 위해서는 한자병기는 필요불가결의 조치가 아닐 수 없다.

3.

지금까지의 논의를 통하여 우리는 한글전용과 한자병용이 相剋 관계가 아니라 相生 관계임을 알게 되었다. 그러나 참으로 불행하게도 근자에 일어난 한글전용론과 한자혼용론의 대립 논쟁은 水火不相容의 극한 투쟁의 모습을 보였다. 참으로 유감스러운 일일뿐더러 하루 빨리 극복되어야 할 폐단이다.

다음은 어느 한글전용을 주장하는 분의 글이다.

> "1948년의 한글專用法에, '모든 공용문서는 한글로 적는다. 다만 당분간 필요한 경우에는 한자를 병용할 수 있다.' 고 되어 있다.(중략) '남편만을 섬겨라, 다만 필요한 때는 바람을 피울 수 있다.'라는 법을 만들어 시행하다가, 난데없이 바람을 더욱 많이 피우라는 지시를 내리는 형국이 아닌가!"(≪한글새소식≫ 제319호 17쪽)

비유적인 표현이 얼마나 조심스러운가를 깨닫게 하는 구절이다. 이 글을 쓴 분은 분명히 한글전용을 絶對善으로 보았고, 한자병용을 용서할 수 없는 絶對惡으로 비유하였다. 다시금 돌이켜 생각해 보자. 한글전용만이 善이요, 한자혼용은 정말로 惡인가?

우리나라 문화풍토에 아직도 이러한 극한적인 대립의식이 있다는 것은 참으로 슬픈 일이다. 나에게 한글전용에 관한 법률을 비유로 표현하라면, 꼭 들어맞는다고는 생각지 않지만 다음과 같은 표현을 해보고 싶다.

"대한민국 국민은 공적인 자리에서는 표준어를 써야한다. 다만, 얼마동안 필요한 때에는 사투리를 함께 쓸 수 있다."

우리는 모두 이상을 꿈꾸며 살고 있다. 그리고 인류의 역사는 인류의 이상을 실현하려는 끝없는 대장정의 길이었다. 그런데 이상의 특성은 결코 그것이 현실로 찾아오지 않는다는 점이다. 우리가 한글만으로 문자생활을 하고 싶다는 것은 우리의 이상이다. 그러므로 우리는 그 이상을 향하여 끊임없이 노력을 기울여야 한다.

그러나 절대로 조급해서는 아니 된다. 그리고 이상이 쉽사리 현실로 다가오지 않는다고 하여 비관하거나 좌절하여서도 아니 된다. 오히려 이상과 어긋나는 혈실을 직시하면서 현실과 타협하는 次善策을 찾는 슬기를 발휘하여야 한다. 어쩌면 현실성 있는 차선책이 진정한 의미에서 "이상"이라고 말하여야 할 것인지도 모르겠다.

문자생활에 관한 한, 우리나라에서는 한자를 배우고 사용하는 것이 이상에 견줄 수 있는 차선책이다. 이제 우리나라에서 시행하고자 하는 한자병용정책은 그러한 차선책이라고 할 수 있다. 차선책이라는 것은 결코 누구에게도 만족을 주지 않는다. 그러나 현명한 사람은 차선책에서 만족을 느낄 줄 아는 사람이다. 현재의 한자병용정책은 한글전용과 한자혼용의 두 가지 길을 모두 보장하고 있다는 점에서 정책적 배려가 돋보인다. 그 이유는 다음과 같다.

첫째, 한글전용의 문자생활을 보장하고 있다. 한글전용이 절대선이라고 믿는 분들에게 그리고 한글전용을 했을 때에 실제로 아무런 불편이 없는 경우에는 여전히 한글전용을 하도록 되어 있다.

문제는 한글전용이 절대선이라고 믿는 경우, 그런 분들이 마음 속 깊은 곳에서 정말로 한자 없이 우리말이 온전한 우리말 구실을 할 수 있다고 믿는지의 여부에 대하여는 굳이 알려고 할 필요가 없을 것이다. 또 할 수만 있다면 한글전용이 실행되는 분야가 확대되면 좋을 것이다. 그것은 전문적인 지식이 일반대중에게 한자의 매개 없이 전달되어 대중문화가 질적으로 높아지는 결과를 초래하기 때문이다.

둘째, 한자병용을 통하여 그동안 한자지식을 가지고 있어야만 접근할 수 있는 전문분야에 등을 돌리고 살던 많은 사람들에게 그러한 전문분야에 **좀 더 쉽게 接近하도록** 마음의 부담을 덜어주게 되었다. 요즈음 한자를 모르는 젊은 세대들은 한자에 대한 두 가지 성향을 보이고 있다. 하나는 덮어놓고 싫어하는 성향이 있다. 그리고 또 하나는 알고는 싶은데 어떻게 가까이 갈지 두려워서 머뭇거리는 성향이다. 덮어놓고 싫어하는 부류의 젊은이들은 쉽고 편한 것만 추구하는 안이한 성격의 사람들일 것이고 한자를 알고는 싶은데 머뭇거리는 부류의 젊은이들은 누군가 이끌어주기만 하면 달려들 터인데, 그런 용기와 계기가 없어서 고민하는 성격의 사람들일 것이다.

나는 이러한 젊은이들을 생각할 때마다, **그러한 젊은이들을 만들어낸 것은 그동안 混線을 거듭한 어문정책과 그 정책에 놀아난 교육현장의 기성세대들의 잘못이라는 생각을 떨쳐버릴 수가 없다.** 부분적인 한글전용이 나쁜 것이 아니요, 그것이 확대되어 나쁠 것이 없다고 하여 한자교육까지 포기함으로써 애매한 젊은이들만 한자문맹을 만들어 하루아침에 바뀌지도 않고, 바뀔 수도 없는 언어·문자생활을 고통스럽게 한다는 것은 있을 수 없는 일이었음을 지적하고 싶기 때문이다. 이러한 잘못은 하루 빨리 시정되어야 한다. 이름뿐인 漢文教育은 실제의 국어생활에서 불편이 없는 한자실력을 쌓는 방향으로 궤도 수정을 해야 할 것이고 한자교육은 국어시간과는 구분되어야 한다는 이상스런 학과목 이기주의도 허물어야 할 것이다.

국어 자산 속에 고유어와 한자어와 외래어가 모두 포함되어 있는 터에 한글로 쓴 교과서만으로 어떻게 한자어와 외래어의 참모습을 가르칠 수 있다는 말인가? 국어사랑은 한글사랑이라는 등식이 깨져야 한다. 국어사랑은 국어 속에 들어 있는 모든 어휘자산을 골고루 사랑하고 가꾸어서 두루 활용하여 민족문화의 발전에 디딤돌로 삼아야 하는 것이기 때문이다.

여기서 나는 한자지식을 갖춤으로써 얻게 되는 이익을 새삼스럽게 논의하고 싶지는 않다. 다만 단절위기에 놓인 전통 문화 분야가 학술적으로 전승의 차원에서 다시금 소생할 수 있는 길이 열리리라는 희망을 할 수 있게 되었다는 점과, 우리나라가 21세기 세계화의 길에서 동아시아 한자문화권의 다른 나라들과 어깨를 나란히 하여 발전할 수 있으리라는 점을 힘주어 언급하고 싶다.

한자가 우리나라 글자의 범주 안에 드느냐 아니 드느냐 하는 논의를 깊이 있게 할 수는 없으나 비록 빌어 쓴 것이라도 이 천년 동안 사용해 온 것이라면 내 것이라고 하여 흉될 것이 없는 터이요, 또 백보를 양보하여 남의 나라 글자라 한들, 그것을 알아서 그들의 언어와 문화를 이해하고 함께 살아가는 데 유용하게 쓸 수 있다면 그것을 어찌하여 마다하며 담을 쳐서 스스로 외톨이로 떨어져 앉을 것인가?

중국의 한자가 簡字를 쓰므로 우리 한자와 다르고, 일본의 한자와 한자어가 우리나라 한자 및 한자어와는 쓰임과 뜻에 다른 것이 있다 하여 한자공부의 무용론을 내세우는 사람이 있다. 그런 분들은 백(100)을 취하려 하다가 하나(1)가 다름을 보고 아흔아홉(99)을 버리는 어리석은 분들이다.

이제 우리는 바야흐로 새 천년을 맞이하여 세계에 웅비하려는 커다란 목표를 실현하고자 마음을 다지고 있다. 이러한 시대에는 모든 것을 포용하는 열린 자세로 세상을 바라보아야 한다. 한글사랑이 너무 지나쳐서 그것만으로 세상을 살아가겠다고 하는 옹고집을 하루 빨리 벗어던지고 자유로운 마음, 편안한 자세로 어울림의 아량을 보여야 할 것이다. 그 옹고집은 1930년대에서 끝냈어야 했었다.

우리는 지금 그 옹고집에 아직도 엉켜 있는 마음의 상처를 씻어주기 위하여 그 사랑스런 고집쟁이들이 웃으며 다가오는 장면을 기다리고 있다. 나는 이와 같은 심정을 이 글에 담고자 애를 썼으나, 글이 무뎌서 그 뜻이 제대로 전달되었는지 알 수 없다.

※ 이 글은 1999년 10월 5일, 〈한국 밀레니엄 연구원〉 학술회의에서 발표하였고 ≪한글사랑≫ 2000년 봄호에 실렸는데 그 후 2005년 서강대학교 교양국어 교재 ≪읽기≫에도 실려 있음.

참고부록

1. 한글전용측과 국한혼용측의 차이점 비교

<table>
<tr><th colspan="2">구 분</th><th>한 글 전 용 측</th><th>國 漢 混 用 側</th></tr>
<tr><td rowspan="4">요구</td><td>나라글자</td><td>한글</td><td>한글 · 漢字</td></tr>
<tr><td>어문정책</td><td>• 한글전용</td><td>• 國語(한 · 漢) 混用
※常用漢字 2,000자 制定</td></tr>
<tr><td>교육</td><td>• 국어 시간에 한자 교육 불가</td><td>• 漢字敎育 必須化</td></tr>
<tr><td>교과서</td><td>• 한글전용</td><td>• 初校 1년부터 漢字 露出混用</td></tr>
<tr><td rowspan="3">이유</td><td>이념적 측면</td><td>• 민족의 이상 실현
• 자주 정신과 긍지를 함양함.
- 문화 · 도덕의 실질 내용은 표기 형식에 좌우되지 않음.</td><td>• 民族文化 傳統繼承
• 道德敎育의 方便이 됨
- 漢文典籍 · 訓話 등</td></tr>
<tr><td>학문적 측면</td><td>• 한글은 우리말에 맞는 글자임.
• 문자 해독이 용이함.
- 우리나라 문자 해독율은 세계 정상급
• 국어 발전과 순화가 촉진됨
- 순우리말 재생 · 개발 가능
- 한글만으로도 조어 · 축약 가능. 동음이의어는 문맥에서 파악됨.
• 기계화 · 능률화가 월등함.</td><td>• 우리 語彙의 70%가 漢字語
• 直觀的 意味把握 可能함.
- 學校, 學生, 學問
• 造語力 · 縮約力이 强함.
- 敎委 · 全經聯
• 同音異義語 識別이 容易함.
- 家口, 家具
- 公席, 空席</td></tr>
<tr><td>현실적 측면</td><td>• 언어문화의 대중화에 기여함.
• 언어사용 기능 교육을 충실히 할 수 있음.
• 한중일에서 사용하는 한자는 음이 다르고, 뜻과 글자 모양도 상당 부분 상이하여 통용에 한계가 있음.</td><td>• 文字生活의 多樣化가 可能함.
• 早期敎育으로 現實 文字 生活에의 適應 效果가 큼.
• 韓中日 交流에 容易함.</td></tr>
<tr><td colspan="2">관련단체</td><td>한글학회
국어순화추진회
세종대왕기념사업회
한글문화단체 모두 모임
외솔회
한국바른말연구원
한글재단</td><td>社團法人韓國語文會
국어국문학회
한국국어교육연구회
국어학회
한국국어교육학회
漢字敎育振興會
韓國漢字漢文敎育學會
傳統文化硏究會
語文政策正常化推進會
全國漢字敎育總聯合會</td></tr>
</table>

國漢混用論의 역사·문화적 배경

Ⅰ. 序言

오늘날 우리나라의 書寫體系(글쓰기)는 한글만으로도 완전할 수 있다고 믿는 사람들이 늘어나면서 이른바 한글전용이 광범위하게 확대되었다. 아마도 이러한 흐름은 앞으로도 더욱 가속화할 것처럼 보인다. 그러나 이러한 한글전용 현상은 여러 분야에서 여러 가지 부작용을 낳게 되었고 드디어 한자지식의 필요성을 새삼스럽게 절감하기에 이르렀다. 그리하여 뜻있는 학부모들은 초등학교 자녀들에게 한자과외를 시키는 현상이 벌어졌고 유수의 기업체와 經濟人聯合會는 한자교육의 부활을 주장하며 입사시험에 한자사용능력을 반영하게 되었다. 또 뒤늦게 몇몇 대학에서 신입생들에게 漢字教育을 강화하는 교과과정을 편성하기 시작하였다.

이러한 시점에서 國漢混用論의 당위성을 논의하고자 하는 이 글은 어찌 보면 행차후의 나팔 같은 뒷북치기의 느낌이 없지 않다. 그럼에도 불구하고 이 글은 국한자혼용이 우리나라 서사체계의 正道임을 밝혀보고자 한다.

한 나라의 서사문화는 역사적 전통과 사회관습에 따라 자연스럽게 형성되는 것이어서 거기에 논리적 適否를 따질 수 있는 것이 아닌지도 모른다. 그런데 우리나라는 개화기 이래 한글만이 우리나라 문자요, 한자는 나라의 발전을 저해하는 남의 문자이므로 하루 빨리 폐기하여야 한다는 주장이 끈질기게 지속되면서 급기야 그것이 정책과 교육에 반영되어 오늘날과 같은 漢字文盲世態를 초래하게 되었다.

이 글에서는 이와 같은 문자문화현상을 시대 순으로 점검하면서 우리의 논의를 전개하기로 하겠다.

II. 論議의 根據

우리는 이 논의가 발생하게 된 근본 원인이 무엇인가를 확인할 필요가 있다. 다시 말하여 어째서 한글전용론과 한글전용현상이 나타나게 되었는가 하는 것이다.

그 첫째는 '한글'의 문자적 優秀性이다. 한글이 우리말을 표기하는 표음문자로 부족함이 있다면 한글전용이라는 용어조차 나타나지 않았을 것이다. 한글은 우리말을 적는데 완벽에 가까운 표음문자일 뿐 아니라 쓰기도 쉽고 배우기도 쉽다. 이 사실은 한글과 한국어를 아는 모든 사람들이 인정하는 것이요, 또한 賞讚하는 점이기도 하다. 더구나 전 세계의 모든 표음문자 가운데에서 가장 우수하고 개성적인 문자라는 점도 간과할 수 없는 점이다.[1)]

그 둘째는 '한글'이 영미의 대표적인 표음문자 알파벳과 무리 없이 대응된다는 점이다. 물론 알파벳은 자음자와 모음자가 구별 없이 線條的으로 연결됨에 반하여 한글은 자음 · 모음 · 자음의 순으로 正方形으로 조합되어 音節字를 구성한다는 점이 다르기는 하지만 알파벳에 익숙한 사람들에게 특별한 저항감 없이 받아들이고 익힐 수 있는 문자체계이다. 이러한 사실은 기독교 선교사들이 우리나라에 들어와 선교사업을 벌일 때에 한글에 주목하게 하였고, 나아가 성서번역을 순한글로

---

1) 李翊燮(1992), ≪國語 表記法 硏究≫, 서울대학교 출판부, p.30.
cf. G.Sampson(1995), Writing System chap.7.

간행하는 단초가 되었다. 바로 이 시점이 '한글전용'이라는 서사의식이 광범위하게 일상생활에 나타나기 시작한 때였다.

따라서 우리는 다음과 같은 세 단계로 나누어 한글전용현상과 한글전용론의 확산과정을 살펴보기로 하겠다.

第一期 : 舊韓末 開化啓蒙期 1880年~1910年
第二期 : 日帝植民地期 1910年~1945年
第三期 : 美軍政과 大韓民國 1945年~2004年

제1기는 흔히 개화기라고도 부르는 구한말에 해당한다. 조선조의 전근대적 왕정체제가 전면적인 도전을 받는 가운데 개화개혁의 바람이 소용돌이쳤고 그와 때를 맞추어 미국으로부터 개신교 선교사들이 들이와 활동을 시작한 때였다.

제2기는 일제식민지기간이고 제3기는 해방이 되고 미군정을 거쳐 대한민국정부가 수립된 이후 지금까지에 해당된다.

III. 文字政策의 흐름

1. 第一期 : 舊韓末 開化啓蒙期 1880年~1910年

이 시기는 조선왕조 오백년의 전통이 바야흐로 새 시대 새 기운의 도전을 받는 격동과 변화의 기간이었다. 따라서 언어문자생활도 이러한 시대분위기에 따라 격변의 모습을 보였다. 공식적인 문자생활은 순한문이었고 한글은 부녀자 중심의 內簡이나 內房歌辭의 표기양식이었다. 이러한 평행선이 甲午更張을 분수령으로 하여 언문일치의 표기양식을 탄생시켰는데 이것이 국한혼용으로 나타났다. 밀하듯이 글을 쓴다고 할 때에 그 發話內容 속의 한자어는 한자로 적을 수밖에 없는 것이 그 당시 문자생활을 주도하던 識者層의 자연스런 반응이었다. 이때부터 순한문의 표기의식은 고답적 지식인의 전유물로 바뀌었고 일반적인 글쓰기는 국한혼용과 한글전용의 두 가지 양상으로 압축되었다. 언문일치의 문장을 쓴다는 대전제는 같으나 하나는 한자를 섞어 쓰는 것이요 다른 하나는 한글만 쓰는 것이었다. 이때부터 한글전용에 대한 논의가 본격적으로 전개되었다.

이 시대를 주름잡은 한글전용론의 핵심인물은 徐載弼과 周時經이었다. 서재필은 〈독립신문〉을 통하여 (1)한글만 쓰기와 (2)띄어쓰기의 대원칙을 만천하에 천명하였고, 주시경은 저술과 교육을 통하여 한글전용이 시대적 소명임을 강조하였다. 서재필은 철두철미한 한글전용론자였고 그 실천의 화신이었다.

〈독립신문〉의 간행 자체가 한글전용의 좋은 본보기였을 뿐만 아니라 〈독립신문〉에 실린 논설을 통하여 한자사용이 독립을 저해한다고까지 주장하면서 한글전용을 부르짖었다. 한편 주시경은 한글전용의 필요성을 역설하기는 하면서도 자기 자신의 문자생활은 국한혼용이 주된 것이었고 때로는 순한문도 구사할 만큼 일반지식인의 문자생활을 영위하였다.[2)]

그러나 이들 두 사람은 모두 미국인과 미국문화의 영향을 받았다는 점에서 공통성을 보인다. 徐載弼은 미국에서 교육을 받고 미국시민이 된 사람이고 주시경은 배재학당의 미국인 선교사를 통하여 신학문과 미국문화를 접했고 독립협회에서 서재필과 함께 일하면서 서재필의 영향을 받은 사람이다.

여기에 이르러 우리의 관심은 1880년대 이후 우리나라에 들어와 활동한 英美界 동양학자 및 선교사들에게 향한다. 그들의 언행과 사상은

---

2) 沈在箕(2003), "서재필과 한글발전운동"(≪서재필과 그 시대≫, 서재필 기념회), pp.250-287.

우리나라 언어 문자생활에 어떤 영향을 미쳤는가? 이제 우리는 이러한 의문점을 풀기 위하여 그들의 저술을 살펴보기로 한다.

먼저 1882년에 초판이 간행된 그리피스(William E. Griffis)의 ≪隱者의 나라 : 韓國(Corea : The Hermit Nation)≫에서 한 구절을 뽑아보기로 하자.[3]

> "……자기 민족의 문자체계가 창제되었음에도 불구하고 중국의 완숙한 철학과 문학의 영향력은 너무도 심각하여 한때 조선 사람들은 언문으로서는 원전과 꼭 같은 自國語本을 만들어 내는 것이 분명히 무리한 것이라고 생각했다. 한글은 감수성이 예민한 지식인들을 자극함으로써 모든 원전을 표기하는 데에 아무런 소용이 없었다. 조선의 학자들은 자기 민족의 언어문화를 비하했다. 그 결과로 수 세기가 지난 오늘날에도 조선에는 이름을 붙일만한 문학 작품이 없다. 다만 극소수의 작품들이 한문이나 일본어로 씌어 있을 따름이다."(p435)

> "조선의 어린이들은 25자로 된 간결하고도 아름다운 자 · 모음과 이를 조합해서 만든 170자 또는 그 이상의 글자를 읽고 보고 쓰는 것으로써 교육을 시작한다. 그들은 읽는 법을 배우고 정자와 쓰는 법을 익힌다. 한글의 음절을 정확하게 분해할 수는 없지만, 눈과 귀로서 기억에 남는다. 조선어를 공부하는 외국인들에게는 무섭게 여겨질 만큼 다양한 모음변화와 자음접변은 어린 시절에 귀와 예문을 통해 빨리 숙달되기 때문에 철자법은 거의 알려져 있지 않다. 거의 모든 소녀들과 대부분의 소년들이 배우는 이와 같은 초보적인 지식으로써 그들은 청년이 되어서도 이야기책, 소설, 입문적인 역사, 시문 그리고 사업상

3) 신복룡이 譯註한 책을 참고하였다. 이 책은 한국에 관심을 갖기 시작한 초기의 연구서로서 잘못된 정보가 무분별하게 섞여 있다. 예컨대 설총의 이두와 한글을 혼동하였다.(p90)

으로나 친구간의 연락에 필요한 통상문서들을 터득한다."(p437)

위의 글은 19세기 후반 우리나라의 언어·문자생활을 거의 있는 그대로 서술하고 있다. 그럼에도 불구하고 한국인들의 지나친 한문숭상과 지나친 한글 비하를 은연중에 꼬집고 있다.

다음은 1888년에 간행된 칼스(W. R. Carles)의 ≪조선풍물지(Life in Corea)≫의 한 구절이다.[4)]

"한글을 읽고 쓰기란 너무 쉬워서 한글은 아주 경시를 받기 때문에 대개 여자들과 교육수준이 낮은 사람들만 사용하였다. 포고문이나 재판에 관계된 일을 제외하고는 공식적인 문서에서 한글을 사용하는 일이란 거의 없다. 문학의 발달은 저조했다. 그러나 아주 작은 규모의 순회도서관이 서울에 존재하고 있다는 사실을 기록하는 것만으로도 가치 있는 일이다. 인쇄나 서신에서 실제적으로 사용된 언어는 한자다. 그러나 아무리 정확하게 쓴다 할지라도 작문 형식이 아주 오래된 것이다.

한자는 표의문자로서 하루아침에 이루어진 것이 아니며 오늘의 한자가 완성되기까지에는 수천 년의 세월이 걸렸다. 그 당시 중국은 한국에 막대한 영향을 미치고 있었는데 그 결과가 오늘에 나타나고 있는 것이다."(p219)

이 글에서도 문면에 직접 나타나지는 않으나 한자 중시와 한글 경시를 대비시키면서 은근히 그 부당성을 나타내고 있다. 이렇게 시작된 문자문화에 대한 논의는 헐버트(H. B. Hulbert)의 ≪대한제국멸망사(The passing of Korea)≫[5)]에 오면 영미인들의 견해가 노골적으로 드러난

---

4) 原書 Carles. W. R(1888), ≪Life in Corea≫, (Macmillan Co. London)
신복룡(역주)(1999), ≪조선풍물지≫, 집문당, 서울.

다. 잘 알려진 바와 같이 헐버트(1863~1949)는 한국인의 영원한 친구로서 양화진 외국인 묘지에 묻혀있는 한국통의 목사, 교육자, 학자였다. 언어 · 문자생활과 관련된 내용을 몇 군데서 뽑아본다.

"과거 3천년 동안 중화제국과 굳건한 정치적 유대를 맺어오는 동안에 얻은 것이라고는 두 가지, 즉 그 위대한 상형문자와 조상의 무덤을 만드는 습관 밖에는 남은 것이 없다."(p55)

"한국인들은 中華思想을 받아들이는 길보다 더 좋은 것이 없다고 알고 있는데 이는 중화사상을 받아들이는 것이 자신의 사상을 유지하는 것보다 더 훌륭하다고 믿는 몽매한 사고방식에서 비롯되는 것이다. 그때부터 지금에 이르기까지 한국은 중화사상의 노예가 되었으며 자주성과 독자성을 잃었던 것이다. 한국으로서는 중국의 사상을 모방하는 것만이 지상의 소망이었기 때문에 이 한정된 수평선 너머의 모든 장관을 하나도 볼 수가 없었다."(p56)

"어떤 사람들은 교재를 순 한글로 인쇄해야 한다고 생각하고 있는 반면에 좀 더 보수적인 사람들은 정부 측과 더불어 국한문이 혼용되어야 한다고 생각하고 있다. 이와 같은 국한문 혼용의 방법에 따른다면 동사, 명사, 형용사 및 부사는 한자로 표기되어야 하고 모든 토씨는 문법적이든 문장론적이든 논리적이든 순 한글로 표기된다. 그렇게 되면 마치 철자를 암시하는 수수께끼 그림같이 되어서 글자는 그림으로 점철된다. 이렇게 되면 그 체제가 맵시 없게 되기는 하겠지만 순 한문에서 순 한글로 옮겨가는 유용한 기초가 될는지도 모른다. 한자가 완전히 없어질 때까지는 광범한 보통교육이란 불가능한 것이다.

---

5) H. B. Hulbert(1906), ≪The passing of Korea≫, William Heinemann Co. London 신복룡 역주(1999), ≪대한제국멸망사≫, 집문당, 서울.

이러한 점에서는 일본도 한국과 마찬가지다."(p403)

"신문에 인쇄되고 있는 소위 국한문 혼용은 그다지 깊은 수준의 한자술어에 관한 지식을 필요로 하지 않기 때문에 대부분의 여성들이 읽을 수 있지만 거기에 사용되는 한자의 수효는 1,800자에 지나지 않는다."(p426)

서양인들이 모두 한자에 대해 무지할 뿐 아니라 적대감을 갖고 있다고 말하기는 어려울 것이다. 그러나 헐버트의 글에서는 한자사용이 중화사상의 노예가 되어 독자성과 자주성을 잃는 것인 양 쓰고 있다. 그리고 한걸음 더 나아가 한자폐지와 보통 교육을 연결시키고 있다. 이러한 논조는 오늘날 한글전용을 주장하는 사람들에게서도 똑같이 나타나고 있다.

다음은 1909년에 간행된 게일(J. S Gale)(1863~1937)의 ≪전환기의 조선(Korea in Transition)≫에서 뽑은 글이다.[6] 게일은 앞에서 언급한 그리피스, 칼스, 헐버트와는 구별하여 검토해야 할 인물이다. 그는 1898년에서 1928년까지 만 30년간 한국에서 선교활동을 벌였으며 한국어와 한자에 능통했을 뿐 아니라 ≪天路歷程≫, ≪辭課指南≫, ≪韓英大辭典≫ 등을 번역, 편찬, 출판하는 등 우리나라 어문학사에 깊은 발자취를 남긴 분이다. 몇 군데 인용해 보자.

"한국인들은 한문을 쓰고 또 그것을 배우려고 애쓰고 있다. (중략) 머리가 빙빙 돌때까지 계속해서 2천자 또는 그 이상의 글자를 배운다. 그러면 그들은 그것들이 연결된 데를 따라 일렬로 읽지 않을 수 없다. (중략) 이것은 글자를 통해서 중국과 조선과 일본이 사고의 전

6) J. S Gale (1909), ≪Korea in Transition≫, Jenning & Graham, Cincinati
신복룡 역주(1999), ≪전환기의 조선≫, 집문당, 서울.

쟁을 하고 있음을 보여주고 있다. 얼마나 힘들고 막연한가? (중략) 한글은 정말로 이 세상에서 제일 간단하다.

서기 1445년에 발명되어 조용히 먼지투성이의 시대로 자기의 세월이 오기를 기다리고 있었으니 누가 그것을 알아주었겠는가? 그것이 너무 쉬웠기 때문에 결코 쓰여 지지도 않고 멸시만 당했다. 여자들조차도 한글을 한 달 또는 한 달 조금 넘는 기간에 배울 수 있었으니 그렇게 값싼 글자를 무엇에다 쓸 것인가? 하느님의 신비로운 섭리에 의해 그것은 신약성서와 다른 기독교서적을 위해 준비된 채 자기의 날이 오기를 기다리고 있다.

오늘날까지 이들은 이 신비롭도록 단순한 언어[7]를 거의 배타적으로 사용하지 않고 있다. 아마 이것은 모든 것 중에서 가장 놀라운 섭리일 것이다. 이 언어는 시간이 시계를 칠 때까지 기다렸다가 그리스도의 모든 놀라운 역사를 일으키고 말해준다."(pp.108-109)

"한국인들은 이 글자를 언문이라고 부르는데 이는 '천한 글'이라는 뜻이다. 왜냐하면 그것은 자랑스러운 상형문자인 한자와 비교해 볼 때 너무 간단하고 쉽기 때문이다. (중략)

조선에서는 흔히 신약성서가 여인의 허리끈에 매여 있다. 유쾌한 여행길에 있는 등산가의 짐 꾸러미 속에, 작은 마을에 있는 가정의 벽장에, 그리고 거실에 선반에 쌓여 있는 것은 예수를 말하고 구원해 줄 것을 말하고 있는 언문으로 씌어진 이 책들이다. 나는 나 자신이 그 번역에 참여했던 것을 가장 선택된 은총으로 생각한다. 나에게 할당된 것은 〈요한복음〉, 〈사도행전〉, 〈로마서〉, 〈갈라디아서〉, 〈에베소서〉 그리고 〈요한계시록〉이다."(p109)

7) '문자'로 되어야 할 듯, 言語와 文字에 대한 無分別한 誤用의 例임.

이처럼 게일도 한자에 대해서는 극단의 혐오감과 적대감을 내보이며 한글의 우수성을 賞讚하고 있다. 그리고 그 한글로 번역된 성서에 의해 한국 사람들이 그리스도인이 되는 놀라운 하느님의 섭리를 찬양하고 있다. 마치 한글은 한국 사람들이 그리스도인이 되기 위하여 창제된 것처럼 묘사하고 있다.

선교가 최우선이었던 목사로서 게일의 이와 같은 논조는 어찌 보면 너무나 당연한 것이 아닌가 생각된다. 개화계몽이 무엇보다 급선무였던 19세기 말 20세기 초의 우리나라에서, 만일에 한글이 없었다고 가정해 보자. 아마도 저들 선교사들의 선교사업은 몇 십 년 뒤의 업적으로 밀려났을 것이다. 이러한 시점에서 선교사들의 한글 찬양은 충분히 이해된다. 그러나 그럼에도 불구하고 이들 영미계 학자와 선교사들이 예외 없이 한자에 대한 극도의 반감을 보이는 것은 어떻게 해석하여야 할 것인가 하는 의문점은 여전히 남게 된다. 심지어 헐버트는 한자·한문 때문에 한국인이 독자성과 자주성을 잃게 되었다고 연민의 뜻을 나타내고 있다.

그는 물론 객관성을 유지하는 학자답게 국한문혼용이 한글전용으로 나아가는 과도기적 현상이 될 수도 있을 것이며 상용한자는 1,800字에 지나지 않는다는 날카로운 관찰도 빼놓지 않았으나, 그들의 글 속에 한자문명권에 대한 몰이해와 경멸감은 감출 수가 없다.

그들은 과연 한자를 표현매체로 하는 유교와 불교의 동양문화를 어떻게 보았던 것일까? 그들은 동양의 전통문화를 그리스도교와 공존해야 할 인류문화의 꽃으로 본 것이 아니라 폐기해야 할 타도의 대상으로 본 것은 아닌가? 우리는 이 문제를 여기서 선불리 논의할 생각은 없다. 다만 서사체계의 適否를 따지는 이 마당에 이러한 문제가 관련되어 있다는 사실만을 조심스럽게 지적해 두고자 한다.

이상으로 우리는 1880년대부터 1910년 이전까지 영미계 학자와 선교사들의 言語·文字觀을 살펴보았다. 거듭 언급하거니와 그들은 한글로 성경을 번역하여 보급하면서 놀라운 선교효과를 거두었다. 게일에 의

하면 1909년에 한국 전체에 세례교인은 5만 여명이고 예비 교인은 11만 여명으로 집계하고 있다.[8)]

다음에 알렌 (Harace N. Allen)의 ≪조선견문기≫의 일절을 읽어보자.[9)]

> "오늘날 조선은 선교사업이 성공한 모든 나라 중에서도 으뜸이다. 한국인들은 사실상 자신의 종교를 가지고 있지 않다. 유교는 하느님이 없는 도덕의 제도에 지나지 않으며 불교는 명성이 떨어졌다. 동시에 조선 사람들은 기질적으로 종교에 심취하기 때문에 기독교가 자연히 조선 사람에게 호소력을 갖게 되었다. 그리고 조선에는 인도와 같이 종교적 진리의 전파와 종교 단체의 조직을 방해하는 계급제도가 없는데, 이러한 모든 사실이 종교사업을 위한 길을 널리 개방하는 경향을 보여 주고 있다."(p156)

이렇듯 1910년 우리나라의 改新敎 신자는 폭발적인 증가를 거듭하였고 그들 신자들은 영미계 선교사들의 언어·문자관을 특별한 비판 없이 수용하게 되었다. 다시 말하여 그들 한국의 그리스도교인들은 잠재적 한글전용론자의 성격을 띠게 되었다. 이러한 한글전용의 선봉에는 앞에서도 언급한 바와 같이 미국문화에 침윤된 서재필과 그의 영향권 안에서 활약한 주시경이 있었다.

2. 第二期 : 日帝植民地期 1910年~1945年

고요한 아침의 나라, 조선의 태양은 1910년 8월 29일 드디어 바닷속으로 가라앉았다. 그리고 1945년 8월 15일이 되기까지 만 35년 동안

8) 게일, 앞의 책 p.171. 이 당시 한국의 총인구는 1천 5백만 정도이므로, 1910년 기준으로 개신교 신자수는 전체 인구비 100분의 1을 넘어서 있음을 보여준다.

9) Horace N. Allen(1908), ≪Things Korean≫, Fleming H. Revell Co. New York 신복룡 역주(1999), ≪조선견문기≫, 집문당, 서울.

그 태양은 떠오르지 않고 있었다. 그 긴 세월, 식민지 치하의 우리나라 識者들은 무엇을 하였는가?

그들의 국권회복 운동은 크게 두 가지로 나뉜다. 하나는 칼이요, 또 하나는 붓이었다. 전자는 3 · 1운동, 독립군 상해임시정부 등으로 나타나는 직접적인 독립운동이었고, 후자는 국학운동, 신문화운동 등 교육 문화사업으로 나타나면서 국사 · 국어 등 국학연구의 활성화를 가져왔다. 그중에서 국어연구의 갈래가 우리의 관심사인 서사체계 문제와 관련된다.

국어연구의 싹을 틔운 것은 앞에서 언급한 주시경이었다. 그러나 1910년대는 나라 잃은 설움의 충격 때문이었는지 이렇다 할 연구 활동을 보이지 않다가 1921년 12월에 주시경의 영향을 받은 분들이 주축이 되어 朝鮮語學會를 결성함으로써 國語硏究와 國語運動이 활성화되었다. 조선어학회의 활동은 다음의 몇 가지로 요약된다.

첫째, 한글날을 제정하여 국어의식과 민족의식을 고취하였다.[10)]

둘째, 잡지 ≪한글≫ 간행을 통하여 국어에 대한 연구와 이해의 폭을 넓혔다.

셋째, '한글 맞춤법 통일안'을 확정하고 〈사정한 조선어 표준말 모음〉을 발표하는 등 국어 규범화의 기틀을 마련하였다.

넷째, 국어사전을 편찬하여 국어정리사업의 결산을 보려하였다.

조선어학회는 위의 네 가지 사업 가운데 네 번째 사전편찬만 뒤늦은

---

10) 한글날은 1926년에 '가갸날'로 출발하였고 1928년에 한글날로 고쳤으며, 1940년부터 지금의 10월 9일로 확정되었다. '한글날'을 제정하고 이날을 기념하는 행사가 계속되면서 한글의 優秀性이 民族的 自矜心을 키우는데 크게 기여한 것은 움직일 수 없는 진실이다. 그러나 이러한 긍정적 측면이 있는 한편 '한글 곧 國語'라는 잘못된 인식이 확산되어 한글만 쓰기와 한글로만 표기가 가능한 固有語만 사용해야 좋다는 생각을 擴大시켰다.

결실을 보았을 뿐, 다른 세 가지는 1930년대에 상당한 성과를 거두었는데 그 성과의 흐름을 타고 1920년대부터 한글전용을 주장하는 목소리가 점점 그 파장을 확장시켰다. 이때의 한글전용론을 여기에 일일이 거론할 여유가 없다. 다만 그 무렵의 모든 주장들을 간단히 정리하면 다음과 같이 요약할 수 있다.[11)]

첫째, 한자를 상용하는 주변 국가의 움직임에 영향을 받고 있다. 즉 중국의 간자화 운동과 일본의 한자제한론에 발맞추려면 한글을 갖고 있는 우리는 얼마나 행운인가 하는 논조를 펴고 있다.

둘째, 한자 및 한자어의 폐단을 벗어나려면 한자를 안 쓰면 된다는 생각이다. 가령 한자어를 쓰게 되면 우리말(固有語)을 잃어버리게 된다든가 동의어가 너무 많아서 번잡하고 배우기 힘들다든가, 글 자랑을 하느라고 궁벽한 한자를 즐겨 써서 읽는 이를 골탕 먹이는 나쁜 풍조가 있음을 지적하면서 "그러므로 골치 아픈 한자를 내버리자"는 논조를 편다.

셋째, 문맹을 퇴치하고 일반대중이 모두 문자생활을 즐기려면 한글전용 외에 다른 길은 없다고 주장한다.

한글전용의 논리적 근거로 내세우는 위의 세 가지는 1930년대에 오면 그 기본골격을 그대로 유지하면서 조금 더 다양한 해설과 풍부한 예증으로 윤색된다. 여기에서 첫 번째 주장은 민족적 자주성을 회복하자는 논리와 상충된다.

민족적 자주는 타민족 타국가의 움직임과 관계없이 독자적이고 자주적 이유와 목적으로 이루어져야 되는데, "이웃나라가 하고 있으니 우리도 해야 한다"는데 초점이 맞추어지면 그것은 新版 사대주의이지 순수한 의미의 자주성의 회복이라고 보기 어렵다. 또 둘째, 글자랑 풍조를 비판한 것은 논지를 흐린 것이다. 글자랑의 궁벽한 한자사용은 '한문' 문장

11) 沈在箕(1998), 〈國漢字混用의 妥當性에 關한 研究〉, ≪관악어문연구≫ 23집 10쪽에서 재인용.

을 짓고 쓸 때의 문제이지 국한문혼용의 언문일치의 글에서는 문제되는 것이 아니기 때문이다.

물론 불필요한 한자어, 특히 僻字가 들어간 신조 한자어의 사용을 금하자는 취지라면 옳은 주장이나 한자는 골치 아프니까 내버리자고 하는 것은 정당한 주장이 될 수 없다. 동의어가 많다는 것은 오히려 구분을 위하여 배워야 할 것이지 빼버려야 할 이유는 되지 않는다. 셋째, 문맹퇴치를 위해 한글전용을 해야 한다는 것은 문자생활의 대중화만을 생각했다는 면에서 씻을 수 없는 단견이다.

모든 국민이 모두 쉽게 읽고 쓰고 사용할 수 있는 문자를 아는 것이 한 국가 사회가 문화생활을 영위하는 최종목적이 아니기 때문이다. 대중화라는 것은 하향평준화로서 그것이 저급한 단계의 보편화에는 기여하지만 문화는 본질적으로 고급화하려는 상향성을 갖고 있어서 평준화 단계 이후에는 필연적으로 고급화와 전문화 문제가 발생하는 것이기 때문이다.

그러나 ①이웃나라와 발맞추기 위하여 ②고유어를 살리고 귀찮은 것은 피하기 위하여 ③모든 사람이 똑같은 문화생활을 전제로 하는 문자생활을 누리기 위하여 한글전용론은 1930년대와 1940년대 초까지 지속되었다. 더구나 국어를 연구하고 한글을 지키는 것은 곧 민족을 수호하는 가장 좋은 방편이라는 인식하에 일종의 구국운동으로 자리매김이 되었다.

국어를 연구하는 한, 그리고 한글전용을 주장하며 한글의 우수성을 재확인하고 한글보급으로 민족의식이 눈뜨며 확산되어 가는 것을 지켜보는 한 그 운동에 사람들은 나라 잃은 설움을 달랠 수 있었고 조국광복의 희망을 가질 수 있었기 때문이었다.

그런데 이러한 문자문화개혁을 통한 독립운동에 보이게 혹은 보이지 않게 전폭적인 지지를 보내는 세력이 있었다. 그것은 19세기 말 이후 우리나라에서 활동한 영미계 개신교 선교사들이었다. 기미년 3·1운동 당시에 그 운동의 아지트 구실을 한 곳이 수많은 예배당이었듯, 문맹퇴치를 위한 한글 보급의 거점이 되었던 곳도 역시 예배당이었다. 1900년부터 1905년 乙巳保護條約이 체결되기까지 고종황제의 고문으로 활약하며 격동기 대한제국의 쇠망하는 모습을 지켜본 미국의 외교관이요, 학자였던 샌즈(William F. Sands)의 ≪朝鮮備忘錄(Undipolomatic Memories)≫에서 우리는 다음과 같은 記錄을 만날 수 있다.

> "미국의 선교사업은 병원과 학교에서 서양지식을 가르쳤을 뿐 아니라 조선 사람의 서구화와 자유화를 시도했다. 따라서 모든 진보주의적 개혁운동에는 늘 기독교도를 볼 수가 있을 정도가 되었다. 당시 조선에서 그러한 교육은 반란이나 혁명과 같은 의미로 이해되고 있었다. 일본의 합병노력에 어느 정도 걱정거리를 준 민족주의자 집단은 이와 같은 학교 출신이었다."[12]

이 글은 1900년대의 상황을 말해주고 있으나 이것은 1910년대 말에 일어난 3·1운동에도 그대로 연결될 뿐 아니라 더 나아가 우리나라 근대화의 정신적 뿌리가 어디에 있는가를 분명하게 밝히는 증언이라고 아니할 수 없다.[13]

---

12) William F. Sands(1930), ≪Undiplomatic Memories≫, McGraw-Hill Book Co. Inc. New York.
신복룡 역주(1999), ≪朝鮮備忘錄≫, 집문당, p.191.

13) 미국 선교학교를 졸업한 조선 사람들의 개혁적이고 민족주의적 성향에 주목한 샌즈의 관찰은 매우 정확한 것이었다. 그는 독실한 가톨릭 신자였으므로 개신교보다 일찍 우리나라에 들어와 선교활동을 펼친 프랑스 외방선교회 신부들의 활동도 날카롭게 살피고 있다. 샌즈는 다음과 같이 쓰고 있다.
"프랑스 신부들은 조선의 국민을 기독교도로 만드는데 일차적인 관심이 있었을 뿐 그들은 조선 사람들을 서구화하거나 서구 언어에 전문가가 되도록 하는 데에는 관심이 없었다. 오히려 그들은 스스로 가능한 한 토착풍습에 가까이 순응함으로써 그들 자신의 언어를 거의 잊어버리는 예가 많았다."(샌즈(1930), 앞의 책, p.100.)
그러나 프랑스 선교사들의 이와 같은 선교방식과는 정반대의 정책이 월남에서 이루어졌다. 근세에 프랑스 식민지가 된 월남에서는 식민통치의 효율성을 높이기 위해 1910년부터 20년 내지 30년에 걸쳐 한자를 폐지하고 월남어의 로마자화를 시

일제식민지치하에서도 다소의 기복은 있었으나 개신교 선교사들의 선교생활은 지속되었고 한국내의 기독교 신자는 증가일로를 걸었다. 신자수의 증가는 한글전용론의 확산을 뜻하는 것이기도 했다. 새로운 신자는 한글로 번역된 성경을 통하여 신앙생활을 이어갔으며 그 한글 성경을 통하여 구국의 민족주의와 자유민주사상을 키울 수 있었다.

이러한 시대분위기에서 한글은 곧 민족이요 민주요 자유였다. 그리하여 하나의 문자체계 '한글'이 民族正體性의 상징이요 구국운동의 수단으로 정착하였다. 이제 '한글전용'은 문자생활 속에 자연스럽게 나타나는 표기양상이 아니라 민족수호를 위한 신앙행위가 되었다.

다시 말하여 '한글'은 신앙의 대상이 되었고 '한글전용'은 신앙을 지켜나가는 종교행사의 성격을 띠게 되었다. 식민지 상황은 이러한 종교적 신념을 강화하였다. 더구나 일제말의 '국어상용〔곧 일본어상용〕'정책과 '創氏改名'정책이 강행되는 시점에서 한글 지키기와 한글전용은 움직일 수 없는 신앙의 일부가 되었다. 한글은 이렇게 식민지 시대를 거치면서 이념적 도구로 굳어졌다.

그러나 당대의 문자생활의 실행은 여전히 국한문혼용이었고 한글전

도했다. 교과서와 국가시험에서 한자를 폐지하고 로마자화한 문자생활을 강제하였던 것이다. 이러한 정책이 큰 반발 없이 추진된 이유는 식민정부와 독립운동세력간에 이해관계가 일치했기 때문이다. 식민정부는 통치의 효율성을, 독립운동세력은 프랑스어를 강요당하는 것보다는 월남어의 로마자화가 더 낫다는 대목에서 전략적 이해가 맞아 떨어진 것이다. 당시 월남은 문맹률이 대단히 높았다. 독립운동세력은 문맹퇴치라는 목적에서 한자폐지와 고유어의 로마자화라는 카드를 수용했다. 월남어는 단어의 60% 정도가 한자어로 구성되어 있었다. 이것을 하루아침에 로마자로 바꾸다 보니 기대했던 것만큼 지식수준이 올라가지 않았고 면학의욕도 떨어지게 되었다. 그 결과 광범위한 지식 부재현상이 발생하기 시작하였다. 한자를 몰아내기에만 바빴지 고급학문을 위한 교재를 새로 만들 방법론도 제대로 세우지 못했고 시간적 여유도 없었기 때문에 고등교육은 심한 타격을 받았다. 이러한 고등교육의 붕괴는 권력층과 부유층을 대거 프랑스로 유학을 보내는 동기가 됐고 하류층은 극심한 지적 빈곤현상에 처하게 되었다. 1975년 월맹이 공산통일에 성공한 후에도 학문부재 현상은 쉽게 해결되지 않았다. 하노이 종합대는 1985년까지 교수가 없어서 法科大學을 설치하지 못할 정도였다. (1998년 9월호 ≪月刊朝鮮≫, p.375 참조)

용론은 이념으로의 길로 계속 치달았다. 이러한 때에 言語·文字는 그 언어의 문화적 기반 위에서 객관적이고 과학적인 자세로 운용되어야 한다고 주장한 글이 없지 않았다. 洪起文의 〈朝鮮語硏究의 本領〉이라는 글인데 배타적 국수적 국어애호는 국어 연구의 正道가 아니며 외래어의 유연한 포섭이 오히려 한 言語를 豊富하게 하는 것임을 강조하면서 지나친 순화운동과 규범화를 경계하고 있다.[14]

한글전용론이 하나의 이념으로 굳어가는 시기에 이글은 우리에게 명징한 문화의식과 학문적 양식을 일깨우는 청량한 언어문자관이 아닐 수 없다. 이와 같은 논쟁의 소용돌이 속에서 일제시대는 막을 내렸다.

3. 第三期 : 美軍政과 大韓民國 1945年~2004年

1945년 8·15 해방을 기점으로 하는 제3기의 문자문화 시대는 편의상 크게 둘로 갈라 볼 수 있다. 전기는 1945년부터 1969년까지이고 후기는 1970년 1월부터 현재까지이다. 전기는 한글전용론과 國漢字混用論이 첨예하게 대립하여 일종의 이념논쟁으로까지 번지면서도 일상의 문자생활에서 한자의 사용이 그런대로 유지되고 있던 시기이나, 후기는 실제의 문자생활 곧 모든 교과서와 일반서적에서 한글전용이 보편화되면서 이른바 한자문맹이 생기고 여러 분야에서 부작용이 발생한 시기이다.

물론 漢盲의 양산과 현실적 한글전용의 확대가 1970년을 경계로 확연하게 갈라지는 것은 아니고 매우 점진적 과정을 보인 것이지만 1970년을 기점으로 한글전용이 실효를 거두고 한맹세대가 나타나기 시작하였기 때문에 이 시점을 경계로 삼고자 하는 것이다. 그러면 전기에 일어난 중요한 文字政策과 文字文化 현상을 점검해 보자.

해방직후 미군정 명령 6호에서 공식적으로 한국어 존중시책을 발표

14) 沈在箕(1998), 앞의 논문, pp.13-14.

하면서 한국어가 공용어로서의 법적지위를 확보한다. 그리고 그해 12월 8일 漢字廢止決議案이 나온다. 그 결의안은 다음과 같다.

"漢字使用을 폐지하고 초등·중등학교의 교과서는 전부 한글로 하되, 다만 필요에 따라 漢字를 도림(괄호)안에 적어 넣을 수 있음."

이 결의안은 미군정 산하의 朝鮮教育審議會의 教科書分科委員會(최현배·장지연·피천득·조윤제)에서 결의하여 군정당국에 제출되고 그것이 교육시책으로 받아들여진 것으로 대한민국이 수립되기 전에 공포된 유일한 文字生活規範이다.

이 결의안을 규범이라고 바꾸어 말하는 까닭은 이 결의안이 1948년 10월 9일 법률 제 6호로 발표된 이른바 '한글전용법'의 모태 구실을 한 것이기 때문이다. 결의안을 기초하고 확정한 사람들은 물론 朝鮮教育審議會의 教科書分科委員들이다. 그런데 이것은 두말할 것도 없이 군정당국의 뜻에 부합하는 것이었다. 그리고 더 나아가 구한말부터 개신교 선교사들이 선교활동의 일환으로 추진했던 한글전용론에 맥이 닿은 것이기도 하다.[15] 이 결의안은 新生獨立國 "大韓民國"이 탄생하자마자

---

15) 이것은 마치 20세기 초 월남에서 월남어의 로마자화를 시도할 때에 프랑스 식민당국과 독립운동세력간의 의견의 일치를 본 것과 매우 흡사한 현상이었다.

한편 이 決議案은 二次大戰 終戰 후 美國이 日本을 民主化하는 過程에서 美國教育使節團이 作成한 日本의 教育改革을 위한 報告書와도 脈을 같이하고 있다.

〈미국 교육 사절단 보고서〉에서 몇 구절을 옮겨 보자.

"글자로 쓰는 일본말(漢字와 カナ)은 학습에서 엄청난 장해가 된다. 일본말은 대개 한자로 쓰는데 그 한자를 익히는 것이 학생에게는 지나치게 무거운 부담이 되고 있다고 하는 것을 거의 모든 지식인이 인정하고 있다. 초등학교 교육기간을 통해서 학생들은 글자(漢字)를 익히고 쓰기에만 공부시간의 대부분을 할애하고 있는 형편이다. 교육의 이 최초의 기간에 광범하게 유익한 어학이나 수학의 기술, 자연계나 인간 사회에 관한 기본적인 지식 등의 습득에 쓰여야 할 시간이 그러한 글자(漢字)익히기를 위한 고생에 허비된다."〈미국 교육 사절단 보고서〉(日譯 講談社, 1979, p.54.)

"……지금이야말로 국어 개혁의 기념할 만한 첫 걸음을 내디딜 절호의 시기이다.…(중략)…이 세상에 영구 평화를 이루고 싶다는 생각이 깊은 사람들은 장소를 가리지 않고 남녀의 구별 없이 국가의 고립성과 배타성의 정신을 지탱하는 언어적 지주를 될

다음과 같은 한글전용법으로 탈바꿈한다.

"대한민국의 공문서는 한글로 쓴다. 다만 얼마동안 필요한 때에는 한자를 병용할 수 있다."

엄격하게 말한다면 이 법의 명칭을 한글전용법이라고 말하는 것 자체가 잘못이다. 왜냐하면 공문서의 한글화만을 규정한 것이기 때문이다. 그런데 오늘날까지 이 법을 공문서이외의 모든 문자생활을 지배하고 규제하는 것인양 확대해석했고 또 실제로 그러한 효과를 거두어왔다. 그러나 그 효과를 거두는 과정은 상용한자를 제정하여 한자사용을 줄이고 初 · 中 · 高等學校 교과서에 점진적으로 한자의 노출을 제한하는 작업을 거친 후의 일이었다.

大韓民國이 수립된 1948년부터 1960년까지 집권한 초대 大統領 李承晩은 한문지식이 풍부한 분이었다. 그러나 구한말의 개화사상과 미국에서의 망명생활을 통하여 몸에 익힌 表音文字 至上主義 곧 한글전용에 대한 생각은 그의 집권기간 내내 일관된 것이었다. 심지어 '한글 波動'이라고 이름 붙여진 表記法 論爭까지 일으키며 한글에 대한 애착을 보여주기도 했었다.[16] 그리고 드디어 1957년 12월에 '한글전용실천요강'이 국무회의를 통과하여 발표되기에 이른다. 그러나 실제의 문자생활은 여전히 국한혼용이 지켜지면서 10여년의 세월이 흘러갔다.

1961년에 5 · 16 군사쿠데타로 집권한 朴正熙 大統領의 시대는 전반적으로

수 있는 한 극복해야 한다는 생각이 있다. 로마 글자의 채용은 국경을 넘은 지식과 사상의 전달을 위하여 크게 공헌할 수 있을 것이다.(앞의 책 pp.58-59.)"

16) 한글파동은 한글맞춤법통일안이 마련한 형태음소주의의 표기법(곧 어간의 기본형을 밝히는 현행법)을 버리고 받침을 대폭 줄여 쓰는 것을 골자로 하는 '한글간이화안'을 놓고 온 나라가 크게 반발하여 한바탕 소동을 벌인 사건으로 1953년 4월 27일 '현행 철자법 폐지와 구식 표기법의 사용'이란 총리 훈령이 발단이 되어 온 국민의 거센 반발을 받고 1955년 9월 19일 대통령이 그 간이화안을 철회함으로써 일단락 된 우리나라 現代文化史의 해프닝이었다. 이 파동은 어문 정책이 비록 대통령이라 하더라도 비전문가의 고집으로 좌우될 수 없음을 보여준 좋은 본보기였다.

민족자존의 기치를 내걸고 政治 · 經濟 · 文化 · 社會의 모든 분야에서 上意下達式의 官權統治가 지배한 때였다. 言語 · 文字分野도 예외일 수 없었다.

1962년 1월에는 '한글전용특별심의회'를 설치하고 그해 5월부터 1963년 7월까지 심의회의원 40여명이 '한글전용 특별심의회 회보'를 발행하며 14,159개의 낱말을 심의하여 우리말 도로 찾기를 시작하였다. 한글전용은 한자어를 줄이고 토박이말을 살려 써야만 가능하다는 인식에서 출발한 운동이었다.

1963년 7월에는 '학교문법통일안'을 마련하였다. 그래도 1965년 3월에는 초등학교 교과서에 600자의 한자가 노출되도록 했고, 1966년 3월에는 중학교 교과서에 1,000자(600+400), 고등학교에 1,300자(1,000+300)가 노출되게 하여 한자사용의 명맥이 유지되었다. 그러다가 1968년에 오면 한자말살이 본격적으로 이루어지게 되는데 1968년 초부터 그해 말까지 시행된 일련의 조치를 보면 漢字使用消滅策이 얼마나 급격하게 진행되었는지를 한 눈에 살펴 볼 수 있다.

1968.01.15 : 大統領, 公文書에 한글전용을 강력지시

1968.05.02 : 한글전용 5개년 계획안 발표
- 총무처, 각종 공문서에 한글전용
- 법원행정처, 호적 등에 한글표기 확대

1968.10.09 : 大統領, '한글전용에 관한 담화'(한글날 담화문)
- 1970년부터 모든 분야에서 한글전용

1968.10.25 : 大統領, '한글전용 7개항' 지시
- 70.1.1부터 행정 · 입법 · 사법의 모든 문서 및 민원서류에 한글전용, 한자사용서류 접수 금지
- 한글타자기 개량 급속 추진-말단 기관까지 보급 사용하도록 조치

1968.11.17 : 한글전용 연구 위원회 구성 (1968.11.5 대통령령 제 3625호)

1968.11.27 : 상용한자 폐기

1968.12.24 : 국무총리 훈령 제 68호 하달(1970.1.1부터 시행)

· 공문서, 법규문서, 기타 표현물의 완전한글화

· 한자용어의 통일 및 한글화

이와 같이 한글만으로 나라 안의 문자생활을 통일하자는 정책은 당시의 대통령의 강력한 통치체제 때문에 가능한 것이었다. 1969년에는 한글 타자기의 자판이 통일되었고 1970년 3월 1일에 드디어 초·중·고등학교 교과서에서 한자가 완전히 자취를 감추었다. 그리하여 1970년부터 한자문맹 세대가 출현하여 모든 印刷·出版物이 한글전용을 앞 다투어 실행하기에 이르렀다.

1970년 이후의 문자정책은 우리의 論議에서 蛇足에 불과하다. 한자사용의 불씨는 꺼져갔고, 漢盲에 대한 우려가 한문과목을 독립시킨다든가 漢文敎育用 基礎漢字 1,800자를 제정한다든가 하는 미봉책이 실시되었으나 급격한 한맹의 증산은 막을 길이 없었다.

1975년 3월에 다시 中·高等學校 국어교과서에 ( ) 안의 한자병기가 실시되었지만 이미 그것은 한자실력을 부활시키는 데에는 효력을 잃었고 사회각계각층에서 한자를 모르는 사람에 의한 폐단이 나타나기 시작하였다.

1970년 이후의 文字政策의 흐름은 다음 말로 간략히 정리할 수 있다. "한자문제는 원래 金泳三, 金大中 大統領 모두 선거 공약에서 한자 초등학교 교육실시를 공약한 것이라 당선 후 대통령이 의지만 가지면 시행할 수 있었다. 그러나 교육부는 초등한자교육은 부정하고, 한문과목을 중학교에서부터 가르치면 된다는 1970년 이래의 정책기조를 그대로 두기를 원하고 있어, 대통령의 초등학교 한자교육 도입공약은 관료들부터 설득하지 않으면 실천이 어려운 것이었다. 실제로 공약실천 때문에 담당 관리들은 공청회를 열고 의견수렴을 거치는 과정을 겪지만 한글 운동 단체들의 반대에 부딪히면 지지부진한 상태로 보류되다가 총선을 의식하여 한 표라도 더 얻으려는 정치인들의 논리에 따라 흐지부지되곤 하였다.[17)]

이렇게 세월을 보내며 오늘에 이르렀다. 그동안 한글전용을 주장하는 분들은 漢字混用論者들을 마치 民族文化를 죽이는 매국노처럼 타도하고 또 국한자혼용을 주장하는 분들은 한글전용론자들을 경직된 민족주의자로 몰아붙이면서 적대감정에 치우친 논쟁을 거듭하며 1970년대부터 오늘에 이르기까지 30여년을 허송하여 왔다.

그러나 이제는 냉정하게 사태를 직시하고 더 이상의 소모적인 논쟁에서 벗어날 때가 되었다. 민현식교수는 다음과 같이 논쟁의 종식을 호소하고 있다.

"한글전용론자들의 경우, 초등학교 한자교육을 반대하고 중학교 한문교육을 제대로 하라는 것이고, 혼용론자들의 경우, 중학교 한문교육이 교육과정상에서 파행 상태라 초등학교부터 국어교육 안에서 한자교육을 시작하여야 한다는 차이만 두 파의 핵심 쟁점일 뿐이다. 따라서 한자논쟁은 앞으로 한자교육을 중학교부터 하느냐, 초등학교부터 하느냐에 대해서만, 즉 한자교육 시행시기 문제로만 제한해야 논쟁을 효율적으로 이끌 수 있다.[18)]

---

17) 민현식(2003), 〈국어정책 60년의 평가와 반성〉, ≪先淸語文≫ 第 31輯, 서울師大國語教育科, p.56 참조.

18) 민현식, 앞의 논문, p.59.

Ⅳ. 文化主義 復歸論

1.

이상으로 우리는 그동안의 '한글전용론'이 어떻게 힘을 얻으며 오늘에까지 이르렀는가를 개관하였다. 구한말에는 開化·啓蒙思想의 옷을 입고 文盲에서 벗어나는데 기여하였고, 일제강점기에는 민족주의의 옷을 입고 민족정신을 고양하고 민족을 수호하는데 기여하였다. 그리고 8·15 해방 후 대한민국이 수립된 후에는 역시 민족정기를 드높이고 민족문화를 발전시키자는 논리 속에 '한글전용'이 현실적으로 가속화되었다.

그러나 1968년에 강압적인 독재분위기에서 일어난 일련의 조치가 없었다면 '한글전용'이 오늘날처럼 광범위한 확산은 없었을지도 모른다.[19] 그런데 한 세대에 걸친 '한글전용화'의 길에는 그 밑바탕에 도도히 흐르고 있는 서구인들의 漢字嫌惡 내지 漢字 忌避思想을 주목하지 않을 수 없다.

2.

19세기말 이래 동양 삼국은 여러모로 서구문화(특히 영미문화)의 도전을 받았다. 일본은 그보다 일찍 서구의 충격에 비교적 유연한 태도를 보임으로써 동양 삼국 가운데에서는 가장 일찍 서구화의 길을 걸었고, 그 힘으로 1910년에 우리나라를 식민지화하는데 성공하기까지 하였다.

---

19) 최근에 발생한 한글전용론은 이른바 민주화운동과 接木한 현상을 보인다. 거의 모든 權威的 旣成體制 또는 旣得權 集團에 無分別하게 抗拒하면서 한글전용을 主張하는데, 그 論調는 國漢字混用論者들이 한글을 賤待하고 있다고 斷言하면서 한글만으로 글자살이를 해야 하는 이유를 "①쓰기 쉽고 배우기 쉬워야 ②하이테크정보화에 능률을 위하여"라는 두 가지로 압축하고 있다. 한편 한글을 賤待하는 부류는 다음의 셋으로 要約한다. ①中華事大主義의 殘滓들 ②日帝式 言語文化에 同化된 親日 殘滓들 ③知識과 情報를 獨占하여 旣得權을 固守하려는 旣得權 保守殘滓들.
cf. 한상범(1999), 앞의 책

이러한 과정에서 세 나라는 새로운 문자정책을 세울 수밖에 없었다.

중국은 간체자를 개발하여 準表音文字 기능을 감당케 함으로써 중국식 東道西器의 文字政策을 펴나갔다. 우리나라는 알파벳에 버금가라면 서러울, 참으로 아름다운 表音文字 '한글'이 있었으므로 한자를 버리고 한글만 쓰자는 논쟁 속에서 어정쩡한 東道西器의 문자정책을 펴다가 점차 한글전용이 득세하게 되었다.

한편 일본은 表音文字 가나(カナ)가 있다는 점에서 한국과 같았으나 일본의 漢字運用은 音讀과 釋讀이 복잡하게 얽혀 있어서 한국처럼 한자를 버리고 '가나'만으로 문자생활을 영위할 수 없는 처지였다. 그야말로 월남처럼 로마자 알파벳으로 바꾸거나, 그대로 유지하는 양자택일밖에 없었다. 이때에 일본은 日本式 眞劍勝負를 시도하였다.

다시 말하여 舊態依然, 한자가 유입되고 '가나'가 개발되어 '漢字+가나'가 혼용되던 일천년 이상의 역사적 전통을 지켜나갔다. 만일에 우리나라에서도 한자에 釋讀하는 전통이 살아 있어서 일본처럼 하나의 한자가 몇 개의 음독과 몇 개의 석독으로 읽혔다면 우리도 별수 없이 일본이 취한 길을 택했을 것이다.

그러나 우리는 일찍이 석독을 한자 학습에만 이용하고 음독하는 전통을 確立하였다.[20] 그러므로 한자는 음독하는 單音節 한글로 읽히게 되었고 그렇게 한글로만 적을 수도 있게 되었다. 바로 이것이 한글전용을 가능하게 한 源泉이었다.

거듭 말하거니와 우리에게 한글이 없었다면 서구문화의 충격으로 한자에 대한 재점검이 요구되었을 때, 중국식으로 갈 수도 없는 것이요, 일본식으로는 더더구나 불가능한 것이고, 결국 越南이 취했던 것과 같

20) 鄕歌가 생산적으로 창작되던 통일신라나 고려 초기만 해도 우리에게 漢字釋讀의 관행이 있었다. 釋讀口訣 자료가 발견되는 고려 말 12세기에도 아직 漢字釋讀의 흔적이 있으나 훈민정음의 창제는 釋讀口訣조차 音讀口訣로 단순화시키면서 한자의 석독은 학습용 의미파악으로 급격하게 위축된 것으로 보인다.

은 로마자식의 길을 걷게 되었을지도 모른다. 그만큼 서구문화의 압력은 거센 것이었고 한자는 그 나름의 문제가 있었다.

3.

먼저 漢字의 問題點을 짚어보자.

첫째, 한자는 劃數가 많고 字數가 수만에 이를 만큼 방대하여 학습하는 기간이 오래 걸린다.

둘째, 한자는 이미지 문자이므로 그 이미지의 표상을 통하여 새로운 의미를 끊임없이 창출하는 마력을 지닌다. 따라서 배울수록 신비에 빠진다.

漢字는 形·音·義의 세 가지 요소로 갈라 볼 수 있는데, 위의 첫째는 形(外表)의 문제이고 둘째는 義(內容)의 문제이다. 복잡과 신비라는 이 두 가지 요소는 表音文字만을 문자로 생각하는 사람들에게는 분명한 약점이요 혐오대상이다. 그러나 또 다른 관점에서 보면 그것은 매력이요, 문화적 특성이다. 따라서 서구문화의 충격을 흡수하면서 그 나름의 특성을 살려나가는 문화적 공존은 과연 불가능한 것인가? 결론부터 말하자면 國漢字混用論은 결국 이와 같은 문화적 공존을 추구하는 中庸의 길이다.

4.

현재 國漢字混用을 주장하는 사람들은 (물론 필자가 여기에 포함된다) 위에서 언급한 한자의 약점 곧 복잡과 신비에 대해 너무나 잘 알고 있다. 따라서 그것을 최소한으로 줄이면서 지금까지의 문자문화를 슬기롭게 지켜 나가자는 것이다.

첫째, 複雜한 漢字.

획수가 많고 자수가 수만에 이르는 글자를 대폭으로 제한한다. 지금까지 수천 년에 걸친 많은 고전에 나오는 한자의 빈도조사를 통하여 대략

2,000자 내외면 그 많은 典籍을 90% 이상 읽을 수 있다는 결론을 얻었다. 현재 일본은 1,945자의 상용한자만을 사용하며 우리나라도 1,800자의 상용한자를 제정하고 다시 200자를 추가하였다.

國漢混用을 주장하는 사람들은 일상생활한자로 이 1,800자 또는 2,000자만을 가르치고 사용하자고 주장하는 것이다. 흔히 한글전용을 주장하는 분들이 즐겨 공격하는 것은 '글자 하나를 읽히겠다고 몇 년 몇 십 년씩 허송하는 것은 무슨 어리석은 짓인가?'라고 언성을 높인다. 이것은 참으로 문제의 본질을 흐리고 공격을 하기 위한 악의에 찬 공격에 지나지 않는다.

분명히 2,000자의 한자를 읽히는 데에는 일정기간의 시간을 필요로 한다. 그것은 알파벳이나 한글 자모 24자와 그 조합으로 구성된 音節字를 익히는 시간의 수 십 배에 아니 수 백 배에 달할 것이다. 그러나 또한 분명한 사실은 2,000자의 한자는 단순히 글자만을 익히는 것이 아니라, 그 글자가 표상하는 낱말을 익히는 것이요, 그 낱말의 의미가 만들어 내는 열린 개념들을 익히는 것이다.

어떤 언어교육에서 어휘력 확대를 위한 낱말 익히기 교육을 배제하는가?[21] 2,000자의 한자를 익히는 것은 2,000개의 활용도 높은 基本語彙素를 익히는 것이라는 사고의 전환이 있어야 할 것이다.

---

21) 가령 高所恐怖症이라는 다섯 字의 한자를 가르친다고 하자. 이때에 우리는 높다(高), 장소 · 곳(所), 두렵다(恐), 떨다(怖), 병 · 증세(症)라는 다섯 개의 낱말과 그 한자가 가리키는 의미를 알게 될 뿐만 아니라 그 글자들이 다른 곳에서 다른 글자와 결합하여 만들어 내는 未知의 의미가지도 알게 된다. 다시 말하면 語彙力의 개방적 확대라는 효과를 얻는다. 이 高所恐怖症의 英語는 'acrophobia'인데 'acrophobia'를 다섯 개의 개념으로 분석하여 설명할 수 있는가? 고작해야 'acro-'와 'phobia'를 갈라낼 수 있을 것이다. 낱말 하나하나를 다른 낱말과 연관시키지 않고 독립적으로 암기하고 그 뜻을 사전에서 확인해야 하는 영어 전문용어보다 우리나라 한자어 전문용어를 익히는 것이 얼마나 쉬운 일인지 모른다. 만일에 한자를 전혀 모르는 사람에게 한글로만 적은 낱말 '고소공포증'의 뜻을 이해시키려면 英美人에게 acrophobia를 가르치는 것과 꼭 같이 그 의미를 통째로 이해시켜야 할 것이다. 한글전용은 결국 우리문화 속에서 이처럼 이미 확보한 문화자산을 포기하고 알파벳을 쓰는 것과 같은 차원으로 전락하자는 것이다.

둘째, 神秘의 漢字.

글자의 意味가 二重三重으로 감싸여 있어서 배워도 배워도 또 모르는 부분이 있다. 이 신비의 베일 때문에 권력층이 지식과 정보를 독점했으며 지배자의 통치수단으로 악용하였다.

이러한 지적은 어느 정도 사실일 수 있다. 연이어 적은 고전 한문은 실제의 말과는 다르기 때문에 해석상의 중의성이 발생하는 것도 사실이다. 그러나 이러한 문제는 일상생활에 필요한 실용한자 2,000자를 배워서 활용하는 것과는 아무 상관이 없다. 한자를 모를 때에 그 글자를 변형시킨 符籍文字가 邪術을 부릴 수 있었고, 한문을 읽지 못할 때에 그 해석의 중의성을 악용하여 우민을 농락할 수 있었다. 그러나 우리가 지금 2,000자로 國漢字混用을 하려는 것은 한자어를 한자로 씀으로써 그 의미를 오히려 明澄하게 밝히려는 것이요 혼란을 없애려는 것이다.

어떠한 문자이건 그 문자에 이미지를 부여하고, 그 이미지를 통해 신화를 생산하면 그 신화는 곧 이데올로기를 창출하게 되어 있다.[22] 한글도 여기에서 예외일 수 없다.

한글의 表音文字로서의 優秀性, 특히 우리 한국어를 완벽에 가깝게 轉寫할 수 있다는 한글 찬양론은 한글이 곧 국어전반을 표상하게 되고, 더 나아가 민족을 상징하게 되었다. 그것은 한글만이 民族文化요, 민족문화의 꽃이라고 하는 이데올로기를 만들어내기에 이르렀다. 그래서 日帝時代에는 한글이 민족이었고 독재정권시대에는 한글이 곧 민주주의의 표상으로 해석되며 기득권 보수세력에 저항하는 自由·民主·改革의 핵심으로 해석된다.[23]

---

22) 김근(1999), ≪한자는 중국을 어떻게 지배했는가≫, 민음사, 참조.

23) 한상범(1999), ≪한자숭배, 나라망친다≫, 푸른세상, 참조.

5.

그러므로 이제 우리가 國漢字混用을 하려는 것은 한자의 약점을 약점으로 인정하면서 우리 문화의 정체성에 충실하자는 진정한 의미의 文化主義 復歸論이라고 할 수 있다.

문자생활은 언어생활과 표리관계에 있다. 언어생활은 광범위한 문화생활의 일부이다. 따라서 우리의 문자생활은 우리의 언어생활의 거울이요, 우리 문화생활의 표징이다. 그런데 문화는 오랜 역사적 전통을 응축한 것이요, 그 역사적 전통 속에서 양성된 것이다.

다시 말하여 언어는 우리의 손에 잡히는 최종적 문화유산으로서 우리와 함께 살아가는 정신적 민족공동체라고 할 수 있다. 이러한 우리의 언어를 국어라 또는 한국어라 말한다.

이 한국어의 語彙資産에서 한자로 적을 수 있는 낱말이 한글로 적을 수 있는 낱말보다 더 많다. 아마 한글로만 적을 수 있는 것의 두 倍가 훨씬 넘을 것이다. 그것은 일단 한자로 적을 때에 제 값을 분명히 드러낸다. 그러나 國漢混用論者들은 그 한자어를 모두 한자로 적자고 아니한다.

2,000자에 한해서 그것도 꼭 필요한 경우로 제한하자고 한다. 그 제한은 문화유산에 대한 정당한 대우는 아니지만 한자로 표기된 文化遺産(이번엔 이것을 言語資産으로 바꾸어 부를 수도 있다.)을 최소한으로 지키겠다는 苦肉策이요 折衷案이다. 그것은 문화를 대중문화와 고급문화로 양분할 경우, 대중문화에 영합하는 방안일 수밖에 없다.

한글전용론자들은 사실상 대중문화만을 문화로 생각하는 경향이 있다. 어떤 한글전용론자는 다음과 같이 단언하여 말한다.

"대다수 국민이 우리말과 글을 바르게 쓸 줄 알아서 자기 필요를 충족해 쓰면 그것이 문화생활이다"[24)]

---

24) 한상범, 앞의 책, p.57.

물론 이 말은 한글만 사용해서도 충분히 문화생활을 할 수 있다는 취지의 글로써 이때의 문화생활은 곧 대중문화를 뜻하는 것이다. 이와 같이 대중문화만을 고집하는 것은 대중문화에 연결되어 있고 대중문화로부터 발전하는 고급문화 내지 전문문화를 인정하지 않음으로써 결과적으로 우민화를 촉진하는 매우 위험한 思想이요 獨善이 아닐 수 없다.[25] 모든 文化는 大衆性과 專門性을 함께 지닌다.

모든 사물이 細密化, 精巧化, 高級化의 길을 모색하고 있다. 언어도 예외일 수 없다. 표현을 섬세하게 하려하고 개념을 정밀하게 규정하려하며 가능한 한 세분하고 분석하여 추구하는 대상을 정확하게 說破하려 한다. 이것이 語彙의 미세한 意味差異를 요구하게 되고 용어의 분화를 촉진한다. 이렇게 發生한 전문용어는 그 대부분이 한자어로 되어 있다.

모든 학문, 모든 기술 분야에서 한자어는 지난 수 세기동안 增加一路를 걸었다.[26] 이렇게 생성된 한자어를 어떻게 대중문화에서 완전히 배제하여 전문화 · 고급화의 길을 遮斷한단 말인가?

6.

國漢字混用을 주장하는 사람들은 '한글전용'으로 가능한 문자생활 자체를 부정하려고 하지 않는다. 한글전용을 해도 되는 영역은 한글전용

---

25) 대중문화와 전문문화와의 연계와 상관성을 교육의 차원에서 생각해 볼 수 있다. 가령 우리가 세계적인 예술가를 배출하고 올림픽 메달리스트를 얻기 위하여 어떻게 해야 하는가? 초등학교에서부터 예술과 체육과목을 개설하여 모든 어린이가 일정수준의 예술적 재능과 체육활동을 할 수 있게 한다. 그러한 저변확대와 안목 키우기가 전제되었을 때 그 속에서 세계적인 예술가와 올림픽 메달리스트가 배출되는 것이다. 한자교육도 마찬가지다. 초등학교 저학년부터 100字, 200字를 가르쳐 고등학교 때까지 2,000字를 배우게 된다면 그 뒤에 더 깊이 있는 國學分野 漢文原典을 읽고자 하는 사람은 아주 편하게 專門家의 素養을 갖출 수 있을 것이다.

26) 최근에 발전을 거듭하는 情報通信分野의 技術用語도 韓 · 中 · 日이 끊임없이 영어로부터 자국어로 번역직입을 빌이고 있는데 그 대부분이 한자어로 바뀌고 있다. cf. 한국정보통신기술협회 편(2004), ≪정보통신용어사전≫.

이 시행되어야 한다고 생각한다. 그러나 모든 문자생활에 한글전용을 주장하며 초등학교에서 한자교육을 반대하는 것에 대하여는 뜻을 함께 할 수 없다고 말한다.

앞에서 언급한 바와 같이 상용한자를 교육하는 것은 그 글자 수만큼의 語彙力 증대를 도모하는 것이요, 그것은 전문용어를 익히기 위한 기초교육의 성격을 갖는 것이다. 이것이 國漢字混用을 文化主義라고 이름을 붙이는 까닭이다.

이와 같은 文化主義的 견해가 국어교육을 생각하는 사람들 사이에 널리 퍼지고 있다. 다음 글을 읽으며 우리의 논의를 마무리 하자.

> "주지하다시피 우리의 근대학문의 역사는 매우 짧은데 그 학문언어가 100년 전까지만 해도 漢文体였으므로 한문을 알아야 전문인의 생활을 할 수 있었다. 그 후 일제하에 서구학문이 유입되면서 우리의 학문 언어는 국한혼용체가 주류를 이루었고 해방 후 1980년대 초 까지만 해도 학위 논문체가 국한혼용체였으며 신문 · 잡지 등의 언론자료가 대부분 국한혼용체로 되어있다. 따라서 우리의 학문과 전통문화를 발전시키려면 이들 학문언어를 이해하기 위한 한자이해 능력이 당연히 필요하다."[27]

Ⅴ. 結語

우리는 19세기 말부터 오늘에 이르기까지 장장 120여년에 걸쳐 한글전용론과 國漢字混用論을 가지고 입씨름을 하여 왔다. 그리고 '한글'의 우수성 때문에 한글은 開化의 상징으로 民族의 상징으로 민주의 상징

27) 민현식, 앞의 논문, p.61.

으로 이념화하면서 한글전용론이 득세하였다. 참으로 아이러니컬하게도 독재정권의 爲政者가 민족자주의 기치를 내걸고 한글전용 정책을 과감히 밀어붙임으로써 한글전용의 전면적인 확대가 실현되었다. 그 과정에서 '國語 곧 한글'이라는 잘못된 인식이 퍼져갔고 한자는 우리의 文字體系에 포함되지 않는다는 생각을 굳히게 되었다.

한 민족의 언어가 외래요소의 유입이 없이 건강하게 발전한 예가 없다. 문자 또한 마찬가지이다. 우리 민족은 적어도 2000년 이상 한자를 우리 문자로 사용해 왔다. 한글이 창제된 후에는 그 두개의 문자가 서로 조화를 이루며 공존하여 왔다.

이러한 歷史的 傳統과 文化的 傳統을 지켜 나가자는 것이 국한자혼용론의 基本趣旨이다. 국어를 온전하게 보존하고 발전시킨다는 것과 한글과 한자를 아울러 사용한다는 것은, 하나는 언어를 말하고 하나는 문자를 말하는 것일 뿐 그 내용은 같은 말이요, 그것이 곧 민족문화의 정체성을 지키는 길이다. 따라서 지금까지의 논의는 모두 민족문화의 정체성을 지키는 방편으로 국한자혼용이 필수적이라는 것을 이야기한 것이다.

민족문화의 정체성은 자연스럽게 동양문화권의 특수성 속에서 논의되는 것이고 동양문화권의 특수성이 동양문화권의 정체성으로 확립될 때에 동양문화가 세계화의 일익을 담당하는 것이 아니겠는가? 세계화의 도도한 흐름에 우리가 우리 목소리, 우리 색채를 분명히 할 때에 그것이 참다운 世界化가 될 것이다.

우리는 이제 더 이상 소모적인 문자생활 논쟁으로 세월을 허비하지 않아야 되겠다. 이제 어떻게 하면 그동안의 잘못된 言語文字政策을 바로잡아 한자문맹을 퇴치하고 정상적인 국어교육의 세상을 펼칠 것인가? 그 치유방안에 마음 쓰는 것이 우리 앞에 놓인 과제일 뿐이다.

▌參考文獻

고영근(1995), ≪최현배의 학문과 사상≫, 집문당.

金文昌(1984), ≪국어문자표기론≫, 문학세계사.

金敏洙(1973), ≪國語政策論≫, 고려대학교 출판부.

金敏洙 外(1990), ≪國語와 民族文化≫, 집문당.

김수업(1989), ≪국어교육의 원리≫, 청하, 서울.

金容三(1998), 〈漢字 死亡 5분 前의 한국사회〉, ≪月刊朝鮮≫ 1998년 9월호.

남광우(1970), ≪現代國語國字의 諸問題≫, 일조각.

남광우(1996), ≪東北亞時代와 漢字·漢字教育≫, 한국어문교육연구회.

민현식(2003), 〈국어정책 60년의 평가와 반성〉, ≪先淸語文≫ 第31輯, 서울師大 國語教育科.

박문기(2001), ≪한자는 우리글이다≫, 양문, 서울.

박정서(1968), ≪國語의 將來와 漢字의 再認識≫, 壯文社.

申昌淳(1992), ≪國語正書法硏究≫, 집문당.

沈在箕(1998), 〈國漢字混用의 妥當性에 關한 硏究〉, ≪冠岳語文硏究≫ 第23輯, 서울대 國文科.

안수길(1998), 〈言語정보의 效率개선과 漢字혼용의 필요성〉, ≪語學硏究≫ 34권 3호, 서울大學校 語學硏究所.

李基文 外(1983), ≪韓國語文의 諸問題≫, 일지사.

전통문화연구회(2003), ≪漢字教育立國≫, 전통문화연구회, 서울.

河東鎬(1986), ≪한글 論爭論說集 上·下≫, 歷代韓國文法大系 第3部 10·11冊, 塔出版社.

한국어문교육연구회(1997), ≪한글과 漢字≫, 一潮閣, 서울.

한상범(1999), ≪한자숭배, 나라망친다≫, 푸른세상, 서울.

許善道(1989), 〈韓國傳統文化傳承의 問題點〉, ≪北岳史論≫創刊號, 國民大 國史學科.

Allen, Horace N. M. D(1908), ≪Things Korean≫, Fleming H. Revell Co. New York, 신복룡(역주, 1999), ≪조선견문기≫, 집문당.

Gale, James S.(1909), ≪Korea in Transition≫, Jenning & Graham, Cincineti, 신복룡(역주, 1999), ≪전환기의 조선≫, 집문당.

Hurbert, Homer B.(1906), The passing of Korea, William Heineman Co. London, 신복룡(역주, 1999), ≪대한제국멸망사≫, 집문당.

MeKenzie, F. A.(1908), ≪The Tragedy of Korea≫, E.P. Dutton & Co. New York, 신복룡(역주, 1999), ≪대한제국의 비극≫, 집문당.

Sands, William F.(1930), ≪Undiplomatic Memories≫, McGraw-Hill Book Co. Inc. New York, 신복룡(역주, 1999), ≪조선비망록≫, 집문당.

Savage-Landor, A. Henry(1895), ≪Corea or Cho-sen : The Land of Morning Calm≫, William Heineman, London, 신복룡·장우영(역주, 1999), ≪고요한 아침의 나라, 조선≫, 집문당.

國語教育의 正道進入을 위하여

– 國漢混用의 不可避性 論議 –

Ⅰ.

不得已之文이란 말이 있다. 어느 사회공동체에 보편적으로 존재해야 할 공동선 또는 사회적 정의가 不備한 상태이거나 실종될 위기에 처했을 때, 그것을 깊이 고뇌하고 근심하는 사람이 그 不備와 위기의 상황을 일깨우기 위하여 참고 참으며 참다가 어쩔 수 없이 自身의 心境을 토로하여 세상에 警覺心을 일깨우는 글을 가리켜 '不得已之文'이라 한다. 그러므로 '不得已之文'은 요즈음의 세속적 표현으로는 하나의 '良心宣言'이라 할 수 있다.

필자는 이 글이 일종의 不得已之文임을 고백하지 않을 수 없다. 평생을 우리말을 공부하고 가르치는 일을 하고 이제 한 걸음 물러서서 세상을 바라보는 나이에 이르렀건만, 오늘날 우리나라 어문생활의 실태는 한심하기 짝이 없다.

精神文化의 枯渴, 언어문자를 통한 의사소통의 불완전성, 교육의 파행 등 일일이 거론하기도 벅찬 언어문화실태는 우리나라 문화발전의 미래를 어둡게 하고 있다. 이처럼 어두워 가는 세상에 한 가닥 불씨를 살리는 일을 해야 할 것이 아닌가 하는 마음이 필자로 하여금 이 붓을 들게 하였기 때문이다. 어쩌면 필자의 이 글은 이 분야의 글로서는 마지막으로 쓰는 것이라는 비장한 심경이 서려있다.

사실 필자는 한자교육의 정상화가 우리나라 국어교육의 정도라는 논지의 글을 수십 편 집필하였다. 더 이상 이런 글이 필요 없는 세상이 되기를 바라는 간절한 마음으로 이 글을 草한다.

이 글의 基本論旨는 너무도 간단하고 분명하다. 우리 한국어가 문명어의 자격을 구비하고 現代文化의 선두에서 일하는 것은 한자어가 있기 때문인데, 20세기 후반 이래 급속하게 한자사용이 위축되어 그 한자어가 死藏狀態로 들어갔으니 그것을 부활시키는 길만이 앞으로 우리나라 문화 창달의 열쇠가 되리라는 것이다.

이 論旨를 전개하기 위하여 우리는 크게 3단계의 과정을 밟기로 한다.

첫 번째는 우리나라 書寫體系의 變遷을 살펴보는 것이고,

두 번째는 19세기말 개화기 이래 현재에 이르기까지 한자 · 한문에 대한 인식의 변화와 어문정책의 파행을 분석하는 것이며,

세 번째는 현재의 語文生活이 어떠한가를 확인하고 그 대책을 開陳하기로 한다.

II.

우리나라 書寫體系의 변천은 한글 창제이전에 국한한다면 한마디로 한자의 수용과 응용이라고 할 수 있다. 우리 조상들은 한자를 받아들이면서 비로소 文字生活을 시작하였기 때문이다. 다시 말하여 한자는 우리 민족문화사에서 하나의 운명이요, 필연이었다. 물론 우리 조상들이 언제부터 한자를 사용하였는지를 정확하게 밝힐 수는 없으나 아마도 우리나라의 역사시대 즉 서력기원을 전후한 시기부터 우리 조상들은 중국인들과 이웃하여 살면서 한자를 사용했으리라 추정된다.

근자에 어떤 학자는 한자가 중국 고대 殷나라 시절에 만들어지기 시

작했는데 그 때에 우리 조상의 일파로 추정되는 東夷族이 그 한자 생성에 한몫을 담당했다고 주장하고 있다. 만약에 이 주장이 정설이 된다면 한자와 우리 민족과는 더욱 더 긴밀한 관계를 입증하게 될 것이다. 그러나 우리는 지금 이런 문제를 검토할 여가가 없다. 다만 한자가 예나 지금이나 동북아시아 여러 민족국가의 共通文字였다는 사실만은 분명하게 짚고 넘어가기로 한다.

漢字는 象形과 指事라는 두 가지 방법으로 사물이나 사건을 그리는 것으로 출발하여, 會意와 形聲의 두 가지 방법으로 合字過程을 거쳐 발전하고, 轉注와 假借의 두 가지 방법으로 의미 변화와 음성표기의 수단을 확대함으로써 복잡한 表意文字體系를 갖추게 되었다. 우리 조상이 한자를 수용할 때에 이 여섯 가지 문자 생성 및 발전 방법을 모두 받아들였을 것은 의심의 여지가 없다. 그 첫 단계는 한자차용 표기체계의 창안과 발전이었다.

우리 조상이 한자를 이용하여 우리말을 적는 방법을 개발하고자 취한 방안은 크게 두 가지이다. 하나는 한자의 음을 이용하는 방법이고 또 하나는 뜻〔義〕을 이용하는 방법이었다. 이 두 가지를 적절히 활용하여 네 가지의 글쓰기를 개발하였다. 하나는 고유명사 쓰기이고, 둘은 일반문서 쓰기이고, 셋은 詩를 지어 적기이고, 넷은 고전 한문 번역하여 쓰기이다.

필자는 고유명사 쓰기를 借名이란 용어를 붙여 언급한 적이 있었다. (“借字表記 固有名詞”를 줄여 쓴다는 취지였다. 그러나 이 용어는 일반화되지 않았다.) 일반문서 쓰기는 흔히 吏讀라고 불렀다. 詩지어 적기는 대체로 신라시대 鄕歌 表記에 붙여진 이름으로 鄕札이란 용어가 일반화되었다. 고전 한문 번역하여 쓰기는 번역문 속에 등장하는 우리말 조사 및 어미형태만을 가리키는 口訣이란 용어가 세상에 잘 알려졌다.

이들 네 가지 借字表記方式, 借名, 吏讀, 鄕札, 口訣은 그것이 창안

발전된 이래 우리 민족의 문자생활에서 純正漢文과 함께 우리나라 書寫文化를 이끌어 온 기본문자였다. 향찰은 향가라는 시가문학 장르의 쇠퇴, 그리고 한문 실력의 향상으로 고려 초부터는 점차 사라져갔으나, 차명과 이두와 구결의 전통은 한글이 창제된 이후에도 그 생명을 면면히 이어 내려왔다.

한글은 이러한 한자의 수용과 응용의 과정 속에서 완벽한 言文一致 표기를 염원하는 민족적 의지의 표상으로 창제된 것이다. 한글은 분명히 表音文字요, 音素文字요, 세계에 그 유례를 찾을 수 없는 과학적 문자이기는 하지만 그것은 엄연히 15세기 중엽, 조선왕조시대에 창조된 사회적 역사적 산물이다.

따라서 한글은 한자문화의 특성이 반영되어 있다. 그 움직일 수 없는 증거는 子音字(初聲字)와 母音字(中聲字)가 左右 上下로 合字하여 쓸 수 있도록 제정되었다는 사실이다. 다시 말해 네모반듯한 正四角形의 공간 안에 音節文字의 형태로서만 사용된다는 것이다. 이것은 한자와 함께 쓰일 수 있도록 하기 위한 것이 아니라면 다른 이유는 찾을 수 없는 것이다. 그래서 어떤 학자는 한글을 가리켜 音素的 音節文字임을 나타내는 alphabetic syllabery라는 이름을 붙이기도 하였다.

요컨대 한글은 한자와의 공존을 생각하고 창제되었다는 사실이다. 그리고 한자는 지난 2천 년 간 차명과 이두와 구결의 형태로 우리 민족의 문자생활을 이끌어온 버팀목이었다. 그 전통은 오늘에 와서도 여전히 유용한 것이라고 생각된다. 또한 한자어는 한자를 받아들여 쓰기 시작한 때부터 민족의 言語資産으로 움직일 수 없는 지위를 누려오고 있다.

그 증거를 廣開土大王의 碑文 속에서 찾아보기로 하자. 5세기 초, 이 廣開土大王陵碑가 세워질 당시, 이 비문을 지을 정도의 한문수준을 지닌 사람들이 그 당시 고구려 사회에 얼마나 있었는지는 알 수 없다. 그러나 한문을 읽고 짓는 일정한 수준의 식자층이 형성되었을 것이고, 그들에게는 비문에 나오는 語彙가 그렇게 생소한 것은 아니었을 것이다. 그러므로 우리는 이 碑文 속에서 오늘날의 우리의 언어감각으로 한자어 낱말이라 생각되는 것들을 골라 볼 수 있다. 그것은 물론 그 당시의 한자어 개념과는 거리가 있을 수 있다. 그렇지만 이 방법 이외의 방법도 없다는 생각으로 비문 속에 나타난 한자어를 골라 보면 다음과 같다.

> 始祖, 天帝, 女郎, 聖德, 巡幸, 南下, 王, 皇天, 黃龍, 龍首, 昇天, 世子, 顧命, 基業, 孫, 土境, 平安, 太王, 永樂, 恩澤, 威武, 四海, 掃除, 五穀, 豊熟, 晏駕, 甲寅, 乙酉, 山陵, 碑, 碑銘, 勳績, 後世, 乙未, 牛馬, 群羊, 部落, 屬民, 朝貢, 辛卯, 倭, 臣民, 丙申, 水軍, 討伐, 困逼, 男女, 生口, 細布, 奴客, 大臣, 還都, 戊戌, 土谷, 己亥, 和通, 倭人, 國境, 庚子, 官軍, 倭賊, 戍兵, 城, 寐錦, 僕勾, 甲辰, 侵入, 倭寇, 潰敗, 斬煞, 無數, 丁未, 合戰, 蕩盡, 器械, 庚戌, 王恩, 守墓(人), 烟戶, 國烟, 看烟, 東海, 祖王, 先王, 遠近, 舊民, 洒掃, 萬年之後, 法則, 新舊, 差錯, 自今, 以後, 轉賣

만일에 위에 적힌 한자어들이 그 당시 일반 백성들이 입에 올렸던 일상의 語彙라면 5세기 초의 고구려 백성과 현대의 우리들과는 한자어에 관한 한, 특별한 차이를 느낄 수가 없다. 이 어휘가 고구려에서 사용이 가능했던 예비 한자어라고 가정하더라도 1,802자로 구성된 비문 속에서 오늘날과 통하는 94개의 어휘를 찾아낼 수 있다는 것은 한자어가 그만큼 오랜 역사성을 가지는 것이요, 동시에 의미의 持續性과 親密性을 드러내는 것이라 아니할 수 없다. 한자어는 이렇듯 우리 민족과 오랜 인연을 쌓아 왔고 민족의 역사와 고락을 함께 하였다.

Ⅲ.

그러다가 15세기에 한글이 창제되었다. 이때로부터 19세기말까지 한자와 한글은 한문과 諺文이라는 명칭으로 양분되어 각각 기능분담을 하였다. 한문은 一切의 公用文書, 學術活動, 詩文創作 등에 광범위하게 사용되는 고급 書寫體系였으며, 한글은 부녀자들의 言文一致 文字生活의 도구로서 簡札, 內房歌辭, 小說類 文藝作品에 사용되는 大衆書寫體系였다. 물론 한문으로 서사활동을 할 때에 간혹 언문이 사용되기도 했고 진작에 개발된 借字表記體系인 借名, 吏讀, 口訣이 필요에 따라 쓰였으며, 언문활동에도 한자를 섞어 쓰는 일부 유식층의 부녀자들이 없지 않았으나 한글과 한자는 19세기말까지 평행적 이중구조를 만들면서 우리나라 서사체계를 형성하여 왔다.

그리고 19세기말 이른바 개화기에 이르러 언문일치의 국한혼용문이 나타나게 되는데 이와 때를 같이하여 한자무용론이 고개를 들기 시작하였다. 이 한자무용론이라는 문화파괴의 海溢(쓰나미, 津波)現象은 크게 보아 세 시기에 걸쳐 3단계로 파괴 절차를 거치게 된다.

第一期는 구한말 開化啓蒙期(1880년~1910년)이고, 第二期는 日帝强占期(1910년~1945년)이며, 第三期는 國權回復後 대한민국시대 특히 朴正熙 大統領 시절이다.

第一期에 漢字無用論이 나타난 것은 동양문화권이 알파벳문화권과 접촉하면서 생긴 것으로 일종의 문명충돌의 성격을 갖는다. 그 무렵 서구 열강의 한자문화권을 바라보는 시각은 한마디로 개화계몽의 대상으로서였다. 따라서 동양의 전통은 모멸과 타도의 대상이었고 특히 한자는 폐기해야할 제일차 품목이었다. 서구인들은 알파벳으로 근대문명을 꽃피우고 세계를 지배하였으며, 문자는 象形文字 表意文字에서 표음문자로 진화된 것으로 보아 한자는 문명의 장애물로 간주하였다. 그것은 기독교 선교사들에게도 전이되어 불교·유교와 함께 한자도 탈피해야 할 대상으로 여겨졌다.

19세기말 한국에 들어와 활약한 영미계 동양학자 및 선교사들의 저서에는 심심치 않게 한자무용론이 주장된다. 그 서목만 간단히 소개하면 다음과 같다.

1882년 William E. Griffis의 ≪隱者의 나라, 韓國(Corea the Hermit Nation)≫
1888년 W. R. Carles의 ≪朝鮮風物誌(Life in Corea)≫
1906년 H. B. Hulbert의 ≪大韓帝國滅亡史(The Passing of Korea)≫
1906년 J. S. Gale의 ≪轉換期의 朝鮮(Korea in Transition)≫
1908년 Horace N. Allen의 ≪朝鮮見聞記(Things Korean)≫

필자는 이미 다른 글에서 위 다섯 분의 글에서 한자를 없애야 한다는 논조의 글을 적시한 바 있으므로 여기는 중복을 피하여 Carles의 글 하나만을 인용해 보겠다.

"인쇄된 문서나 서신에 실제로 사용된 언어·문자는 漢字이다. 그러나 아무리 정확하게 쓴다 할지라도 작문 형식이 아주 오래된 것이다. 漢字는 表意文字로서 하루아침에 이루어진 것이 아니며 오늘의 한자가 완성되기까지에는 수천 년의 세월이 흘렀다. 그 당시 중국은 한국에 막대한 영향을 미치고 있었는데, 그 결과가 오늘에 나타나고 있는 것이다. 한자로 된 작품들 중의 어떤 것은 중국에서 보다 한국에서 더 많이 출판되었는데, 그 작품들의 가치관에서뿐만 아니라 심지어는 옷에까지 그 영향이 미쳤다. 법정에서 쓰는 독특한 모자와 허리띠도 당나라 때(618~905) 중국에서 들어온 것이다."(W. R. 칼스 ≪조선풍물지≫ p.219, 신복룡 역주, 1999. 9. 15 1판 1쇄. William. Richard. Carles

(1848~1929) ≪Life in Korea≫ Macmillan co. London 1988)

서구인들의 동양관 내지 한국관은 이처럼 부정확하고 몰문화적인 것이었다. 그런데 최근에 필자는 놀랍게도 개화기에 우리나라에 초대되어 官吏生活을 했던 독일인 묄렌도르프의 일기에서도 위의 선교사들과 똑같은 漢字無用論이 들어 있음을 발견하였다.

그는 잘 아는 바와 같이 穆麟德이란 韓國名으로 參議統理衙門事務라는 직함을 갖고 우리나라 벼슬살이를 한 사람이다. 묄렌도르프自傳이란 이름으로 알려진 그의 일기 1897년 1월에 작성한 글에서 그는 다음과 같은 교육정책을 밝히고 있다. 이 글은 1883년에 수립된 계획으로 전해지고 있다.

(5) 교육

조선은 일반교육과 산업활동을 통해서만 독립을 확보할 수 있을 것이다. 비록 작은 나라이지만 知力을 갖춘 유복한 국가가 됨으로써 이웃나라들의 존경을 받을 수 있으며, 이에 상응하는 자국의 본래 위치를 지킬 수 있을 것이다.

조선 민족은 총명하고 일본인들보나 재능이 우수하다. 일본인의 두뇌로는 유럽 학문의 연구라는 힘든 작업을 감당할 수 없을 것이라는 사실을 알았다. 옛 것에서 새 것으로의 급속한 변화는 어디에서도 권장할 만한 일이 못된다 하더라도 조선인들이 이것을 두려워할 필요는 없다.

특히 공공생활에서 일반적으로 사용되고 있는 한문은 완전히 없어져야 한다. 한자의 습득은 너무도 많은 시간을 요구한다. 조선어는 풍부하며 조선의 한글은 간단하면서도 합리적이다. 어떤 언어든지 관계없이 유럽어 중 어느 한 가지는 모든 학교에서 가르쳐야 한다.

초등학교에 주력을 기울여야 하며, 최초의 초등학교 교과서는 일정

> 한 목표를 세워 신중하게 준비하는 것이 반드시 필요 불가결하다. 나는 그 당시 1천만 인구의 8도에 800개소의 초등학교와 24개소의 중학교를 그리고 수도에는 자연과학, 외국어 그리고 공업부분의 전문학교를 각각 1개씩 세우려고 생각하고 있었다.
>
> 1897년 1월 상해에서. (묄렌도르프自傳 5. 조선의 개혁 (5) 교육)

이처럼 第一期의 漢字無用論 쓰나미는 서양 사람들 주로 선교사에 의해 表音文字(알파벳) 우위론이라는 명분으로 휩쓸고 와서 한글전용론의 싹을 틔웠다. 그 싹은 徐載弼과 周時經에 의하여 성장하였다. 불행하게도 우리나라에 한자무용론이 성실한 학자들이 아니라 본질적으로 대중 선동의 요소가 있는 선교사들에 의해 주장되고 확산될 때에 우리나라는 정치적으로 문화적으로 전통문화에 대하여 깊은 회의에 빠져 새로운 탈출구를 모색하고 있던 시기였다.

이때에 한글전용의 전범이라 할 선례가 만들어졌다. 즉 〈독립신문〉의 간행이었다. 徐載弼은 〈독립신문〉을 통하여 한글전용의 실현 가능성을 입증하였다. 그러나 그때는 아직 시기상 한글전용이 이루어질 여건이 성숙된 것이 아니었다. 그만큼 書寫文化의 전통은 완만하고도 점진적이기 때문이다.

徐載弼의 理想은 周時經에 繼承되었다. 주시경은 國家 · 國語 · 國文(한글)의 세 가지가 유기적으로 일체가 되었을 때 강성한 나라가 될 것이라는 民族主義的 言語 · 文字觀을 확립하고 國語 · 國文硏究에 심혈을 기울인 선각자였다. 그러나 그의 문자생활은 다음과 같은 국한혼용이었다.

> 是以로 自國을 保存하며 自國을 興盛케 하는 道는 國性을 奬勵함에 在하고 國性을 奬勵하는 道는 國語와 國文을 崇用함이 最要함으로 自國의 言과 自國의 文이 某國의 文만 不如할지라도 自國의 言과 自國

의 文을 磨하여 光하며, 求하며, 補하며 期於히 萬國에 並駕하기를 是圖하거늘 嗟我檀祖以來에 德政을 行하던 優等의 言語와 子母의 分別이 簡要하여 記用이 不便한 文字를 開國 四千餘載에 研究가 寂然하여 語典一卷도 尙此未成하므로 近者에 國語로 著作하는 文字가 各各 自意를 從하여 言語의 訛訛함과 文字의 誤用하는 弊가 相離하여 正當한 言文이 되지 못함으로 國民이 自國言과 自國文을 愛重할 思想을 發치 못하는지라…….(下略)

(周時經(1908), ≪國語文典音學≫, 〈夏期講習序文〉)

이와 같은 周時經의 思想과 연구열은 국권을 상실한 일제강점기에 朝鮮語學會 사람들에 의해 계승되었다. 그런데 이 第二期 일제강점기에 周時經에 의해 촉발된 국어연구열이 역설적으로, 국어인식에 심대한 왜곡을 가져왔다. 그것이 第二期에 불어 닥친 漢字廢止論의 쓰나미였다. 일제치하에서 우리 선조들은 칼과 붓, 두 가지로 일제에 항거하였다. 독립군의 무력항쟁은 칼이었고, 국학연구를 통한 民族正體性 確認作業은 붓이었다. 이 붓으로의 투쟁가운데 하나가 朝鮮語學會를 중심으로 한 國語研究였다.

그 조선어학회는 한글날을 制定하고 '한글'誌를 간행하여 국어에 대한 意識과 民族的 自矜心을 고취하였다. 또한 한글맞춤법 통일안을 확정하고 표준말을 규정하여 국어 규범화의 기틀을 마련하였다. 이러한 작업과정에서 한글專用論이 목소리를 높여가게 되었다. 1930년대에 한글전용론의 논리적 근거는 다음 세 가지였다.

첫째, 한자문화권의 다른 나라가 한자를 재점검하고 있다. 중국은 簡字化運動이 일어나고 일본은 한자제한론이 나오고 있다.

둘째, 한자는 쓰기 어렵고 배우기 어려우므로 안 쓰면 된다.

셋째, 일반대중을 위한 문자생활은 한글전용 밖에는 없다.

위의 첫 번째 조항은 新版 事大主義的 발상이고, 두 번째 조항은 歷史的 傳統과 문화생활의 본질을 망각한 발상이며, 세 번째 조항은 문자생활이 학술 및 기술문명의 발전과 어떤 관계인지를 전혀 고려하지 않은 하향평준화 지향의 소박한 대중문화론적 발상이었다.

이 시기에 일제는 "創氏改名과 國語常用〔日本語常用〕"정책을 펴게 되자 여기에 더욱 크게 자극을 받은 한글전용론자들은 국어를 연구하고 한글을 지키는 것이 곧 민족을 수호하는 움직일 수 없는 방편임을 믿게 된다. 이 무렵부터 한글 연구는 민족수호가 되었고 은연중 한글 곧 한국어라는 의식이 자리잡기 시작하였다. 훨씬 뒤의 일이지만 朝鮮語學會가 한글학회로 명칭을 바꾼 것은 일반 대중들이 한글은 곧 韓國語라는 착각을 유도하는 단서가 되고 있다.

이렇게 第二期의 漢字廢止論은 한글이란 글자가 한국어라는 커다란 언어전체를 짊어지는 언어·문자 혼동의식의 쓰나미와 함께 세력을 확대하여 갔다. 그리고 광복 이후 第三期의 한자폐기의 쓰나미를 만난다. 그동안 한자폐기와 한글전용을 주장하는 크고 작은 파랑이 지속적으로 밀려왔으나 관습·관행이라는 문화적 특성에 의해 국한혼용은 그런대로 명맥을 유지하여 왔었다. 1948년에 제정된 '한글전용법'이란 것도 그 내용은 공문서에 적용되는 것이었고 學校敎育은 한자교육을 가볍게 여기지 않았기 때문이다.

그러나 한국적 민주주의니 民族中興의 維新體制니 하면서 강력한 개발독재를 펼친 朴正熙 大統領 시절에 와서 한글전용은 그야말로 찬란한(?) 꽃을 피우게 된다. 한자가 완전히 자취를 감추고 그와 때를 같이 하여 모든 인쇄·출판물들이 앞다투어 한글전용을 실행하면서 한자문맹이 급속도로 늘어갔다.

1960년대와 70년대를 살았던 한국 사람들은 그 시기가 정치 · 사회 · 문화의 각 분야에서 얼마나 황량하고 암담한 시절이었는지를 기억하고 있을 것이다. 민주주의라는 정치제도도, 또 한글전용이라는 문자생활도 일부 정치를 주도하는 인사들의 전유물인 것처럼 사회풍조가 돌아가고 있었다.

그 시절에 '民族'이니 '文化'니 하는 낱말이 얼마나 왜곡되어 세상 사람들에게 알려지고 또 그렇게 잘못 인식된 개념들이 政治道具化하여 뜻있는 知性人들의 마음을 얼마나 아프게 하였는지 모른다. 여기에 조금 번거로운 듯하나 그 시절의 논설 한 편을 소개하기로 한다.

1974년 1월호 ≪月刊中央≫에 실렸던 吉玄模교수의 글이다. 몇 군데만 뽑아 읽기로 한다. 〈民族과 文化〉라는 제목 하에 '文化方向의 倒錯'이라는 부제가 있고 다음 같은 표제문이 주제를 밝히고 있다.

> 근래 강화되고 있는 文化의 國粹主義的 경향을 경계해야 하며 民族精神論에 대한 비판을 서둘러야 한다.
>
> "文化란 원래 인류 공동의 재산이다. 거기에는 국적이 붙어 있는 것도 아니고 국적을 붙일 수도 없다. 설사 국적을 붙여본다 한들 기득권이 행사될 수도 없고 특히나 독점 등의 권리가 설정될 수도 없는 문화에 대해서는 그것은 완전히 무의미한 일이다. 다시 말해 문화는 군사력이나 정치권력에 의하여 一國民의 독점물이 될 수 있는 것이 아니라 그 기원이나 출처여하를 막론하고 오직 그 힘을 필요로 하고 그 가치를 이해할 줄 아는 자들만이 주인이 될 수 있는 개방된 寶庫이다.

'文化'의 本性을 이렇게 정의하면서 그 당시(1970년대) 우리나라에 퍼져있는 이상한 풍조 즉 문화의 고유성과 문화의 순수성을 주장하는 시류에 깊은 우려를 토로하고 있다. 몇 줄 더 인용해 보자.

> "오늘날 우리나라에서는 이미 전 시대의 神話처럼 퇴색해 버린 文

化의 固有性과 純粹性에 대한 숭상이 새로운 활기를 얻어 팽배하고 있으며 외래문화를 국적 없는 문화로서 배척하는 국수주의적 경향이 급격히 대두되고 있다. 그러나 문화의 배타성과 폐쇄성은 언제나 문화의 不毛, 文化의 자살을 향한 첩경임을 알아야만 한다."

이러한 시대비평은 그 당시의 民族文化論의 계보가 일제시대에 민족정신론을 모방한 것임을 지적하면서 고유문화의 환상에서 하루 빨리 벗어날 것을 촉구하였다. 또한 애국이라는 이름의 문화적 폭력이 더 이상 사회를 불안하게 해서는 안 되며 애국심이란 것도 권력층에 독점될 수 없음을 경고하였다. 다시 몇 줄 옮겨 본다.

"우리들은 부모형제가 우수해야만 비로소 사랑할 수 있는 것은 아니다. 우리의 동포가 아무리 무식해도 우리의 국토가 아무리 빈약해도 그 수호를 위하여 우리의 애국심은 발동되는 것이다. 그런 까닭에 애국심이란 소박한 부족애의 국민적 발현 이외의 것이 아니다. 다시 말해서 그 발현은 자연적인 것이며 문화적 가치나 고유의식 등이 필수적 전제가 되지 않는다.

우리들은 이러한 사회를 허다한 역사적 사례를 통해서 충분히 설명할 수 있다. 우리 조상들은 中國文化에 대한 지극한 尊崇感을 지니면서도 그들의 침략에 대해서는 항상 열렬한 愛國心을 발휘하여 국토를 방어해 왔다. 우리들의 오늘날이 있음은 民族精神이 무엇인지 고유문화가 무엇인지도 알지 못하는 이름 없는 조상들의 거룩한 애국심의 결과인 것이다."

이렇게 展開된 吉교수의 글은 우리의 문화관이 보편적인 이성의 토대위에 수립되어야 하며 이기적인 감정의 토대위에 수립되어서는 안

된다는 점을 강조하였다. 심지어 歷史家 트레블리언이 그의 英國史 첫 대목에서 영국인들이 역사과정을 통해서 여러 민족들의 피를 섞어 가질 수 있었기 때문에 우수한 자질을 갖게 되었다고 자랑하였음을 상기시키면서 '민족정신의 우수성을 나타내려는 공허한 의도'는 다른 민족들의 냉소를 초래할 뿐임을 지적하였다.

吉교수는 분명히 밝히고 있다. 민족의 자주성과 자긍심은 문화의 고유성이라는 근원에서 찾아지는 것이 아니라, 인류가 함께 나누어 갖고 있는 존엄한 평등성 위에 확고히 수립되어야 한다는 것이다. 結論으로 吉교수는 우리 모두가 知識의 貧困, 哲學의 貧困, 歷史的 眼目의 貧困으로부터 하루 빨리 벗어날 것을 촉구하였다.

60, 70년대의 한글전용론은 위에 밝힌 바와 같이 그 당시 일부 집권층 인사들의 誤導된 民族文化論에 뿌리를 두고 더욱 강력하게 퍼져 나갔다. 오늘날까지 어불성설의 논리를 펴고 있는 다음 글은 60, 70년대의 독소가 얼마나 심각한가를 말해 주고 있다.

> 외세의 힘을 빌려 삼국을 통일한 신라가 당나라의 문물까지 받아들이고 귀족정치를 펴 나가는 한편 '국학'이라는 정규교육기구를 설치하고 '유교경전'을 교재로 하여 한문을 가르치기 비롯함에 따라 겨레의 굳건한 얼이 급속도로 시들어 갔다,
>
> 박용수(1994) ≪우리말 갈래 사전≫ - 머리말, 서울대출판부

이상으로 3차에 걸친 한글전용론, 漢字廢棄論의 쓰나미 現象을 개관하였다. 1차는 開化啓蒙期에 불어 닥친 서양문화 우위론과 함께 온 것이고, 2차는 日帝强占期에 한민족 말살, 한국어 말살정책에 맞서서 항거와 자주독립의 성격을 띠고 민족보존의 수단으로 형성된 한글전용론이었다. 이 두 개의 쓰나미는 결국 외세에 의한 것이었다. 그런데 3차

에 일어난 쓰나미는 불행하게도 그 동안의 불운한 역사배경을 등에 업고 우리 민족 내부에서 자생적으로 나타난 그릇된 민족문화론을 내세우며 전개된 한글전용·漢字廢止의 쓰나미였다.

그 후 군사독재의 후유증을 앓으며 힘겹게 정치적 민주화가 진행되는 동안 이 문자정책은 정치논리에 실종되어 수 십 년을 흘러오고 말았다.

Ⅳ.

그러면 그동안 이토록 잘못된 語文政策과 語文實態에 대하여 뜻있는 인사들이 좌시하고만 있었는가? 그렇지는 않다. 학회를 결성하고 각계 요로에 진정하기도 했고, 한글전용의 폐단이 어떤 결과를 가져오는가를 글로 발표하기도 하였다. 그러한 시도는 그러나 번번이 몽매한 애국적 민족문화론에 묻히면서 세월이 흘러갔다.

이제 70년대 이후 한글전용의 부당성을 예견한 글을 한 두 개만 소개해 보자. 제일 먼저 언급되어야할 글은 1971년 8월에 발표된 吳之湖 畵伯의 ≪國語에 對한 重大한 誤解≫이다. 이 글은 아마도 이 분야의 가장 고전적인 글로 역사에 길이 기억될 것이다. 이 글이 언어분야 종사자나 정책분야 담당자가 아니고 엉뚱하게도 그림을 그리는 예술가에 의해 발의되었다는 사실을 우리는 주목해 보아야 한다. 어문문제가 국가사회의 기본문화 인프라라는 사실을 이 글은 立證하는 것이다.

이 글은 다음과 같은 19개 항목으로 서술되었다.

1. 한글專用敎育 25년의 成果
2. 문교당국의 誤解
3. 韓國語의 性格

4. 漢字語의 존재 비율
5. 變質된 한글주의
6. 漢字의 意味論的 特質
7. 東洋思想의 本源
8. 漢字의 音韻論的 特質
9. 漢字 造語의 萬能性
10. '센서스'라는 말의 來歷
11. 漢字習得의 容易性
12. 漢字廢止論의 기본 이론
13. 異義同音語
14. 중고등학생의 言語能力
15. '수지류는 뭐예요?'라는 이야기
16. 한글 大學生의 독서력
17. 中國과 日本의 漢字廢止 運動
18. 天涯無依의 문화적 孤兒
19. 結 論

우리는 이 글을 읽으면서 한글전용의 폐단을 이 글만큼 평이하고도 명료하게 지적한 글이 달리 없을 것 같다는 인상을 받는다. 나라의 문화정책을 책임진 위정자나 정책입안자들이 조금이라도 良識을 갖고 있다면 吳晝伯의 이 근심 어린 탄성이 오늘까지 40년 동안이나 제자리걸음을 하게 놓아두지는 않았을 것이 아닌가! 한 마디로 우리는 모두 민족사의 죄인이라는 생각을 금할 수 없다.

이제 윗글에서 한자어의 지식이 없이는 意思疏通의 不在, 思考力의 停止, 學術活動의 停滯를 가져온다는 상징적인 예 하나를 인용하고자 한다. 〈'수지류는 뭐예요?'라는 이야기〉이다.

1) 할아버지도 모르는 말

중학교 일년생인 손자 아이가, 原稿를 쓰고 있는 필자에게 갑자기 '할아버지, 수지류는 뭐예요?'라고 묻는다. '수지류'가 무슨 뜻의 말이냐는 말이다. 그는 지금 1학기 말 시험공부를 하고 있는 중이다. 물론, 필자는 그것이 무슨 말인지 알 까닭이 없다. 이런 질문을 가끔 당하는데, 필자는 이럴 때마다, 문제의 출처인 교과서를 보고 글의 내용을 읽어보고 나서 설명을 해 주곤 한다.

이때도 필자는 그 말이 쓰여 있는 교과서를 가져오라고 하였다. '기술'이라는 책이었다. 그 가운데 '칠감'이라는 小題下에 '수지류는 휘발성 용제로 녹여 만든 것으로 피막이 강하여 내수성과 내구성이 있다'고 하였다. 필자는 전후를 모두 읽어보고 나서 간신히 이 말을 化學용어의 '樹脂類'의 '수지류'인 줄을 알았다 (알았다고는 하였지만, 그것이 꼭 '樹脂類'의 '수지류'인지 필자는 지금도 단언할 수는 없다).

필자는 그것이 '樹脂類'의 '수지류'라는 것을 그에게 說明해 주고 나서, 그래도 자신이 없어, "선생님은 이 말을 뭐라고 말씀하시던?" 하고 물었더니 아이 말이 "선생님은 칠판에다 한문 글자를 마구 써놓고 설명하시는데 뭔지 모르겠어요." 하고 웃었다.

그래서 필자는 다시 제목인 '칠감'으로부터 '휘발성, 용제, 피막, 내수성, 내구성'을 차례로 물어보았더니 어름어름하고 똑똑한 대답은 하나도 하지 못하고, 그 가운데 비교적 자신 있게 말한 것은 "휘발성은 날아가는 거예요."라는 말 하나였다.

이 아이는 머리가 과히 나쁘지 않은 편으로 그 성적이 제 반에서도 10등 이내에서 오르내리고 있는 아이다. 그러나 머리가 좋고 나쁘고의 문제가 아니다. 漢字를 모르는 그들에게 漢字로 어원을 설명해 보아도 그들에게 아무런 도움도 될 수 없다는 것은 명백한 일이다. 다만 이렇게라도 설명을 하여야 선생 혼자의 답답증이 좀 풀릴 것이다.

이와 같은 學術的 어휘가 사용되고 있는 것은 물론, '기술' 교과서 하나가 아니요, 物理, 化學, 地理, 歷史 등 전부의 교과서가 다 이렇게 되어 있다. 그러니까 중학교 3년이나 고등학교 3년을 마쳐도 그들은 學術用語는 단 한 개의 어휘도 정확한 개념을 파악하지 못하는 것이다.

2) '수지류'를 '樹脂類'로 쓰면

이상의 어휘를 漢字로 바꿔 써보자. 그러면, '漆의 材料, 樹脂類, 揮發性, 溶劑, 皮膜, 耐水性, 耐久性'이 된다. 독자가 보다시피, 이 글자들은 글자 자체가 뜻풀이를 저 혼자서 다하고 있기 때문에, 이 어휘들에 대한 낱말 풀이라는 것을 애써 가르칠 필요도 없고, 또 애써 배울 필요도 없이 아이들은 혼자서 그 뜻을 알게 되는 것이다.

3) 漆黑의 地獄에서 光明天地로

위에서 우리는, 한글만으로는 완전한 교육은 불가능하다는 것과, 그래서 해방 후의 아동들은 언어를 모르는 原始人이 되고 있다는 사실과, 그래서 여하한 미국식 최신, 超최신의 교육기술을 흉내 내보아도 결코, 교육효과를 거둘 수 없다는 이치를 보아왔다.

그런데, 이렇게도 어려운 문제가, 解決 불가능한 문제가, 아이들에게 漢字만 가르치면 당장 그 자리에서 완전무결하게 해결되는 것이다. 내가, 이렇게도 크나큰 문제를, 16만 한국교사 전체의 힘으로도 해결 못하는 문제를 또 이렇게도 쉽게 말을 하니까 독자는 좀 어리둥절할지 모른다. 그러나 내 말은 眞理다.

그들에게 漢字만 가르치면 漆黑의 暗黑 속을 헤매이는 工夫地獄 - 한국 아동들에게는 학교라는 것은 새로운 것을 알아간다는 기쁨의 터전이 아니요, 몸과 마음을 한꺼번에 깎아내는 生地獄이다 - 으로부터 한국의 청소년들을 손쉽게 구출할 수 있고, 또 나아가서 그들로 하여금, 밝은 태양 아래서 生과 학문을 즐길 수 있게 할 수 있는 것이다.

지난 40년간, 한글전용의 폐단을 지적하며 한자교육의 필요성을 강조한 무수히 많은 논문, 논설이 발표되었다. 그러나 그 모든 글을 따지고 보면 吳晝伯이 힘주어 주장한 '樹脂類說'의 變奏曲이었을 뿐이다. 항상 같은 말, 같은 주장을 우리는 40년간 반복하고 있다. 그동안에 가르치는 선생들도 이제는 상당수 한자문맹이니 요즈음의 교실은 이 수지류를 또 어떻게 가르칠지 상상하기도 괴롭다.

오화백의 논지에서 결코 벗어날 수 없는 異工同曲의 주장이 어째서 허공을 맴도는 메아리로 흘러가고만 있는 것일까? 이것이 진정 나라의 운명이란 말인가? 우리는 참으로 좌불안석의 심경으로 1980년대 말에 전통문화 계승과 관련하여 한자 한문교육의 필요성을 역설한 許善道교수의 글에 주목하고자 한다.

오화백의 글이 대체로 일상생활에서 한자어 및 한자지식의 부재가 얼마나 큰 불행을 가져오며 문화생활의 공황을 초래하는지를 밝힌 것이라면 허선도교수의 글은 한마디로 말하여 과거 전통과의 단절이 국제교류상의 고아가 된다는 심각한 우려의 글이다.

그 글은 ≪韓國 傳統文化 傳承의 問題點≫이란 題下에 '漢文教育의 底邊擴大와 早期教育 主唱하며'라는 부제가 붙어 있고 다음과 같은 6개의 章節로 나뉘어 있다.

Ⅰ. 序言 -皮相的 國史教育-

Ⅱ. 韓國文化傳統의 體驗的 傳承과 古典의 理解

1. 先代와의 直接對話

2. 飜譯文은 바로 原文 아니다.

Ⅲ. 韓國文化傳統의 實質的 開發과 古典理解

1. 歷史學의 特殊性(對象의 無限性)

2. 各 分野史는 그 分野 專攻者에 의해 開發되어야 한다.

IV. 傳統文化傳承의 不實止揚과 漢文素養의 底邊擴大

1. 傳統文化傳承 不實의 一斷面

2. 漢文素養의 低邊擴充과 早期敎育

3. 幾百分의 一정도는 一部도 못된다

V. 傳統文化의 中核인 漢文(字)도 우리의 글이다

1. 先代가 使用한 文字도 우리의 文字다

2. 나의 것, 우리 것의 眞相

3. 先代文字 排擊의 實相

4. 한글專用法 趣旨의 歪曲 및 文字政策과 文化向上

5. 한글專用과 國際交流上의 受侮 및 不便

VI. 結語

이 論文은 200자 원고지 450매 분량의 浩瀚한 글이다. 우리가 귀 기울여 들어야할 몇 대목을 간추려 보기로 한다.

○ 한글전용측의 주장은 좋게 말하면 국민일반을 어려운 漢文에서 해방시켰다고 하나, 실상은 국민일반으로 하여금 바로 그들 조상의 문화인 전통문화에 몸소 접촉하고 이를 연구 전승할 수 있는 基本權利와 義務를 法制的(한글專用法) 强制的으로 박탈하며 포기케 한 것이다. 동서고금 어느 나라 어느 시대에 그 국민, 그 선조의 후손이 어떤 직업과 어떤 환경에 있든 간에 자기 나라의, 자기 조상의, 자기 고향의, 자기 집단의 역사와 전통의 연구 내지 전승을 일부 국학자에게만 맡기고, 그들 자신은 이를 직접 살피고 究明, 體驗, 傳承하는 권리를 빼앗기고, 그 義務를 내팽개친 實例가 있는지 묻고 싶다.

○ 부당한 이야기지만, 가령 오늘날 우리가 傳統文化 傳承을 위하여 이를 번역하고 해설할 소위 몇몇 國學者의 존재만을, 다시 말하여 이 방면의 소수 정예 프로의 존재만을 원한다 하더라도, 그 국학자 즉 이 방면의 정예 프로가 있기 위해서는 이를 뒷받침하는 최소한의 아마층이 존재하여야만 비로소 가능한 것이다. 이는 보편의 사리이며 불변의 진리이다.

○ 訓民正音 창제 이전의 우리 선조들 또한 우리 민족이었음이 분명하고 그들은 오직 한자만을 그들의 문자로 사용하였으니(한글은 아직 없었으니) 당시에 우리 민족이 사용한 문자 역시 우리 민족문자의 하나임에 틀림없다. 우리의 반만년 역사 중 문자생활은 약 3000년 전부터 시작된 것 같고, 그것은 한문으로써 출발하여 오랫동안 연면하여 왔다. 한글이 그런대로 사용된 것은 길게 잡아야 2~400년이며 더욱이 전용 운운하면서 한자를 전혀 쓰지 않겠다는 시기는 8 · 15 이후 40년 정도에 불과하다. 한자 · 한문을 사용한 근 3,000년간의 우리 선민들은 우리 민족에서 제외되어야 하고 40년 남짓한 우리 세대만이 우리 민족이라 함은 처음부터 語不成說인 것이다.

○ 모든 문물, 심지어 심신을 사로잡는 종교나 정치제도까지도 남의 것을 받아들여서 순수한 나의 것으로 만들 수 있는데 어찌하여 惟獨 문자만은, 그것도 한자의 경우에만은 절대로 내 것으로 하면 안 되고 우리의 것으로 화할 수 없단 말인가?

○ 어떠한 思想과 事物이든, 그것을 진실로 이해하고 참으로 전승하려면 그 본체와의 직접 접촉(대화)이나 그 원문의 독해를 통한 깊은 감명으로써 이루어 질 수 있는 것이지 타인의 中間斡旋(紹介 · 飜譯)으로는 결단코 이루어 질 수 없는 것이 보편불변의 진리이다. 예컨대 그 아무리 독립기념관의 규모와 施設(收藏內容)이 거대 장려하다 해도 단순히 그곳을 다녀오게 하는 사실(행위)만으로써, 다시 말해

> 한자는 한 자도 모르게끔 단단히 교육(세뇌)받은 사람들로 하여금 그곳에 진열된 한문 위주의 여러 유품과 국제문서를 들여다보게 하는 사실(행위)만으로써, 거기에 안내원에 의한 다소의 해설이 가해진다 해도, 그 어떤 감명과 참된 발분을 일으킬 수 있는 교육효과가 있으리라고 기대하는 자체가 처음부터 事理上 있을 수 없는 피상이며 허망인 것이다. 따라서 8 · 15 해방 이후 한글전용론은 우리 국민 일반으로 하여금 전통문화 실상과의 直接接觸(先人과의 直接對話)을 가로막고 구태여 중간 전달에만 전적으로 의존케 함으로써, 국사교육을 비롯한 전통문화 전승 전반이 형식적이고 피상적인 것으로 결과하게끔 만들었다.

이와 같은 한글전용 병폐의 시정을 촉구하는 글은 1970년 이후 뜻있는 지식인들에 의하여 간단없이 지속되었다. 학회에서 대중강연에서 또는 신문 · 잡지에서 그리고 TV와 같은 영상매체를 통해서도 한자교육의 필요성, 더 나아가 조기교육의 필요성을 역설하여 왔다. 그러나 교육을 담당한 행정부서(예컨대 教育科學技術部 및 각 지역 教育廳)는 형식적인 반응을 보이며 조금도 실효성 있는 행정조치를 취하지 않는 동안 모든 인쇄물은 실질적인 한글전용이 이루어졌다.

V.

그러면 한글만 사용하여 과연 우리가 필요로 하는 서적을 간행할 수 있는가? 그것이 불가능하므로 표면적으로는 한글전용을 하되 어쩔 수 없이 한자를 괄호에 넣어 노출시키는 窮餘之策의 출판이 나타나기 시작하였다. 이제 그 실상을 살펴보기로 한다.

예1. 심상태(1985) : 익명의 그리스도인, 바오로 딸.

○ 서장(序章) (p15)

초월적 신관(神觀)의 문제점 (p17)

고통의 표지(標識)된 소외된 인간조건 (p18)

인간의 위대함과 비참함의 동시적 인지(認知) (p18)

○ 그리스도교는 한 사람의 유다인인 나사렛 예수의 역운(歷運)과 숙명적으로 유대되어 있는 구체적 역사를 가지고 있다. (p21)

○ 부정적이고 배타적인 정식(定式)은 긍정적으로 주석될 여지를 내포하고 있다. (p22)

○ 교회는 이미 중세시대에 '열세(熱洗)'에 의거해서 비그리스도인들의 구원 가능성을 인정하였다. (p23)

○ 비록 조악하게 표현되었지만 주요한 자극이 되었던 금세기초에 등장한 소위 현대주의(現代主義)의 착상을 신학에 재수용하여 활성화하는 작업을 시도하였다. (p25)

○ 이 논문의 중심부에는 순수이론적이고 학술적인 사상성(事象性)을 넘어서 하나의 구체적인 취지가 자리잡고 있다. 이 구체적인 취지는 준실존적(準實存的) 성격을 지니고 있다. (p27)

○ 그리스도적 진리의 보편성은 애당초부터 하나의 특정한 사고형식(思考形式, Denkform)에 의해 온전히 규정되거나 하나의 결속된 사상체계(思想體系)안에 전반적으로 통합되지는 않는다. (p28)

○ 보편성은 보편적 실재(實在, Wirkliehkeit) 일반과 본질적으로 연관되어 있다. (p28)

○ 비그리스도인들의 실재를 규정하는데, 이 논문은 소위 '새로운 사고(Neues Denken)'가 애당초부터 '타자(他者)'와 '시간(時間)'을 필요로 하는 사고이므로 이 '새로운 사고'의 취지를 인용하고자 한다.(p29)

예2. ≪생각의 탄생 Sparks Genius(天才의 閃光)≫ 1999.

로버트 루투번스타인 미셸 루트번스타인 함께 지음. 박종성 옮김

○ 열여덟 살 먹은 소녀의 무의식 어딘가에 배아胚芽 단계의 작가가 들어앉아서 미동도 하지 않은 채 담임 여교사의 시시각각 변하는 기분을 관찰하고 주시하고 감지하고 있었다. (p62)

○ 통합에는 두 개의 기본적인 요소가 있다. 하나는 공감각共感覺synesthesia으로, 이는 동시에 복수적으로 감각하는 것을 일컫는 신경학적 예술론적 용어다. (p51)

○ 우리는 이것을 몸과 마음, 감각과 분별력을 이어주는 '통합적 이해unified understanding' 혹은 종합지綜合知synosia라고 부르는데 이것이야말로 생각도구를 가르치는 일의 최종목표라고 할 수 있다. (p51)

○ 그녀가 분석적 사고라는 측면에서 아버지를 보았을 때, 그는 날카롭고 명징하고 군더더기 없는 그야말로 케임브리지적的인 분석정신의 경탄할 만한 전범이었다. (p39)

○ 형상화imaging는 단순히 사물의 기하학적 형태를 보는 일을 넘어서 사람들과 그들을 둘러싼 세계environment를 재창조하는 데까지 이른다. (p90)

○ 거기에는 그림이나 도형의 형태도 있지만 말, 시연試演 음악이나 춤의 형태도 있다. (p92)

○ 그레이엄이 밝힌대로 대부분의 이미지는 다감각적polysensuous으로 만들어진다. (p94)

○ 추상화抽象化가 일어나는 과정은 거의 설명이 불가능하고, 추상의 경과물들 중에서 많은 것들이 인식되지 못한 채 그대로 묻히고 만다. (p112)

○ 또 다른 쪽에서는 동굴이나 천공穿孔처럼 보이는 깊은 구멍이 있다. (p129)

○ 진동하는 현이든, 풀장 안의 물결이든 정상파는 자기 자체와 함께 공진共振한다. (p192)

○ 고高에너지 영역, 혹은 최고점이 겹치면서 서로의 힘을 강화시키는 것이다. (p192)

예3. 짚신은 한국의 얼, 우리 빛일세. 오동춘 수필집, 2010, 교음사

① 나는 선비 중에 성삼문을 존경하고 사랑한다. 그 독야청청(獨也靑靑)의 지조는 만고불변의 가르침이 아닐 수 없다. 나의 아호 송골(松骨)은 바로 성삼문의 독야청청 사상이 실아 있다.

(나의 솔뼈시)

② 마천(馬川)과 함양(咸陽) 사이에 철마(鐵馬)가 다니면 7대손에 장군이 난다는 이 명당은 마천 오씨(吳氏)들의 기쁜 자랑이다.

(명당과 쇠우산)

③ 산천(山川) 수류(水流)의 모양을 인간의 길흉화복(吉凶禍福)에 연결시켜 생각하려는 옛날부터의 사고방식을 꼭 미신적 차원에서 비판할 것이 아니라 조상을 잘 모시려는 미풍양속(美風良俗)의 경로사상 입장에서 생각해 보면 다분히 긍정할 수 있는 일이다.

(명당과 쇠우산)

④ 굽이는 천심(天尋) 녹수(綠水) 돌아보니 만첩(萬疊)청산
십장(十丈) 홍진(紅塵)이 얼메나 가려는고
강호(江湖)에 월백(月白)하거든 더욱 무심(無心)하예라.

(그리운 나의 중학시절)

⑤ 마천(馬川)을 아는가?(중략) 관광지로 이름난 곳은 냇물 바위들이

기기묘묘하게 파이고 깎여 절경을 이룬 용유담(龍游潭)을 손꼽을 수 있다. (산좋고 물좋고 인심좋은 고향벗들)

⑥ 1973년 3월 그 문하생들이 세운 운정(芸亭) 양채용(梁彩容) 선생 사은비(師恩碑)의 비문을 제자인 내가 쓴 것이다.

(내가 자란 마천 섬말)

⑦ 내가 마천고등학교를 다닌 섬말은 한자로 도촌(島村)이라 쓴다. 이두식으로 그 한자(漢字)의 훈을 따서 섬마을의 줄임말인 섬말로 부른다. (내가 자란 마천 섬말)

⑧ 대통령까지 지낸 저명한 정치가도 천재적인 시재(詩才)를 가진 시인도 결코 큰 바위 얼굴을 닮은 사람이 아님을 알게 된다.

(부처 바위 · 장군바위)

⑨ 존귀(尊貴)의 앞잡이가 되는 겸손을 어어니스트는 잘 배운 것이다.

(부처 바위 · 장군바위)

⑩ 덕봉사(德鳳寺) 절이 있던 곳인데…(중략)…이곳에 높이 6미터, 넓이 3미터 정도의 입상불(立像佛)이 새겨진 부처바위가 육중하게 자리잡고 있다. 이 육중한 바위에 사다리를 두고 부처를 새기던 석공(石工)이 왼쪽 손가락을 마저 새기지 못한 채…(하략)

(부처 바위 · 장군바위)

⑪ 중국 풍수지탄(風樹之嘆)의 시에
수욕정이풍부지(樹欲靜而風不止)
자욕양이친부대(子欲養而親不待)라고
우리들에게 효도해야할 마음을 일깨워 준다.

(기회는 단 한번 왔을 때 놓치지 말라)

⑫ 유전무죄(有錢無罪) 무전유죄(無錢有罪)라고 외치고 스스로 죽은 것이다. (거짓은 오래 못간다)

예1은 沈相泰 神父의 神學書籍 ≪匿名의 그리스도인≫에서 뽑은 것이고, 예2는 ≪생각의 탄생≫이라는 교양서적 번역물이며, 예3은 한글전용을 주장해 온 분의 수필집이다. 이렇게 각기 성격이 다르고 수준도 다르며 독자층도 다른 세 개의 서적에 겉으로는 한글전용을 해야 하니까 일단 한글전용의 원칙하에 간행하되 그 책의 독자가 아무래도 이해가 부족하리라고 염려하는 낱말에 한하여, 그것도 줄이고 줄인 결과로 인쇄한 것이 이 책들의 모습이다.

예1에서는 神觀, 標識, 認知, 歷運, 定式, 熱洗 등이 괄호 안에 적혀 있다. 한글로만 표기하여서는 도저히 뜻이 전달될 수 없겠다는 근심이 이렇게 이중표기를 감행하게 했을 것이다. 그리고 '思考方式'에는 Denkform, '새로운 사고'에는 Neues Denken이라는 독일어 낱말을 倂記하였다. 우리는 이러한 현상을 어떻게 해석해야 할 것인가?

예2에서는 胚芽, 試演, 抽象化, 穿孔, 共振은 한자만 괄호에 넣었으나, 共感覺synesthesia, 綜合知synosia, 통합적 이해unified understanding, 형상화imaging, 세계environment, 다감각적polysensuous은 英文單語를 倂記했고 케임브리지적的, 고高에너지에서는 한 글자에 한자표기를 하였다. 이런 현상은 또 어떻게 풀이하여야 할 것인가?

예3에 오면 우리의 심경은 더욱 착잡해진다. 평소에 한글전용을 상당히 강력하게 주장해 온 분이었는데, 그의 수필집에는 이토록 한자가 심심치 않게 드러나 있다. 여기에는 馬川, 咸陽, 吳氏, 龍游潭 등 고유명사가 한자로 표기되는 것이 불가피한 것으로 보이며 獨也靑靑, 美風良俗, 吉凶禍福 등의 한자어도 한자를 밝혀야 그 뜻이 더욱 분명해 진다고 해서 취한 조치로 보인다.

요컨대 이들 3종의 서적이 우리에게 말해주는 것은 한마디로 '한글전용'은 우리나라 어문생활에서 결코 실현될 수 없는 허상임을 입증하고 있다.

VI.

그러면 이제 우리는 어떻게 하여야 할 것인가. 너무도 분명한 결론 - 하루라도 빨리 한자교육이 초등학교에서부터 실시되어야 할 것이다. 그런데 현실은 그렇게 간단치 않다. 모든 어문현실은 실질적 국한혼용을 전제로 하고 글자만 한글로 표기하는 파행이 계속되고, 그러한 사회현실에서 한자교육은 개인적인 노력과 사교육 시장만을 음성적으로 조장하고 있다.

그러나 천리 길도 한 걸음부터이니 우리는 이 시점에서 우리가 할 수 있는 모든 방안을 찾아보아야 하겠다. 필자는 이 글에서 그 구체안을 제시하려는 것이 아니다. 그 개략을 밝혀 앞으로 우리가 취해야 할 자세를 확립하고자 한다.

첫째, 法制整備를 시급히 서둘러야겠다. 현재 발효 중인 國語基本法은 漢字를 國字로 認定하지 않는 원천적 모순을 안고 있어서 이 문제가 해결되어야 한다. 요즈음 뜻있는 이들이 이 문제를 풀려고 노력하고 있는 것으로 알고 있다.

그러나 國語基本法은 國語의 槪念規定과 公文書와 教科書의 語文規範 遵守 등에만 초점이 맞춰져 있으므로 漢字教育의 실질적인 법 효과를 내기에는 미흡하다. 따라서 한자교육 진흥을 위한 별도의 법을 제정하여 한자교육의 실효를 거두자는 논의가 새삼 주목을 받고 있다. 깊이 성찰해볼 대목이다.

둘째, 漢字教育이 오늘이라도 당장 初等學校에서부터 실시된다면 어떤 절차로 어떤 교과과정으로 진행될 것인지를 밝히는 교과과정 계획안을 만들어야 한다. 한자시간을 국어과목안에 둘 것인지 별도로 할 것인지도 심도 있게 논의하고 확고부동의 대안을 수립하여야 한다. 教育開發院이나 教育課程評價院에서 담당할 수도 있고 漢字教育振興法 같은 것이 제정된다면 거기에 구체안을 넣을 수도 있을 것이다.

셋째, 한글전용의 부당성을 범국가적 차원에서 홍보하여야 한다. 國粹主義的 民族文化論이 얼마나 허망한 것인가를 체계적으로 계몽하여야 한다. 한글전용이 일종의 종교처럼 신념화한 사람들을 인내롭게 포용하고 설득하는 일은 그렇게 쉬운 일은 아닐지 모른다. 그러나 이러한 意識改革作業은 반드시 넘어야 할 산이다. 그분들에게 한글전용이 가능한 영역이 있음을 인정하고 그것을 훼손하는 것이 아님을 인식시키면서 문화국민의 자긍심을 갖게 하는 일을 다각도로 모색하여야 한다. 한글전용을 주장하고 그것으로 모든 문화생활, 문자생활이 가능하다고 믿는 사람은 의외에도 많지 않을 수 있다.

어쩌면 그들은 한자교육은 초등학교에서부터 하는 것만을 반대할 수도 있다. 이 문제를 극복하는 것이 아마도 민족의 화합을 위해서도 또한 우리가 넘어야 할 산이다.

알피니스트는 우리 앞에 산이 있으므로 우리는 산을 넘는다고 말한다. 우리도 한글전용을 주장하는 분들이 버티고 있는 산, 한자는 초등학교에서 절대로 가르칠 수 없다고 주장하는 분들이 버티고 있는 산, 그 산이 있으므로 우리는 그 산을 넘어야 한다. 그 산 너머에 민족의 문자생활이 편안한 국한혼용의 세계가 기다리고 있다.

外來語表記法의 문제점과 해결책

1. 序言

우리나라는 바람직한 말하기와 글쓰기를 위하여 네 가지 語文規定을 마련하고 있다. 그 네 가지는 한글맞춤법, 표준어 규정, 外來語表記法, 국어의 로마자 표기법이다. 그 중에 '外來語表記法' 하나가 韓國語가 아닌 다른 나라 언어의 표기를 문제 삼는 법이다.

우리는 이제 이 '외래어표기법'에 어떤 문제점이 있으며 그것을 해결하기 위하여 무슨 고민을 하고 어떤 슬기를 발휘하여야 할 것인가를 생각해 보기로 한다.

새삼스러운 말이거니와, 우리가 우리나라 안에서 우리 한국말만 말하고 글을 쓰고 살지만 단 한 순간도 나라 밖의 문제에서 자유로울 수가 없다. 지구촌 한 마을이라는 것이 시시각각 피부에 와 닿는 세상이 되었기 때문이다.

아프리카 어느 구석진 지방의 부족간 싸움이 뉴욕의 증권시장에 영향을 주고 그것이 우리나라에 환률 변동을 가져올 수 있다는 것을 이제는 아무도 의심하지 않는다. 따라서 지구촌 구석구석 어느 나라, 어느 민족의 언어가 국제적인 관심거리가 되고 또 우리들의 대화에서 중심 화두가 될지 아무도 예측할 수 없는 세상이 되었다. 이와 같은 현실은 이 지구상의 모든 언어를 한글로 적어야 할 과제를 안겨주었다. 그래서 외래어표기법이 마련된 것이다.

이때에 한 가지 의문이 생길 수 있다. "그렇다면 외래어표기법은 곧 외국어 표기법이 아닌가? 차라리 외국어 표기법이라고 하지 왜 외래어

표기법이라고 하는가?"

그렇다. 이것은 참으로 자연스러운 의문이요, 또 문제의 핵심을 지적한 의문이다. 한마디로 말하면 외래어표기법은 곧 외국어 표기법이 될 수 있다. 그러나 외국어 표기법이라 하지 않고 외래어표기법이라고 규정한 것은 외래어와 외국어 사이에 건널 수 없는 장벽이 있기 때문이다. 그 장벽은 우리나라 말, 곧 韓國語이다.

外來語는 한국어의 울타리 안에 들어온 것이요, 외국어는 한국어와 같이 독립적인 한 나라, 한 민족의 언어이다. 잠시 ≪표준국어대사전≫에서 '외래어'와 '외래어표기법'을 어떻게 풀이하였는지 살펴보기로 하자.

> 외래어(外來語) (어) 외국에서 들어온 말로 국어처럼 쓰이는 단어.
> = 들온말. 전래어(傳來語). 차용어(借用語)
> 예, 어느 시대이든 외국 문물이 들어오게 되면 외래어는 생기게 마련이다.
> ● 〈참고어휘〉 고유어(固有語)
> 외래어표기법(外來語 表記法) 〈언어〉 외래어를 한글로 표기하는 방법.
> 현행 표기법은 1986년 1월에 문교부에서 고시한 것이다.

"外國에서 들어온 말로 국어처럼 쓰이는 단어"라는 풀이를 좀 더 풀어보기로 하자. 국어처럼 쓰인다는 것은 국어 생활 속에서, 다시 말하여 우리들의 일상 언어생활 안에서 우리말과 섞여 쓰이게 되는 낱말이라는 것이다. 외국어를 말하는 상황이 아니라 국어로 말하고 듣는 우리들의 일상생활 안에서 쓰이게 되는 형편을 가리키는 것이다. 즉 국어생활 안에서 부득이 쓸 수밖에 없는 외국어 낱말의 빌려 쓰기이다.

그러므로 외래어로 쓰이는 낱말은 이미 그 국적을 한국에 두게 된 것이요, 한국어 자산의 일부가 된 것이다. 물론 외래어로 취급되는 단어들 가운데에는 한국어 자산으로 삼기에 정서적으로 거부감을 느끼는 것도 있을 수 있고, 경우에 따라서는 사용하고 싶지 않은 낱말도 있을 수 있겠으나 그것이 우리 국어 생활 안에서 당당히 독립적인 낱말로 쓰인다면 개인감정의 좋고 나쁨과는 관계없이 그 낱말은 한국어의 하나인 것이요, 한국어 어휘 증대에 공헌하는 귀중한 언어 자산이다.

몇 해 전 동남아시아 지역에 무서운 地震과 颱風이 海溢을 일으키며 바닷가 육지로 몰려와 큰 피해를 입힌 일이 있었다. 그때에 외신 보도는 일제히 '쓰나미〔津波〕'가 덮쳤다고 보도하였고 우리나라 언론 매체도 예외없이 '쓰나미'라는 낱말을 사용하였다. 이때에 '해일'이란 우리말이 있는데 왜 일본말을 쓰느냐고 불평을 터뜨리는 사람들이 있었다. 그러나 '쓰나미'가 국제적으로 널리 쓰이는 용어로 정착하였고 '해일'과는 구별되는 점이 있다면 그 불만은 개인적인 것으로 취급될 수밖에 없었다.

이와 같이 외래어는 모든 외국어로부터 열린 마음으로 국어 속에 받아들여 국어의 어휘 자산을 증식시키는 새로운 낱말 샘이다. 그리고 이들 외래어를 크게 구분하면 고유명사와 일반 용어로 나눌 수 있다. 고유명사는 다시 크게 인명과 지명으로 나뉘며 일반 용어에는 政治, 經濟, 學術, 文化, 動植物 이름 등 森羅萬象의 어느 것이건 국제적으로 문제되는 用語들이 포함된다. 그러므로 거듭하여 강조하거니와 외래어는 국어의 일부분이요, 그것이 외국어에 뿌리를 두고 있으나 한국어 국적을 획득한 낱말들이다. 따라서 외래어표기법은 당연히 모든 외국어를 대상으로 그것을 한글로 표기하는 방안을 강구하게 된 것이다.

2. 外來語表記法의 歷史

우리나라의 外來語表記法은 앞서 ≪표준국어대사전≫에서 인용한 바와 같이 1986년 1월 7일자 문교부 고시 제 85-11호로 공표된 것이다.

물론 그 이전에 외래어표기 사례가 없는 것은 아니었다. 일찍이 개화기에 서유럽 여러 나라의 낱말을 표기할 필요성이 생겼을 때에 우리보다 먼저 중국에서 음차 표기의 방법으로 적은 우리나라 外來語를 우리 음으로 읽는 '아라사(阿羅斯), 미리견(彌利堅), 화성돈(華盛頓)' 같은 것들이 우리나라의 外來語表記 사례의 처음 모습이었다. 그 후 일정한 규칙 없이 글 쓰는 이들이나 신문에서 얼마 동안 자의적으로 표기해 오다가, 이러한 형편을 안타깝게 생각한 朝鮮語學會에서 한글맞춤법통일안을 확정지은 1933년에 그 통일안의 제60항에 다음과 같이 규정한 것이 우리나라 외래어표기법의 효시가 되었다. 그 규정은 다음과 같이 간결하다.

第 60項 外來語를 表記할 적에는 다음의 條件을 原則으로 한다.
(1) 새 文字나 符號를 쓰지 않는다.
(2) 表音主義를 取한다.

그 후 朝鮮語學會는 '들온말 적는 법'을 만들기 위한 별도의 작업을 추진하여 1940년 6월에 2장 3절 17항으로 구성된 '외래어표기법 통일안'을 확정하기에 이른다. 그 통일안의 제1장 총칙은 다음과 같다.

一. 外來語를 한글로 表記함에는 原語의 (綴字)나 語法的 形態의 어떠함을 묻지 아니하고 모두 表音主義로 하되, 現在 使用하는 한글의 字母와 字形만으로써 적는다.
二. 表音은 原語의 發音을 正確히 表示한 萬國音聲記號를 標準으로 하여, 아래의 對照表에 依하여 적음을 原則으로 한다.

위의 규정은 이미 7년 전에 한글맞춤법통일안의 제60항에서 규정해 놓은 것을 재확인하면서 萬國音聲符號와 한글과의 일정한 대응 표기를 마련하고 있다. 이 '외래어표기법 통일안'은 1948년에 이르러 문교부가 새로이 '들온말 적는 법'을 제정함으로써 역사적 임무를 끝마쳤다.

그러나 이 '들온말 적는 법'에는 현행 한글 자모 이외에 'ㅿ, ㅸ, ㆄ' 같은 자모를 추가하고 破裂音의 有聲音을 된소리로 적는 등, 지금까지의 외래어 표기 전통과는 동떨어진 것이었다. 그리하여 문교부에서는 1956년부터 국어심의 위원회의 외래어분과위원회를 소집하여 또다시 새로운 표기법을 마련하기에 이른다. 이것이 1958년 10월 20일에 문교부에서 公表한 '로마자의 한글화 표기법'이다. 그 기본 원칙은 다음과 같다.

1. 외래어표기에는 한글 정자법(正字法)에 따른 현용 24자모만을 쓴다.
2. 외래어의 1음운은 원칙적으로 1기호로 표기한다.
3. 받침은 파열음에서는 ㅂ, ㅅ, ㄱ 비음에서는 ㅁ, ㄴ, ㅇ 유음에서는 ㄹ만을 쓴다.
4. 영어, 미어(美語)가 서로 달리 발음될 경우에는 그것을 구별하여 적는다.
5. 이미 관용된 외래어는 관용대로 표기한다.

문교부에서 이렇게 심혈을 기울여 '로마자의 한글화 표기법'을 마련하게 된 것은 이에 앞서 통용된 '들온말 적는 법'이 외래어의 本質을 이해하지 못하고 옛날의 한글 자모를 부활시키고 된소리 표기를 너무 광범위하게 사용하는 등 불합리한 점이 많이 드러났기 때문이었다. 이 기본 원칙 첫째 항에 밝힌 한글 正字法이란 한글맞춤법통일안을 뜻하는 것이었다.

이 '로마자의 한글화 표기법'을 공표한 후에 문교부는 그 활용을 위하여 외래어표기 세칙을 더 마련하고 1959년에서 1972년까지 교과서 편찬을 위한 편수 자료를 제6집까지 발간하기에 이른다. 이 '로마자의 한글화 표기법'이 가장 요긴하게 쓰이는 분야가 世界歷史, 世界地理 등을 다루는 교과서이기 때문이었다.

그런데 이 '로마자의 한글화 표기법'도 여전히 많은 약점을 지니고 있었다. 무엇보다도 이 표기법은 長音 표기를 큰 특징으로 꼽을 수 있다. 즉 "長母音은 동일 모음을 거듭하여 표기함을 원칙으로 하되, 안 적을 수도 있다."고 규정하였는데 실제로는 重母音 表記를 포함하여 상당히 많은 長音 표기가 쓰이는 폐단을 낳았다. 그리고 원칙과 細則이 혼란스럽게 쪼개져서 올바른 표기가 무엇인지 가늠하기가 쉽지 않았다. 무엇보다도 국어 생활 속에서 실제로 발음하여 사용하기에 부자연스런 점이 큰 문제였다. 또 더 큰 결점은 '로마자의 한글화 표기법'이라는 법의 이름이라고 할 수 있다. 이 표기법에 따른다면 원칙적으로 영어와 미국 영어 이외의 언어는 표기 대상이 아니라고 해석할 수도 있다.

조금 폭을 넓혀 프랑스, 독일, 이태리, 스페인 등 로마자를 쓰는 나라의 언어를 표기할 수는 있으나 그리스, 러시아, 아랍 등 로마자를 쓰지 않는 나라의 언어는 대상으로 삼지 않는다는 해석이 가능하다. 그리하여 이 표기법은 조만간 다시 손을 보아야 할 운명이었다. 그리고 드디어 현행의 '外來語表記法'이 나왔다.

3. 現行 外來語表記法 概觀

이 '外來語表記法'이 1986년에 탄생하게 된 데에는 한국의 높아진 국제적 위상과 온 세계 여러 나라와의 급격한 연계현상(globalization)이 크게 작용하였다. 우리나라는 1986년에는 아시안 게임, 1988년에는 올림픽을 개최하게 되어 있었다. 그때에 전 세계 각 나라의 선수 이름과 나라 이름, 도시 이름 등 엄청난 양의 고유명사를 한글로 표기해야 하는 과제가 있었다. 이것이 외래어표기법의 시급한 정비를 재촉하였다.

이 외래어표기법은 다음의 4장으로 구성되어 있다.

제1장 표기의 원칙

제2장 표기 일람표(표 19개)

제3장 표기 세칙(21개 언어)

제4장 인명, 지명 표기의 원칙

이 법은 제1장과 제4장은 고정되어 있고 제2장과 제3장은 계속하여 보완되는 열린 규정이다. 제2장의 표기 일람표는 표기해야 할 대상 언어의 문자와 한글과의 대응 對照表이고 제3장은 개별 대상 언어들의 표기 세칙이다.

1986년에 영어, 독일어, 프랑스어, 에스파냐어, 이탈리아어, 일본어, 중국어 등 7개 언어

1991년에 폴란드어, 체코어, 세르보크로아트어, 루마니아어, 헝가리어 등 동구권 5개 언어

1995년에 스웨덴어, 노르웨이어, 덴마크어 등 북구권 3개 언어

2004년에 말레이·인도네시아어, 타이어, 베트남어 등 동남아 지역 3개 언어

2005년에 포르투갈어, 네덜란드어, 러시아어 등 3개 언어

그래서 현재는 모두 21개 언어의 표기 세칙이 마련되어 있다. 그러나 제1장 표기의 원칙은 이 外來語表記法의 대강령으로 절대 불변의 기준을 제공한다. 그 세목은 일견하여 1958년에 문교부에서 공표한 로마자의 한글화 표기법의 기본 원칙을 다소 윤문하여 손질한 것 같은 느낌을 준다.

그러면 이제부터 이 표기법의 기본 정신 및 운용 원리의 정당성을

검토해 보기로 하자. 무엇보다도 이 법이 바로 앞서 시행되던 '로마자의 한글화 표기법'을 상당 부분 그대로 수용하였다는 基本的인 限界性을 지적하고 싶다. 실제의 세부 내용에서는 개별 언어 문자와 한글과의 대조표와 표기 세칙을 제시하고 있어서 큰 얼개를 제시한 표기 원칙은 그런대로 원만한 것이라고 보아 넘길 수도 있다.

그러나 이 5개 항의 규정을 떠받치고 있는 기본 태도에는 "外來語 : 韓國語"라는 단순 兩分法의 정신이 짙게 깔려 있다. 우리는 이것이 과연 온당한 것인가 깊이 생각해 보기로 한다. 한글이 표기해야 하는 외국어를 하나로 뭉뚱그려 '外來語'라는 낱말로 대표하게 한 것을 잘못되었다고 할 수는 없다. 그러나 여기에 쓰인 '외래어'라는 낱말은 그 모태가 된 앞선 表記法(로마자 한글화 표기법)에서 로마자로 표기된 외래어, 좀 더 구체적으로는 영국 영어와 미국 영어를 의식하고 사용된 용어의 '옮겨 쓰기'같은 인상을 짙게 풍긴다.

우리는 이제부터 그 인상을 지워버리고 '外來語'라는 낱말을 열린 개념의 '외래어'로 생각하고 사용하여야 하겠다. 언어 문자는 본질적으로 문화를 담는 그릇이며 문화는 언어 문자를 자유롭게 넘나들 수 있다는 열린 마음을 가지고 보아야 한다. 그러면 우리나라 언어 문자와 모든 외래어와의 관계를 다음과 같은 4개의 同心圓으로 나타내 보기로 하자.

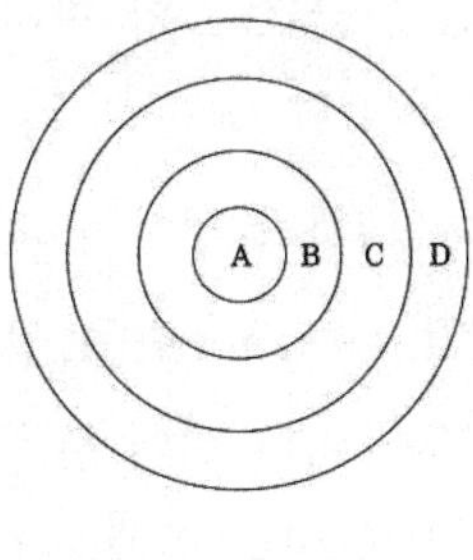

A는 韓國語 文化圈이다.(여기에 당연히 북한이 포함되지만, 함께 논의할 수 없는 현실이 안타깝다.) B는 공통 문자 문화권이다. 한자문화권이라고 바꾸어 볼 수 있다. 지난 이천 년간 중국, 한국, 일본은 공통 문자 곧 한자에 의해 상당 부분 공통 문화를 형성하고 살았다. 현재 중국, 대만, 한국, 일본의 네 나라가 포함된다. C는 非漢字 및 서유럽 문화권 전반이다. 우리나라와 문화적으로 연계된 모든 나

라와 민족의 언어를 포함한다. D는 아직까지 한국의 언어생활에 직접 연계되지 않은 원방 文化圈이다. 無緣故 文化圈이라고 할 수도 있다. 우리나라 외래어로 등재된 적이 없는 나라나 민족의 언어를 가상하여 설정한 문화권이다. 아마도 이 D는 C의 어떤 언어(대부분 英語)로 표기될 가능성이 있을 것이다. 우리는 이러한 기본 구도를 앞에 놓고 표기의 원칙 다섯 개 항목을 하나하나 검토해 보기로 하자.

4. 제1장의 내용

4-1 제1항, 外來語는 국어의 현용 24자모만으로 적는다.

이 항목은 특별히 시비할 것이 없다. 包括的이고 원만한 규정이라고 할 수 있다. 그러나 오해의 소지가 있는 면을 지적하자면 現用 24字母라는 것은 한글의 기본 자모 24개, 즉 子音 14개와 母音 10개만을 뜻하는 것이 아니라 실제로는 자음 19개 모음 21개로서 현재 국어 생활에 쓰이는 모든 한글 글자들을 자유롭게 활용할 수 있음을 뜻한다. 그 의미가 분명히 드러나 있다고 보기는 어렵다. 그런 점에서 불만이 있다면 있을 수 있다. 거듭 말하거니와 외래어는 국어 속에 포함되는 들어온 말이므로 어떤 외국어건 이 외래어표기법에 의해 한글로 고쳐 적히는 순간, 그것은 국어 자산에 포함된다.

만일에 어느 외국어의 원음을 좀 더 충실하게 표기하기 위하여 現用 24자모 이외의 글자, 예컨대 15세기에 통용되었던, 'ㅿ, ㅸ' 같은 것을 개발하여 쓰자고 하는 주장을 한다면, 그러한 표기는 이미 현대 한국어임을 포기하는 것이요, 그것은 외국어표기는 될 수 있어도 외래어표기는 될 수 없는 것이다. 1948년에 문교부가 제정 고시하였던 '들온말 적는 법'에서 이러한 과오를 저지른 선례가 있다.

우리는 모든 외국어를 그 언어의 원음을 충실하게 표기하는 새로운 文字를 訓民正音 창제 당시의 방법론을 활용하고 발전시켜 만들어 낼 수 있다. 그러나 그것은 한글의 國際音聲符號化 작업이지 외래어표기법과는 별도의 것임을 분명히 인식하여야 한다. 그리고 그러한 표기법은 외국어 학습용으로는 활용될 수 있어도 국어 문자 생활에서는 절대로 사용해서는 안 될 것이다.

외래어는 또다시 강조하거니와 자연스런 국어 발음 생활의 범위를 벗어 날 수도 없고 벗어나서도 안 되는 국어에 동화되고 순화된 국어이어야 하기 때문이다.

4-2 제2항, 外來語의 1음운은 원칙적으로 1기호로 적는다.

이 항목도 별로 문제될 것이 없는 규정이다. 그러나 이 規定이 함축하고 있는 의미는 매우 복잡하다. 우선 해당 외국어를 외래어로 포용하는 처음 단계가 그 언어의 음운체계 곧 발음을 대상으로 한다는 것을 천명한다.

우리가 일반적으로 외국어를 접할 때는 그 언어의 문자와 발음을 동시에 접하며, 또 발음은 문자를 통하여 추론해 내는 경우가 많다. 그런데 이 규정은 발음 속에 숨어 있는 音韻體系를 대상으로 삼고 있지 그 언어를 표기한 문자를 문제 삼지 않음을 밝히고 있다. 그러므로 이 외래어표기법이 외국어의 원음에 충실하고자 하는 原音主義 表記法임을 이 항목에서 분명히 천명하고 있다. 그런데 만일 어떤 音韻(文字가 아님)이 우리 한국인의 귀에 다른 음으로 들린다고 할 때에는 그것을 반영할 수 있음을 나타내기 위하여 '原則的으로'라는 단서를 붙이고 있으니 이 규정이 얼마나 해당 외국어의 원음에 충실하고자 하는 것인지를 짐작할 수 있다.

그러므로 만일에 이 항목에 시비를 건다면, 뒤에서 자세히 논의하겠지만, 한자문화권 내에 속한 일본어와 중국어는 대체로 한자로 적혔고 그것은 전통적으로 한국 한자음으로 읽히고 있는데 그러한 문제(傳統的 慣用 表記)를 의도적으로 배제하였다는 것을 지적할 수 있다.

4-3 제3항, 받침에는 ㄱㄴㄹㅁㅂㅅㅇ만을 쓴다.

이 항목도 외래어표기법이 국어 음운 규칙에 충실함을 밝히고 있다. 우리 한국어는 단음절로 된 낱말이거나, 어떤 낱말의 끝소리 곧 음절말에서 발음할 수 있는 字音은 위의 7개 소리뿐이기 때문이다. 물론 국어에는 "꽃, 끝, 북녘, 낟알, 젖, 늪, 좋다" 등 한글맞춤법상으로는 14개의 자음 자모가 다 쓰이고 겹받침, 쌍받침까지 쓰이지만 그것은 이른바 어간의 기본형을 고정시킴으로써 표기상의 규칙성을 확보하려는 맞춤법의 이상을 실현하려는 것이므로 발음 위주의 외래어표기법과는 관련지을 필요가 없는 것이다.

다만 문제가 되는 것이 있다면 'ㅅ'으로 외래어 원어의 〔d〕, 〔t〕 등을 표기한다는 불편함이다. 즉 영어의 'good-bye'와 'Hair-cut'을 외래어표기법에 따라 적으면 '굿바이', '헤어컷'이 된다는 점이다. 그러나 '헤어컷'이 우리말 속에서 '헤어커시(헤어컷+이), 헤어커슬(헤어컷+을)'로 발음되는 점을 감안하면 수긍할 수 있는 표기법이다.

4-4 제4항, 파열음 표기에는 된소리를 쓰지 않는 것을 원칙으로 한다.

이 항목에는 많은 논쟁거리를 감추고 있다. 서양 외국어의 상당수가 破裂音에 有聲, 無聲의 대립을 갖고 있는데 우리 韓國語는 有聲音이 없고 無聲音이 平音(예사소리), 激音(거센소리), 硬音(된소리)의 세 갈래 대립을 갖고 있다.

영어로 예를 들자면 '[g], [k]', '[b], [p]', '[d], [t]'는 한국어의 'ㄱ, ㅋ, ㄲ', 'ㅂ, ㅍ, ㅃ', 'ㄷ, ㅌ, ㄸ'와 대응하고 있다.

따라서 두 개의 字音 음운 'g, k'를 'ㄱ, ㅋ, ㄲ' 셋 중에서 두 개만 선택하여 표기해야 되는데 이때에 만일 된소리를 선택하면 'ㄱ, ㅋ'의 구별이 없어지는 더 큰 혼란이 일어날 수 있다. 또 서양의 각 언어의 破裂音이 어떤 것은 거센소리에 가깝고(영어, 독일어) 어떤 것은 된소리에 가까워서(프랑스어, 이탈리아어, 스페인어, 러시아어) 된소리가 지나치게 많이 쓰일 염려가 있다. 그러므로 이 항목에서는 비록 외래어 원음과는 다소 멀어지더라도 평순한 표기 체계를 지향하려 하였다.

이 정도의 제약은 아마도 불가피한 조치일지도 모른다. 그러나 얼마간 보완의 여지를 남겨 놓고 있다는 점은 분명하다. 예컨대 "버스, 달러, 센터" 등의 現實音이 硬音으로 통용됨에도 불구하고 표기는 平音으로 되어 있기 때문이다.

4-5 제5항, 이미 굳어진 외래어는 관용을 존중하되 그 범위와 용례는 따로 정한다.

이 항목이야말로 전통문화와 관습을 존중해야 하는 언어 현실을 감안하여 원칙에서 벗어나는 표기법을 한 묶음으로 처리한 커다란 얼개 규칙이어서 특별히 시비를 걸 수는 없겠다. 가령 나라 이름을 예로 생각해 보면 美國, 英國, 中國, 日本, 獨逸은 19세기 이래 전통적으로 써오던 한자어 표기의 외래어를 한국 한자음으로 읽는 오랜 전통을 그대로 유지하고 있다. 한편 佛蘭西는 프랑스, 伊太利는 이탈리아, 스페인(영어식 발음)은 에스파냐, 和蘭은 네덜란드로 바뀌었다. 여기에 이르러 존중해야 하는 관용의 기준이 무엇인가 하는 의문을 품을 수는 있다. 이 의문을 확대하면 외래어표기법이 애초에 알파벳과 한글의 대응만을 의식하고 만들었다는 혐의를 벗어날 수는 없을 것이다.

왜냐하면 제4장에서 人名, 地名 표기의 원칙을 마련하면서 특별히 제2절은 東洋의 인명, 지명 표기 규정 4개 항을 따로 마련하고 있기 때문이다. 이제 이 부분을 집중적으로 논의해 보기로 하자.

5. 제4장 제1절의 내용

외래어 인명, 지명 표기가 얼마나 중요한가는 새삼스럽게 논의할 필요가 없을 것이다. 그것은 분명 韓國語의 語彙 資産을 늘리고 표현력을 풍부하게 하는 것과는 거리가 멀다. 그러나 수천 년 인류 역사에 明滅했던 사람의 이름과 땅의 이름, 그리고 현대사를 주름잡는 사람의 이름과 땅의 이름은 지구촌 한 마을 속에 사는 우리들의 일상생활에서 六何原則에 따라 말하고 생각하고 意見을 나눌 때에 필요불가결의 언어재요 언어 자산이다. 가령 노벨 수상자의 이름은 세계의 정치, 경제, 문화, 사회에 얼마나 깊은 영향을 주는가?

우리는 '동티모르'라는 땅 이름과 나라 이름이 우리에게 주는 의미를 잘 알고 있다 그것은 植民地 팽창이 극성을 부리던 帝國主義 시대에서 오늘에 이르기까지 인도네시아의 한 구석에서 언어와 인종은 인도네시아와 같으면서 정치, 경제상으로는 인도네시아에서 분리되어 하나의 나라를 이룬 현대사의 아픔을 웅변으로 말해 주는 증거의 낱말이다.

제4장의 제1절 표기 원칙 제1항은 固有名詞 표기의 대원칙을 개괄하였다는 점에서 특별히 문제될 것은 없다. 그러나 앞에 제시한 4개의 同心圓을 생각하고 본다면 이 표기법(표기 원칙)이 C언어 文化圈과 韓國

語라는 A언어와의 관계만을 핵심으로 삼고 있다는 움직일 수 없는 증거를 제시해 주고 있다. 특히 제2항과 제3항이 그러하다.

제2항은, "제3장에 포함되어 있지 않은 言語圈의 人名, 地名은 原地音을 따르는 것을 원칙으로 한다."고 하고 앙카라(Ankara)와 간디(Gandhi)를 예시하고 있다. 앙카라는 터키의 지명이고 간디는 인도의 힌디어 기원의 人名이다. 그리고 그 표기의 근거는 英語 알파벳이다.

제3항은 "原地音이 아닌 제3국 발음으로 통용되고 있는 것은 慣用을 따른다."고 하고 네덜란드 지명 헤이그(Hague)와 고대 로마 인명 시저(Caesar)를 들고 있다. 이것 역시 영어 알파벳을 관용의 근거로 삼고 있다.

제4항은 일찍이 漢字語로 번역되어 통용되는 태평양(太平洋 Pacific Ocean)과 흑해(黑海 Black Sea)를 예시하였다. 이것은 漢字語라는 점에서 제2절과 연계되지만 그 번역의 토대가 역시 C언어권에 속한 영어 알파벳이다.

이렇게 본다면 현행 외래어표기법은, 모든 외래어는 일단 알파벳을 사용하는 언어권 특히 영어를 '핵심으로' 삼아 표기법을 마련하였음이 입증된다. 그렇다면 B언어권, 다시 말하여 '漢字'라는 공통 문자를 사용해온 중국과 일본의 외래어는 어떻게 생각하였는가?

두말할 것도 없이 우리나라는 지난 이천 년간 한자문화권 안에서 중국, 일본과 함께 광범위한 한자생활을 영위하였다. 한자는 언어가 다른 세 나라의 공통 언어의 기능을 수행하는 문자였다. 그리고 그 문자는 세 나라가 세월의 흐름에 따라 각기 독자적으로 발전한 자기 나라 발음에 따라 읽는 전통을 확립하였다. 그러므로 표기 문자로서는 공통의 문자를 쓰면서 그 발음은 세 나라가 독자적인 한자음 체계를 확립하여 사용하였다.

6. 제4장 제2절의 문제점

6-1

그런데 제2절 동양의 人名, 地名 표기 규정은 4개 항으로 되어 있다. 먼저 중국 인명, 지명에 관한 두 항목을 읽어보자.

제1항 중국 인명은 과거인과 현대인을 구분하여 과거인은 종전의 한자음대로 표기하고 현대인은 원칙적으로 중국어 표기법에 따라 표기하되, 필요한 경우 한자를 병기한다.

제2항 중국의 역사 지명으로서 현재 쓰이지 않는 것은 우리 한자음대로 하고 현재 지명과 동일한 것은 중국어 표기법에 따라 표기하되, 필요한 경우 한자를 병기한다.

위의 두 항목을 보면서 드디어 우리는 착잡한 심경에 이른다.

어떠한 규정이건 예외와 변칙을 인정하는 것이 원칙이요, 상례이지만 그 예외와 변칙이라는 것은 기본 원칙이 거의 대부분을 수용하고 그야말로 매우 적은 범위만을 예외 또는 변칙으로 인정하는 것이 보통인데 중국의 人名·地名에 오면 과거와 현대라는 매우 막연한 시대 구분을 내세워 관용 표기와 중국어 原音 표기를 공존시키고 있다. 그리고 필요한 경우 한자를 병기한다고 함으로써 기본적으로는 3중 표기가 가능하도록 하였다.

우선 '필요한 경우 漢字를 병기한다.'는 조항부터 시비를 걸어야겠다. 이것은 병기라고 못 박음으로써 한자 표기 하나만을 독자적으로 사용할 수 없음을 분명히 하였다. 한글전용을 대전제로 하는 語文政策이 그동안 지속되어 왔으므로 한자 사용을 忌諱하는 이러한 규정이 나온 것으로 생각된다. 그러나 한자가 우리나라 문자의 한 가지로 취급되어야 한다는 관점에서라면 단순히 병기를 못 박을 것이 아니라 적어도 "필요한 경우, 한자로 적을 수 있다."로 이 規定에 여유를 두었어야 하였다.

그러나 무엇보다도 과거는 관용 표기, 현대는 원음 표기라는 완벽한 2중 구조가 더욱 큰 걸림돌이다. 또 과거와 현대를 가르는 기준은 어디에 있는가? 흔히 1911년 중국의 辛亥革命을 분기점으로 삼아 그 이전을 과거로, 그 이후를 현대로 규정한다는 모 기관의 有權解釋을 따르는 것으로 이해되어 왔다. 이것이야 말로 웃기는 구분이다.

이러한 규정을 만들게 된 배경은 原音主義 표기 일변도로 만들고 싶은 의욕이 이천 년의 오랜 역사적 전통 곧 관행 표기와 맞부딪치면서 그 절충안을 찾아 엉거주춤한 상태로 慣用表記와 原音表記를 모두 인정하였기 때문이다.

다시 말하여 외래어표기법의 대원칙을 원음 표기로 삼고 모든 외래어는 원음에 가까운 표기로 귀착하여야 하는데 한자문화권의 중국어와 일본어에 와서 그것을 관철시킬 수 없을 만큼 관용표기의 전통이 강하니까 과거와 현대라는 어정쩡한 시대 구분을 두어 관용표기를 인정하면서 원음표기의 대원칙으로 방향을 고정시키려 하는 의도가 이 규정에 들어있다.

그러면 이러한 방향 전환의 의도 즉 모든 외래어를 원음표기로 나아가려는 방향이 과연 옳은 것인가? 이것은 외래어가 본질적으로 국어의 영역 안에 들어온 국어 자산이기 때문에 가능한 한, 국어의 음운체계와 발음 관습에 따른 편한 표기법을 따라야 한다는 외래어표기의 전제 조건 내지는 기본 원칙에 위배된다는 점에서 재고를 요하는 것이다.

우리는 적어도 오천 년 이상의 긴 역사 속에서 중국의 인명·지명을 우리의 한자음으로 읽고 사용해온 오랜 전통이 있기 때문이다. 이러한 사정은 같은 言語 文化圈, 같은 文字 文化圈 안에 사는 서유럽 여러 나라의 경우도 예외는 아니다. 몇 예를 옮겨보기로 하겠다.

英語圈에서는 프랑스의 도시 이름 '빠리'를 '패리스'로 부르고 이탈리아의 도시 이름 '베네치아'를 '베니스'로 '나폴리'를 '네이플스'로 부른다. 프랑스어권에서는 영국의 도시 이름 '런던'을 '롱드르'로 '도이치란트'를 '알레망'으로 바꾸어 부른다. '롱드르'는 프랑스어에 순화되어 마치 프랑스의 도시 이름 같다. 또 영어권에서는 '예수 그리스도'를 '지저스 크라이스트'로 '아우구스티누스'를 '어거스틴'으로 '장 · 가뱅'을 '존 · 개빈'으로 부른다. 이와 같이 서유럽 언어가 다른 나라 이름을 외래어로 받아들일 때는 자기 나라 언어의 음운체계에 동화된 낱말로 만들어 사용하는 오랜 전통이 확립되어 있다. 이것이 固有名詞 外來語 사용의 보편적인 양상이다.

그런데 손문(孫文), 장개석(蔣介石), 모택동(毛澤東), 북경(北京), 상해(上海), 연변(延邊)을 '쑨원', '짱제스', '마오쩌둥', '베이징', '샹하이', '옌벤'으로 바꾸어 쓰기를 요구하고 있다. 어째서 이러한 무리수의 규정을 마련한 것일까? 이에 대하여 일찍이 다음과 같이 설파한 글이 있었다. 참고삼아 인용해 본다.

"요컨대 현행 외래어표기법의 원지음주의는(중략) 1948년 10월 한글전용을 선포한 배경 속에서 분석해 보면(중략) 한글전용을 쟁취한 묘안이었다고 하겠다. 가령 '북경'이라고 부르면 '北京'이라고 쓰게 되나, '베이징'이라고 부르는데 한자로 '北京'으로 쓰지 않는다는 단순 논리에 만족했으니까 뒤따르는 여타의 문제를 널리 고려해 넣지 못했을 것이다." (金敏洙, ≪새국어생활≫ 2004년 여름호.)

6-2

중국의 人名 · 地名 문제는 이 정도로 논의하고 일본의 인명 · 지명 문제로 넘어가 보자.(제4장 제2절) 제3항은 다음과 같다.

제3항. 일본의 인명과 지명은 과거와 현대의 구분 없이 일본어 표기법에 따라 표기하는 것을 원칙으로 하되, 필요한 경우 한자를 병기한다.

이 규정을 가만히 들여다보면 日本이라는 나라는 과거에는 漢字를 사용한 적이 있으나 지금은 일본 문자 가나(ガナ)만을 쓰는 나라가 아닌가하는 착각을 갖게 한다. 그렇지 않고서야 가나와 한글의 대응 관계를 통하여 表記法을 규정한 일본어 표기법을 따르라고 할 수는 없을 것이기 때문이다.

그러나 현실은 어떠한가? 일본은 가나와 한자를 참으로 사이좋게 공존시키는 언어 문자 생활을 영위하고 있다. 서구 문명의 물결이 성난 파도처럼 몰려오던 19세기 이래 일본도 한때는 한자를 버리고 가나만으로, 더 나아가 가나도 버리고 알파벳으로 바꾸어 보려고 했던 적이 있었다. 그러나 전통문화를 지키고 가꾸는 데에 이 세상 어느 나라 어느 민족보다도 철저하고 정성스러운 일본 사람들은 가나와 漢字를 다정스럽게 함께 쓰는 어문정책을 확립하기에 이른다.

특히 제2차 대전 종료 후에 미국의 영향력이 극대화되었던 1940년대 후반에 한자 폐지를 종용한 미국의 음성적인 압력을 일본 사람들은 슬기롭게 극복하고 오늘날과 같은 가나, 漢字 混用 體系를 의연하게 밀고 나왔다. 돌이켜 생각하면 일본이 한자를 버릴 수 없었던 가장 큰 이유는 한자의 다양한 音讀, 訓讀 體系가 고유 일본어와 오랜 세월 맞물려 있어서 일본은 한자를 버리면 그것 자체가 일본어를 버리는 결과가 되는 때문이기도 하였다.

그런데 일본어를 우리가 외래어로 표기하고자 할 때 가나문자만을 대상으로 한 듯한 이 제3항은 어떻게 가능했던 것일까? 그 근원을 거슬러 올라가면 그것은 슬프게도 일제 강점기, 1939년 朝鮮總督府가 京城放送局에 내린 이른바 "己卯妄發令"으로까지 소급된다. 이 명령은 日本의 인명, 지명 등 일본어는 모두 일본 한자음으로 말하여 방송하라는 것이었다. 즉, "東京"을 "동경"으로 발음하지 말고 "도오꾜"로 발음하라는 것이다.

그 당시 朝鮮語 아나운서와 방송 담당 조선인들이 강력하게 항의하고 거부 운동을 벌였으나 조만간 日本語常用이 강제되면서 1945년 8·15 광복 때까지 방송에서는 "동경", "풍신수길"이 사라지고 "도오쿄오", "도요도미히데요시"가 나타나게 되었었다. 물론 그 후에 방송이나 일반 언론 매체에서 중국의 인명·지명과 함께 일본의 인명·지명이 韓國 漢字音으로 읽히고 말해지는 관행이 이어져 왔으나 1980년대 이후 현재 외래어표기법이 점차로 세력을 얻어 오늘에 이르고 말았다.

우리는 여기에서 잠시 일본 사람이나 중국 사람들이 한국의 인명·지명을 어떻게 취급하는가를 살펴보기로 하자.

日本에서는 이승만(李承晩)을 "리쇼방", 전두환(全斗煥)을 "젠또깡", 광주(光州)를 "고요슈"로 부른다. 재일교포 최창화(崔昌華) 목사가 자기 이름을 한국식 발음으로 불러 달라고 일본 법원에 소송을 걸었다가 패소한 사례도 있었다.(물론 외국어 표기의 차원에서 반기문 유엔 사무총장을 "潘基文(バンキムン)"이라고 신문 기사에 쓰는 수가 있으나 이것은 알파벳 문화권인 유엔으로부터 들어온 것이지 한국에서 들어온 것으로 취급하지 않는 특수 경우에 속한다.)

또 중국에서는 김대중(金大中)을 "찐따종"으로 노무현(盧武鉉)을 "루우쎈"으로 대전(大田)을 "다뎬"으로 현대자동차는 "쎈따이치처(現代汽車)"로 발음한다. 또 일본의 야스쿠니 신사(靖國神社)는 "징궈션서"로 발음한다.

요컨대 한·중·일 세 나라에서 자기 나라 한자음으로 발음하는 것을 포기한 나라는 우리나라뿐이다. 우리나라가 죽기 살기로(?) 한자 쓰기를 포기하는 정책을 쓰기 때문이 아니라면 이토록 한자문화권 안에서 자주적 표기를 스스로 외면할 이유가 없을 것이다.

그러나 전통문화의 오랜 관습을 완벽하게 배제한다는 것은 불가능하다는 것을 인식한 한 줄기의 문화 의식이 없지는 않다. 그것이 제2절의 마지막 항인 제4항이다. 제4항은 "중국 및 일본 지명 가운데 한국 한자음으로 읽는 관용이 있는 것은 이를 허용한다."고 되어 있다.

그리하여 "東京/ 도쿄/ 동경, 上海/ 상하이/ 상해, 臺灣/ 타이완/ 대만"의 삼중 표기의 길을 터놓기는 했으나 이것은 窮餘之策이라는 느낌을 지울 수 없게 한다. 여기에서 분명한 것은 인명에 대해서는 이러한 규정을 두지 않음으로써 이등박문(伊藤博文), 복택유길(福澤諭吉), 등소평(鄧小平), 호금도(胡錦濤)는 사라지게 되었다는 점이다.

7. 結論

이상으로 현행 외래어표기법의 문제점들을 개괄하였다. 크게 문제되는 것을 비평을 겸해 자세히 언급했고 무난한 조항은 해설의 차원에서 논의를 진행하였다. 이제 이 표기법을 간략하게 다시 정리해 보자면 우리말 A가 알파벳 문화권 C언어를 대상으로 한 외래어표기법을 원음주의 중심으로 정한 것은 크게 문제될 것이 없다. 그러나 한자문화권에 속한 B언어를 대상으로 한 외래어표기법은 개정의 여지를 갖고 있음을 누누이 지적하였다.

공통 문자인 한자를 사용해 온 한·중·일 세 나라는 전통적으로 한자어를 자기 나라 한자음으로 읽는 오랜 전통이 있는 것을 인정하고 우리나라도 중국과 일본의 관행을 따르는 방법을 모색하여야 할 것이다. 그렇게 하려면 부득이 현행 외래어표기법은 적법한 절차를 거쳐 개정 작업에 들어가야 한다. 엄격하게 따지고 보면 크게 손을 볼 필요도 없다.

제4장 제2절만 최소한으로 수정하여 사용할 수도 있다. 이제 그 가

능성을 예상하여 고친다면 아마도 다음과 같은 하나의 항목이면 충분할 것이다.

(중국과 일본의 인명과 지명은 한국 한자음으로 표기하고 한자를 병기하는 것을 원칙으로 한다. 필요한 경우 해당 언어 표기법에 따른 표기를 병기할 수 있다. 다만 한국 한자음으로 읽는 관행이 없는 인명이나 지명은 해당 언어 표기법에 따른 표기를 하고 반드시 한자를 병기한다.)

어떻게 이처럼 간단한 규정이 가능한가? 그것은 漢字文化圈이 지니는 특성이요, 그것이야말로 동양 삼국의 특수성이라고 할 수 있다.

우리가 21세기에도 과거 수천 년간 그러했던 것처럼 중국, 일본과 나란히 동양 문화의 우수성을 공유하며 세계 문화를 이끌어 나가겠다는 의지를 갖는다면 한자를 공유하고 공용하는 것은 피할 수 없는 絶體絶命의 과제일 것이다.

徐載弼과 한글 운동

Ⅰ. 머리말

19세기 후반의 우리나라는 西歐와 淸日의 힘겨루기 각축장이었다. 러시아, 청나라, 일본이 그 힘겨루기의 주인공들이었다. 그들의 힘겨루기 싸움판에 동시에 개화의 바람이 불기 시작하였다. 그것은 우리 민족이 다른 나라 사람들의 싸움판에 먹이 노릇을 하고 있는 사실을 가슴 아프게 생각하며 자주 자강의 역량을 키우자는 각성의 몸부림이기도 하였다.

그러한 움직임 가운데 甲申政變과 甲午更張은 대표적인 정치적 문화적 몸부림이라고 할 수 있는 것이다. 이때로부터 1948년 대한민국이 건국되고 또 곧이어 6·25사변이 발발하기까지 1세기에 가까운 세월은 우리나라 역사에서 하나의 악몽과 같은 기간이었다.

이 기간 중에 그 역사의 회오리바람을 헤치며 그 시대 그 역사의 주인공으로 산 사람은 그렇게 많지 않다. 더구나 그 시대 역사를 주도적으로 이끌어 간 주인공은 더욱 흔치 않다. 그러한 인물을 찾는다면 어떤 분이 있을까. 이러한 경우에 우리는 松齋 徐載弼을 기억하게 된다. 그의 생애는 여러 분야에서 놀라운 빛을 발한다. 우리나라 역사에서 이런 분이 존재했었다는 것은 실로 엄청난 은총이 아닐 수 없다.

그러나 우리는 이 글에서 송재 서재필이 한글 발전에 기여한 부분에만 초점을 맞추어 검토하고자 한다. 한글이 한글로 대우받기 시작한 것은 정확하게 표현하자면 〈독립신문〉이 창간된 1896년 4월 7일부터라고 할 수 있다. 이 〈독립신문〉은 잘 알려진 바와 같이 서재필이 창간하였고, 서재필이 미국으로 돌아가자 얼마 지나지 않아 廢刊의 운명을 맞았다. 따라서 서재필이 〈독립신문〉을 통하여 어떻게 한글운동을 펼쳤는가를 면밀히 검토한다면 서재필의 한글운동 전모를 밝힐 수 있을 것이다.

이글은 이러한 사실 – 서재필과 한글 발전 운동 – 을 밝혀보고자 한다. 이러한 목적을 달성하기 위하여 우리는 먼저 서재필의 생애에서 어떤 부분이 한글운동에 헌신하는 계기를 만들었는가를 찾아보기로 한다. 그것은 분명 어문의식과 깊이 관련된 開化啓蒙思想일 것으로 짐작되는데, 그러한 요소는 서재필의 젊은 학창시절에 이루어졌을 것으로 보고 그 시기 서재필의 행적에 주목하고자 한다. 그 다음으로 〈독립신문〉을 통하여 그 한글운동이 어떻게 구체적으로 전개되었는가를 밝혀야 할 것이다.

II. 徐載弼의 생애

근대의 인물 중 徐載弼만큼 파란만장의 생애를 살면서 폭넓은 업적을 쌓은 분도 드물 것이다. 그는 명민한 천재 학생이었고 군인이었고 革命家였다. 그는 망명의 나그네였고 고학생이었고 망한 나라의 고달픈 청년이었다. 그러나 그는 의학도요, 의사였으며 또한 언론인으로 변신하였다. 그의 필봉은 언제나 정부를 질책하는 야인의 외침이었고 국민의 의식을 일깨우는 啓蒙의 산울림이었다. 그런가 하면 그는 利財에 밝은 사업가였으며, 전 재산을 바치는 헌신적인 독립운동가였다. 가끔 정부의 고위 관료로서 행정가의 모습을 보이기도 하였다.

그러나 그는 초지일관 한 사람의 평범한 남편이요, 아버지요, 의사로서의 모습을 잃지 않았다. 그 의사의 이미지 속에 조국의 발전을 염원하는 계몽사상가로서의 일면을 죽을 때까지 버리지 않았다. 진실로 19세기 중반에서 20세기 중반까지 우리나라의 역사와 더불어 호흡을 같이 한 폭넓은 역사의 주인공이었다.

그러나 우리는 이 글에서 서재필이 미국 시민으로 미국을 위하여 일한 사실에 대하여는 언급을 할애하기로 한다. 그리고 8 · 15 광복을 전후하여 활약한 독립운동가로서의 행적과 행정 관료로서의 일면에 대해서도 침묵하기로 한다. 이 글의 목적은 서재필이 한 시대를 풍미한 다재다능한 경륜의 인물이었음을 그려내려는 것이 아니라, 오로지 한글 발전에 공헌한 한 가지 사실을 집중적으로 조명하려는 것이기 때문이다.

우선 서재필의 생애를 간략하게 정리하고 그 중에서 言語 · 文字活動과 관련된 이력사항에 어떤 것이 있었는가를 확인한 다음, 그의 문필활동 특히 〈독립신문〉 발행 중에 이룩한 문필활동을 중심으로 논의를 전개하고자 한다.

서재필의 생애는 다음과 같이 요약된다.

1864	(1세)	: 서광언(徐光彦)의 둘째 아들로 태어남
1882	(19세)	: 과거(科擧)에 장원급제함
1883	(20세)	: 일본유학 · 일본 육군 소년학교 입학, 다음 해 졸업
1884	(21세)	: 갑신정변에 가담. 3일간의 병조참판 겸 정령관(正領官)
1885	(22세)	: 망명(제1차 출국). 일본을 거쳐 미국으로 감
1886	(23세)	: 펜실베이니아, 해리 힐맨 고등학교(Harry Hillman Academy) 입학
1888	(25세)	: 펜실베이니아, 해리 힐맨 고등학교(Harry Hillman Academy) 졸업

1890 (27세) : 라파에드대학 입학
1891 (28세) : 라파에드대학 중퇴. 워싱톤으로 이주. 미 육군 군의총감부(軍醫總監部) 도서관의 번역사 생활 8개월
1894 (31세) : 암스트롱 양과 결혼
1895 (32세) : 조지 워싱톤 대학 졸업
1896 (33세) : 1월 1일 제1차 귀국. 중추원 고문으로 초빙
4월 7일 〈독립신문〉 창간
7월 2일 독립신문협회 결성
1898 (35세) : 5월 13일 미국으로 돌아감(제2차 출국)
1898-1914 (35세-51세) : 펜실바이나 대학 해부학 교수
1907-1919 (44세-56세) : 문방구점 개업
1919-1925 (56세-62세) : 독립운동. 임시정부 외교 고문. 한국 친구회 조직
1936-1946 (73세-83세) : 펜실바이나 체스터 병원 의사 생활
1947 (84세) : 제2차 귀국. 과도정부 의정관(議政官)
1948 (85세) : 제3차 출국
1951 (88세) : 1월 5일. 펜실베이니아주 미디아시에서 임종

위의 서재필 연보는 태어나서부터 1898년 5월 13일 미국으로 다시 돌아가는 제2차 出國까지를 비교적 자세히 적었고 그 뒤로부터는 간략하게 정리하는데 그쳤다. 90년 가까운 서재필의 일생을 이해의 편의를 위해 시대구분을 하자면 다음과 같다.

1864-1895 (1세-32세) : 학업기
1895-1898 (32세-35세) : 〈독립신문〉 활동기

1898-1936 (35세-73세) : 독립운동

1936-1951 (73세-88세) : 미국인 의사생활

물론 이와 같은 구분은 관점에 따라 얼마든지 재편성될 수 있을 것인데 우리가 이러한 구분을 한 것은 이 글에서 학업기와 〈독립신문〉 활동기에만 초점을 맞추어 논의하기 위해서이다. 먼저 학업기에서는 서재필이 미국문화 속에서 어떻게 語文意識이 형성되었는가를 점검하고, 〈독립신문〉 활동기에는 〈독립신문〉에 발표된 어문관계 논설을 토대로 서재필의 言語 · 文字觀을 살펴보기로 하겠다.

Ⅲ. 徐載弼의 學業期와 그의 語文意識 형성

1. 서재필의 한문지식

서재필의 공부는 동양의 고전인 四書三經으로 시작되었다. 19세 어린 나이에 임금이 친히 나아와 앉아있는 殿試에서 사서삼경의 아무 대목이나 지적하면 그대로 외워야 하는 暗講 과목에 七通(A+에 해당하는 최상급)을 받아 장원급제를 하였으니 소년 서재필의 한문실력은 더 이상 언급할 필요가 없을 만큼 출중한 것이었다. 이러한 천재성은 10년 안팎의 연장자들인 김옥균, 박영효 등과 더불어 甲申政變의 주역이 될 정도로 조숙한 것이기도 하였다.

이러한 한문지식은 미국에 망명하여 孑孑單身 외톨이로 영어를 공부해야 했을 때에는 그야말로 아무 쓸모도 없는 것이었다. 그리고 우리말과 한문과 영어가 지니고 있는 구조상의 차이를 극복하는 것이 영어를 일찍 통달하는 방편이요, 또한 언어를 이해하는 첩경임을 서재필은 절실히 깨달았을 것이다. 실제로 서재필의 놀라운 천재성은 이와 같은 언

어상의 차이를 극복하고 영어를 통달하는 데 크게 기여한 것으로 보인다. 한편 그의 한문실력은 아무 쓸모없는 지식으로 사장되는 것이 아니라 워싱턴으로 옮겨와 자비로 공부를 계속해야 하는 처지에 새로운 직업을 얻는 결정적 역할을 한다. 즉 1891년 미 육군 군의 총감부에서 東洋文 번역사로 취직하여 8개월간 근무하게 되는데 그때에 그의 한문실력은 당당히 제값을 하게 된다.

당시의 사정을 宋建鎬는 다음과 같이 묘사하였다.(1972)[28]

> 이때 마침 미국 군의 총감부에서 동양문 번역생을 구한다는 소문이 나돌았다. 총감부 도서관에서는 한문과 일본어로 된 의학 서적 약 5,000부를 중국과 일본에서 구입하긴 했으나, 이를 분류하여 목록을 만들 만한 동양어에 능통한 사람을 구할 수 없어 이를 그대로 쌓아 놓았다. 이 소식을 들은 서재필은 곧 육군 군의 총감부로 빌링스 대령을 찾아갔다.
>
> "내가 이 동양 서적을 번역하여 정리해 드리겠습니다."고 서재필은 자신 있게 제의했다.
>
> 그러나 빌링스 대령은 이 처음으로 들이닥친 동양인이 과연 한문과 일문을 잘 알아, 그 많은 서적을 번역 정리할 수 있을지 알 길이 없었다.
>
> 빌링스는 자기와 함께 있는 군의 총감부 시험관 웹스터 대령에게 서재필의 학력을 알 수 있는 방법을 물었다. 웹스터 역시 동양어를 알 리가 없었다.
>
> 그는 한참 생각한 후 "그렇다면 워싱턴에 있는 중국·일본 두 공사관에서 한문과 일문에 대한 시험문제를 얻어다가 시험을 치르게 한 후 다시 두 곳에 보내어 채점케 하면 그 실력을 알 수 있지 않겠습니까?" 하고 말했다.

---

28) 송건호(1972), ≪위대한 한국인③ 송재 서재필≫, 태극출판사, pp.142-143.

서재필은 이들이 하라는 대로 시험을 치렀다. 시험 문제는 우연히도 양국 대사관에서 모두 성경에서 따온 구절이었다. 중국 공사관 것은 일본어로 된 요한복음 제15장 이었다. 이 구절들은 그가 이미 샌프란시스코 시대 이래로 매일같이 읽고 외우던 것이었다. 그리고 한문은 어렸을 때에 이미 시전 · 서전 · 주역 등을 배워 과거까지 급제했으니 말할 것도 없거니와 일어도 도쿄 도야마(戶山) 학교 시대에 보통 글로는 못 보는 것이 없었기 때문에 자신이 만만하던 차에 더구나 문제가 그것이니, 채용되지 않을 리가 없었다.

2. 서재필의 出世와 日本語 지식

서재필이 서양문물에 눈 뜬 것은 과거에 장원급제하여 정부에 발을 들여놓은 19세 이후부터라고 생각된다. 이른바 開化派 인사들인 金玉均, 朴泳孝, 徐光範 등과 장원급제 이후 자연스런 교류가 시작되었을 것이다. 또한, 그 무렵 開化僧 李東仁과의 사귐이 결정적으로 서유럽 문명의 실상을 파악하는 계기가 되었다.

그의 명민함은 1881년(18세) 정월에 신사유람단을 일본에 파견할 때 그 가운데 한 사람으로 선발되어 70여 일간 일본에 머물러 일본의 개화문물을 둘러보고 오게 된 경위를 보아서도 충분히 짐작할 수 있다.

서재필이 일본을 직접 보고 배운 것은 이때가 처음이었을 것이지만 그로부터 2년 뒤인 1883년(20세)에는 일본 동경에 있는 도야마 육군소년학교에 사관생으로 입학하여 1년간 훈련을 마치고 돌아오게 됨으로써 일본과 일본어에 대한 지식을 제대로 갖추게 된다. 더구나 1884년 6월에 서재필은 操鍊局 士官長으로 임명되는데, 이것은 서재필이 일본식 군사훈련을 우리나라에 도입하여 그 시범을 보인 최초의 인물로서도 주목되어야 함을 말해주고 있다. 이로 미루어 보면 서재필은 미국으로 건너가 영어를 익히기 전에 이미 한문과 일본어에 능통한 신지식인이었음을 알 수 있다.

1884년과 1885년은 서재필의 생애에서 가장 슬프고도 찬란했던 시기였다. 1884년 4월에 동경 도야마 육군 소년학교를 졸업하고 5월에 귀국한 서재필은 6월 操鍊局 士官長으로 임명되어 오늘날의 제도로 바꾸어보면 사관학교 교장이 되었다. 그로부터 반년 뒤인 12월 5일에는 金玉均이 주도한 쿠데타 곧 甲申政變의 중심인물로 활약하여 이른 바 삼일천하의 주인공이 된다.

그때 그의 직함은 병조참판 겸 정령관이었다.(오늘날의 국방부 차관 겸 군사령관쯤 될까?) 그러나 그 쿠데타는 실패로 끝나고 그 다음해 1885년 1월에는 목숨을 건지기 위해 일본으로 도망가는 망명 나그네의 신세가 되고 여기에서 서재필은 다시 미국으로 망명길이 이어져서 이제 서재필은 일본어 다음으로 영어의 세계에 들어간다.

3. 서재필의 美國行과 영어지식

스물두 살에 지나지 않는 弱冠의 젊은이이지만 한 나라의 兵曹參判이라는 지위에 올랐던 사람이 먹고 자는 것을 걱정하며 한 치 앞을 내다볼 수 없는 미래를 말도 모르는 미국 땅에서 헤쳐 나간다는 것이 얼마나 참담하고 고생스러웠을까. 그러나 서재필은 1885년(22세) 4월에 미국 샌프란시스코에 도착한 후로 그 고난의 여정을 영광의 여정으로 바꾸며 살아왔다.

그는 홀렌백이란 분의 도움으로 샌프란시스코에서 펜실베이니아주 윌크스 배리로 옮겨와서 비로소 미국의 고등학교 교육을 받는다. 1885년에서 1887년까지 해리 힐맨 고등학교(Harry Hillman Academy)에서 공부하게 되는데 그 때 서재필이 얼마나 열심히 공부했는가 하는 것을

이광린(1989)은 다음과 같이 묘사하고 있다.[29)]

> 과목마다 성적이 우수한 학생에게 상금이나 메달이 수여되었다. 1887년 6월 시상식이 거행되었을 때, 서재필이 수학과 라틴어, 희랍어에서 장려상을 받았다고 목록에 씌여져 있었음을 볼 수 있다.(Eleventh Annual Catalogue of the Harry Hillman Academy, 1888) 1886년 9월에 입학한 서재필이 그와 같은 상을 받기 위해서는 많은 노력을 경주하였을 것임에 틀림없다.
>
> 입학한 지 2년째 말인 1888년 6월에 학생회에서 개최한 연설회에서 〈가필드 대통령에 대한 찬사(Eulogy on James A. Garfield)〉라는 제목으로 웅변을 한 것이 2등으로 뽑혀 10달러의 상금을 받았다고 한다(이에 대해서는 당시 윌크스 베어에서 간행된 The Wilkes-Barre Record, June 16, 1888 참조). 사실 서재필은 이 고등학교를 3년간 다니면서 문자 그대로 피나는 노력을 하였다. 이 때문에 졸업할 때 학생대표로 연설을 하기까지 하였다.

위에 인용한 내용에 의하면 23세의 청년 서재필은 미국 사회에서 정상적으로 성장한 어떤 청년보다도 더 우수한 지식인으로 성장하였음을 알 수 있다. 특히 이 무렵의 서재필은 영어 구사 능력에서 놀라운 재능을 발휘하고 있었고 서양언어의 기초가 되는 라틴어와 희랍어에 대해서도 갖출 만큼의 기본지식을 갖추었음이 확인된다.

더 나아가 서재필의 대학시절에는 프랑스어와 독일어에 대한 소양도 길렀다는 증거가 있다. 1989년 6월 2일, 서울 프레스센터에서 한국민주문화연구소 주최로 열린 〈서재필 박사와 한국 민주주의〉라는 제목의 심포지엄에서 현봉학박사는 다음과 같이 말하였다.[30)]

---

29) 李光麟(1989), ≪해리 힐맨 고등학교를 찾아서≫, 玄鐘敏編(1990) ≪서재필과 한국민주주의≫, 대한교과서주식회사.

첫째로 그 분께서 의예과를 1년 동안 코코란 대학에서 하셨는데, 거기에서 정말 무엇을 공부했다는 것이 확실하게 정리되어 있지 않습니다. 지금 이 박사님이 말씀하신 대로 카드에 조금 적혀있는데, 거기에 보면 FR, GE 같은 약자들이 들어있습니다. 틀림없이 그분은 거기에서 프랑스어와 독일어를 공부한 것 같고요. 그리고 화학과 수학 같은 과목을 공부한 것 같습니다.(후략)

4. 서재필의 言語觀 형성

이렇게 본다면 서재필의 언어지식은 東西洋 전체를 꿰뚫는다. 일찍이 한문에 능통하여 과거에 장원급제하였다. 紳士遊覽團으로 일본에 70여일 체류했었고 그 후 동경에 있는 도야마 육군 소년학교에 정식으로 입학하여 1년 간 기초적인 군사학을 익히고 돌아왔다. 이것은 서재필이 상당 수준의 일본어 구사력을 갖추었음을 나타내는 이력사항이다. 그 후로 미국에 건너가 고등학교를 졸업할 때 학생대표로 영어 연설을 하였다. 그 무렵에 라틴어와 희랍어 공부에 특출한 실력을 보였고 의과대학에 들어간 초기에 프랑스어와 독일어를 공부한 흔적이 발견되었다.

동방의 古典文語인 한문에 능통하고 일본어를 구사할 수 있었다. 이러한 동양언어의 지식 위에 영어를 기본으로 하고 고전언어인 라틴어 희랍어 지식을 갖춘 후 프랑스어와 독일어에 대한 일정한 지식을 지니게 되었다. 이것이 20대 서재필의 총체적인 언어지식이었다.

여기에서 우리는 잠시 서재필의 언어관이 어떻게 정리되었을 것인가를 생각해 보아야 한다. 외로운 망명객의 신세로 미국에 건너가 천신만고 끝에 한국 사람으로는 최초로 미국인 의사가 된 서재필은 본국에서 역적의 신원이 풀리고 中樞院 고문의 신분으로 귀국을 하게 되었을 때, 그

30) 현봉학(1989), 〈심포지엄 질문 및 토론 종합토론 오후〉, 玄鐘敏編(1990), p.122.

가 한국의 언어-문자생활에 대해서 어떤 생각을 하게 되었을까? 서둘러 개화 開明한 나라로 만들기 위하여 어떻게 말하고 어떻게 쓰는 것이 좋겠다고 생각하였을까? 그것은 두말할 것도 없이 한문으로부터의 탈피요, 언문일치를 이루는 한글만 사용함으로 귀착되는 것이었다. 그 모델은 미국의 언어문자생활이었다. 서재필이 아는 한, 글은 말하듯 써야 되고 말한대로 쓴 것이 그대로 말 듣듯이 읽혀야 하는 것이었다. 이것이 한글만 써야 한다고 믿는 가장 큰 이유였다. 그런데 영어는 낱말마다 띄어 쓰는 것을 글쓰기의 초기단계부터 실시하였다. 이것은 라틴어, 희랍어에서도 지켜진 전통이요 알파벳 音素文字로 글쓰기 할 때의 기본적인 제약이었다. 따라서 한글도 알파벳과 다름없는 음소문자이므로 과거의 전통이 어떠하건 그것은 낱말마다 띄어 쓰는 것이어야 하였다. 이것이 한글만 쓰되 반드시 띄어 써야 한다는 원칙을 확립하게 하였다.

서재필이 1886년에 귀국하여 〈독립신문〉을 창간하였을 때, 한글만 쓰기와 띄어쓰기를 실시하게 된 배경은 위와 같은 추론을 받아들일 때, 현실화되는 것이었다.

이제 우리는 그 실제의 모습을 〈독립신문〉을 통하여 확인하기로 하자.

IV. 〈독립신문〉의 檢討

1. 제1호

한 사람이 자유롭게 구사할 수 있는 언어는 몇 개나 되는 것일까? 어려서 배운 母語가 첫째요, 장성해서 새로운 문화와 접했을 때 거기에 능숙하게 되는 제일 外國語가 둘째다. 그 다음은 사회의 조건과 문화양상에 따라 한 두 개의 외국어를 더 사용할 수 있을 것이다. 첫째는 한국어요 둘째는 영어였다. 한국어는 태어나서 미국에 망명하기까지 22세까지 사용하였고 그 후로는 영어를 제일언어로 사용하였다. 영어를 사용한 기간이 한국어를 사용한 기간의 3배에 이른다. 그리고 그의 학문은 거의 대부분 미국에서 영어를 통하여 형성되었다.

이러한 서재필이 33세의 젊은 나이에 갓 결혼한 미국인 부인 암스트롱 양과 함께 錦衣還鄕이라고 할 제1차 귀국을 하게 되었다. 물론 그때는 미국사람으로 국적을 바꾸었기 때문에 Philip Jaisohn이라는 미국인 신분이면서 한국 정부로부터 중추원 고문으로 10년간 일해 달라는 조건을 수락하고 행해진 귀국이었다. 한국혼을 지니고 한국의 개화를 염원하는 미국신사. 이것이 서재필이 1886년 1월 제1차로 귀국했을 때의 모습이었다.

그리하여 서재필은 귀국하던 해 4월 7일에 〈독립신문〉을 창간하기에 이른다. 잘 알려진 바와 같이 논설을 비롯한 일체의 기사를 서재필 혼자서 담당하였다. 이제 제1호에 실린 몇 개의 기사를 살펴보기로 하자.

(가) 廣告

독닙신문이 본국과 외국ᄉᆞ정을 자세이 긔록 ᄒᆞᆯ터이요. 정부속과 민간 소문을 다보고 ᄒᆞᆯ터이라…(중략)…무론 누구든지 무러볼 말이 잇든지 셰샹 사ᄅᆞᆷ의게 ᄒᆞ고스븐말 잇ᄉᆞ면 이 신문샤로 간단ᄒᆞ게 귀졀떼여서 편지ᄒᆞ면 ᄃᆡ답 ᄒᆞᆯ만ᄒᆞᆫ 말이면 ᄃᆡ답ᄒᆞᆯ터이요 내기도 ᄒᆞᆯ터이옴. 한문으로 ᄒᆞᆫ 편지는 당초에 샹관아니ᄒᆞᆷ

이 광고문은 제1호에서 제7호까지 똑같은 내용으로 간행되었다. 발간 초에 신문발행의 취지와 구독방법 및 독자와의 교류문제를 밝힌 것인데 여기에 이미 〈독립신문〉이 지향하는 문자생활의 기본골격 두 가지가 뚜렷하게 명시되어 있다. 즉 하나는 띄어쓰기요, 또 하나는 한글만 쓰기이다.

① 띄어쓰기 원칙

이 신문샤로 간단ᄒᆞ게 귀졀ᄯᅦ여서 편지ᄒᆞ면

② 한글만 쓰기 원칙

한문으로 ᄒᆞᆫ 편지는 당초에 샹관아니홈

(나) 논설1과 논설2

논설1

우리가 독닙신문을 오늘 처음으로 츌판ᄒᆞᄂᆞᆫᄃᆡ 조션속에 잇ᄂᆞᆫ ᄂᆡ외국 인민의게 우리 쥬의를 미리 말ᄉᆞᆷᄒᆞ여 아시게 ᄒᆞ노라…(중략)…모도 언문으로 쓰기ᄂᆞᆫ 남녀 샹하귀쳔이 모도 보게홈이요 또 귀졀을 ᄯᅦ여 쓰기ᄂᆞᆫ 알어 보기 쉽도록 홈이라(이하략)

논설2

우리신문이 한문은 아니쓰고 다만 국문으로만 쓰ᄂᆞᆫ거슨 샹하귀쳔이 다보게 홈이라 또 국문을 이러케 귀졀을 ᄯᅦ여 쓴 즉 아모라도 이 신문보기가 쉽고 신문속에 잇ᄂᆞᆫ 말을 자세이 알어 보게홈이라 각국에셔ᄂᆞᆫ 사ᄅᆞᆷ들이 남녀무론ᄒᆞ고 본국 국문을 몬저 ᄇᆡ화 능통ᄒᆞᆫ 후에야 외국 글을 ᄇᆡ오ᄂᆞᆫ 법인ᄃᆡ 죠션셔ᄂᆞᆫ 죠션 국문을 아니 ᄇᆡ오드ᄅᆡ도 한문만 공부ᄒᆞᄂᆞᆫ ᄭᅡ닭에 국문을 잘 아ᄂᆞᆫ 사ᄅᆞᆷ이 드물미라. 죠션 국문ᄒᆞ고 한문ᄒᆞ고 비교ᄒᆞ여 보면 죠션 국문이 한문 보다 얼마가 나흔거시 무어신고ᄒᆞ니 쳣ᄌᆡᄂᆞᆫ ᄇᆡ호기가 쉬흔이 됴흔 글이요 둘ᄌᆡᄂᆞᆫ 이 글이 조션글이니 죠션 인민들이 알아셔 ᄇᆡᆨᄉᆞ을 한문ᄃᆡ신 국문으로

> 써야 상하 귀쳔에 도모보고 알어보기가 쉬흘터이라 한문만 늘써 버릇ᄒᆞ고 국문은 폐ᄒᆞᆫ ᄭᆞ닭에 국문만 쓴글을 죠션 인민이 도로혀 잘 아러보지 못ᄒᆞ고 한문을 잘알아보니 그게 엇지 한심치 아니ᄒᆞ리요 또 국문을 알아보기가 어려운건 다름이 아니라 첫ᄌᆡᄂᆞᆫ 말마ᄃᆡ을 쎄이지 아니ᄒᆞ고 그져 줄줄 ᄂᆡ려 쓰ᄂᆞᆫ ᄭᆞ닭에 글ᄌᆞ가 우희 부터ᄂᆞᆫ지 아ᄅᆡ 부터ᄂᆞᆫ지 몰나셔 몃번 일거 본 후에야 글ᄌᆞ가 어ᄃᆡ 부터ᄂᆞᆫ지 비로소 알고 일그니 국문으로 쓴 편지 ᄒᆞᆫ장을 보자ᄒᆞ면 한문으로 쓴 것보다 더ᄃᆡ 보고 또 그나마 국문을 자조 아니 쓴ᄂᆞᆫ고로 셔틀어셔 잘못봄이라 그런고로 졍부에셔 ᄂᆡ리ᄂᆞᆫ 명녕과 국가 문젹을 한문으로만 쓴즉 한문못ᄒᆞᄂᆞᆫ 인민은 나모 말만 듯고 무숨 명녕인줄 알고 이편이 친이 그 글을 못 보니 그 사ᄅᆞᆷ은 무단이 병신이 됨이라 한문 못 ᄒᆞᆫ다고 그 사ᄅᆞᆷ이 무심ᄒᆞᆫ 사ᄅᆞᆷ이 아니라 국문만 잘ᄒᆞ고 다른 물졍과 학문이 잇스면 그 사ᄅᆞᆷ은 한문만ᄒᆞ고 다른 물졍과 학문이 없ᄂᆞᆫ 사ᄅᆞᆷ 보다 유식ᄒᆞ고 놉흔 사ᄅᆞᆷ이 되ᄂᆞᆫ 법이라 조션 부인네도 국문을 잘ᄒᆞ고 각ᄉᆡᆨ 물졍과 학문을 ᄇᆡ화 소견이 높고 ᄒᆡᆼ실이 졍직ᄒᆞ면 무론 빈부 귀쳔간에 그 분이 한문을 잘ᄒᆞ고도 다른 것 몰으ᄂᆞᆫ 귀족 ᄂᆞᆷ자 보다 놉흔 사ᄅᆞᆷ이 되ᄂᆞᆫ 법이라 우리 신문은 빈부 귀쳔을 다름업시 이 신문을 보고 외국 물졍과 ᄂᆡ지 ᄉᆞ졍을 알게ᄒᆞ랴ᄂᆞᆫ 뜻시니 남녀 노소 상하 귀쳔간에 우리 신문을 ᄒᆞ로 걸너 몃ᄃᆞᆯ만 보면 새 지각과 새 학문이 ᄉᆡᆼ길걸 미리 아노라

〈독립신문〉 제1호의 제1면은 3단으로 짜여 있다. 제1단의 광고는 폭이 조금 좁고 제2단과 제3단은 똑같은 폭으로 좀 넓게 짜여 있는데 논설 두 개가 연이어 실려 있다.(편의상 앞의 것을 '논설1'이라 하고 뒤의 것을 '논설2'로 구분함) 논설1과 논설2의 내용을 요약하면 다음과 같다.

논설1

① 내외국인에게 우리 주의를 알리기 위해 〈독립신문〉을 출판한다.

② 불편부당한 태도로 조선인민만을 위하여 일하겠다.

③ 정부와 백성의 중간에서 매개 역할을 하겠다.

④ 저렴한 가격으로 보급하겠다.

⑤ 언문으로만 쓰기와 구절 띄어쓰기를 지키겠다.

⑥ 정부의 잘못과 탐관오리의 고발에 적극 나서겠다.

⑦ 대 군주 폐하와 조선정부와 조선인민을 위한 신문이다.

⑧ 영문기사는 외국인에게 조선사정을 바르게 알리기 위해 마련하였다.

⑨ 외국사정을 조선인민에게 알리겠다.

논설2

① 국문으로만 쓰는 목적은 남녀 상하귀천이 모두 보이게 하려는 것이다.

② 구절 띄어쓰기를 하는 것은 쉽고 자세히 알게 하려는 것이다.

③ 조선 사람은 조선 국문을 배우고 사용하여야 한다.

④ 국문은 배우기 쉽고 알아보기 쉬운 우수한 문자다.

⑤ 한문만 써 온 버릇 때문에 국문의 이해가 부족하다.

⑥ 국문이 알아보기 어려운 것은 말마디를 떼지 않기 때문이다.

⑦ 정부에서 한문만 쓰기 때문에 한문 못하는 인민은 정부 일을 모른다.

⑧ 국문만 알고 물정도 알고 학문이 있으면 한문만 알고 물정 모르는 이보다 낫다.

⑨ 여자도 국문을 잘하고 행실이 좋으면 한문만 아는 귀족 남자보다 낫다.

⑩ 빈부귀천 구별 없이 외국물정과 내지사정을 알리겠다.

⑪ 이 신문을 읽으면 새 지각과 새 학문이 생길 것이다.

論說1과 논설2를 위의 요약문을 통하여 비교해 보면, 논설1은 〈독립신문〉의 총체적인 간행취지를 밝혔고 논설2는 논설1의 ⑤번을 재확인하고 그것을 부연 설명하였음을 알 수 있다. 언문으로만 쓰기와 구절 띄어쓰기가 얼마나 중요한 것인가를 짐작케 한다.

그러나 돌이켜보면 〈독립신문〉을 처음 간행하던 1896년 당시에 한글전용과 띄어쓰기가 그렇게 중요한 것임을 알고 실천한 사람은 어쩌면 서재필 한 사람 뿐이었는지 모르겠다. 〈독립신문〉이 계속 간행되면서 서재필의 이러한 언어 문자관은 점차 확산되었을 것이지만 아마도 그 당시에 한글專用과 띄어쓰기를 결정하고 단행한 것은 서재필의 움직일 수 없는 확고한 신념에 말미암는 것이었다.

결국 〈독립신문〉 제1호의 제1면은 광고에서 논설1을 거쳐 논설2에 이르기까지 일관되게 '언문으로만 쓰기'와 '귀절 떼어 쓰기'를 강조하고 그 목적은 오로지 한 가지, 논설2의 마지막 부분, 새 지각과 새 학문이 펼쳐질 것임을 밝히는 것이었다.

2. 周時經과의 관계

이제 우리는 서재필이 開化啓蒙思想을 실천하는 가장 핵심적인 방법이었던 言語文字觀 곧 띄어쓰기와 한글만 쓰기 사상이 어떻게 형성되었는가를 살펴볼 단계에 이르렀다.

이 논의를 전개하기 전에 지엽적인 한 가지 사항을 짚고 넘어가겠다. 그것은 논설1과 논설2가 구분되어 있고 논설1에는 '언문'이란 낱말이 나오고 논설2에는 '국문'이라는 낱말로 일관되어 있음을 들어 논설1과 논설2의 필자가 다르지 않은가 의심한 사실이다. 이에 대해서는 이미 1989년 6월에 있었던 심포지엄에서 李基文교수가 답변한 내용이 있다. 그 답변의 마지막을 인용하면 다음과 같다.[31]

아무튼, 창간호의 논설은 대단히 중요한 것이고 해서 그것은 역시 서재필이 썼다고 보는 것이 좋겠고, 그것을 두 부분으로 나눈 것은 도리어 서재필이 얼마나 신문을 국문으로 쓰는 데 처음부터 상당히 중요한 관심을 가지고 결정을 했는지를 강조하기 위해서는 뒷부분에 우리 신문을 국문으로만 낸다고 하는 것의 이유를 다시 설명하려고 부연한 것이 아닐까 싶습니다.

아마, 그 당시의 식자층에서 국문으로 신문을 내는 데 대해서 상당한 비난이나 반대를 할 것에 대비해서 충분한 설명을 위해서 그렇게 하지 않았을까 저는 그렇게 생각해 봅니다.

먼저, 논설1에는 '諺文'이라 표현하고 논설2에는 '국문'이라 표현한 것을 어떻게 한 사람의 글로 볼 것인가 하는 문제를 생각해 보기로 하자.

논설2는 한결같이 '국문'이라고 하여 甲午更張 이래 훈민정음의 공식 명칭을 사용함에 반하여 논설1에서는 '언문'이라 표현하였다. '언문'은 훈민정음 창제 때부터 훈민정음을 지칭하는 보편적인 명칭이었다. 이것은 한문에 대응하는 용어이면서 훈민정음의 본뜻을 명확하게 살리는 명칭이기도 하였다. 다시 말하여 한문이 글말(文語)에 쓰이는 문자임을 뜻한다면 언문은 입말(口語)에 쓰이는 문자라는 뜻을 담고 있었다.

개화기에 민족자주의식이 싹트면서 '언문'이라는 낱말에 풍기는 낮춤의 느낌을 씻어내기 위하여 '국문'이라는 용어를 선택하게 되기는 했으나 '언문'이야말로 言文一致用 문자라는 정당한 명칭이었던 것이다. '언문'이란 낱말은 오히려 '국문'이란 낱말보다 더 친숙하게 일반국민들에게 사랑을 받아 온 낱말이었다. 그 증거가 1930년대 말에 安自山이 발표한 '諺文名稱論'에 아주 잘 나타나 있다.[32]

---

31) 李基文(1989), 〈심포지엄 질문 및 토론 종합토론 오후〉, 玄鍾敏編(1990), p.130.
32) 安自山(1938), ≪諺文名稱論 '正音'≫ 26(호) 1938년 9월호.

다음에 그 일부를 인용한다.

> (전략)最初에 世宗大王이 欽定하기는 訓民正音이라 題하얏쓰나 實으론 諺文이라 하얏다. 後日에 혹 反切이라 함도 잇스나 恒口通 하야 온 것은 諺文이라 한 것이다. 故로 諺文이라 함은 古代人의 姓名과 如한 것이니 後人이 그것을 變作한다기는 甚히 怪異한 일이라 할 것이다. 내 드르매 諺의 字意가 野鄙함으로써 그를 避하야 雅로 변하자 함이라 하니 第一 不通의 意思라. 字學을 査하건데 文心彫龍에는 諺直語也라 하고 說文에는 諺傳言也 傳言者古語也 凡經傳訴 之諺無非前代 古訓 以宋人作註 乃以俗語俗論 當之誤라 한디라
>
> 諺은 곧 文記語가 안이요 口音語라 함이오 又는 聖人의 特訓이 안이오 民衆의 傳하는 格言이라 함이라 此 兩義에 憑하야 諺文의 本義를 解하면 表音文字로서 社會一般에 適合한 平民的 文字라 할 것이다 그런즉 諺文이라 함은 諺文의 價値 及 其 性質을 象徵하야 作한 名稱으로서 決코 野鄙함에 안이오 가장 適切한 意義로 된 것이라 故로 이 適切한 名稱을 改코자함은 不必要라 아니할 수 없다…(후략)

安自山이 이 글을 발표한 연대가 1938년 9월이니 言文의 생명력이 얼마나 강했으며 또 그 뜻이 얼마나 합당한 것이었는가를 짐작할 수 있다. 따라서 徐載弼이 논설1에서 '언문'이라 적은 것은 한글에 대한 당시 사람들의 일반 명칭을 그대로 따른 것이요. 논설2에서는 다시 '국문'이라 바꾸어 표현하면서 自主意識과 開化思想을 강조한 것이라 볼 수 있다.

다음으로 논설1과 논설2의 필자가 다르다고 하는 추정을 좀 더 깊이 있게 검토해 보자. 이러한 추정의 근거는 논설2의 필자가 周時經일 것이라는 가정에서 출발한다. 우리는 이미 논설1과 논설2가 오로지 서재필에 의해 쓰여졌음을 전제로 하고 있다. 그러면 그동안 항간에 논설2의

주인공을 주시경으로 보려는 경향은 어째서 생긴 것인가. 그것은 개화기에 국문운동을 필생의 사업으로 펼쳐온 분이 주시경이었기 때문에 그 시절의 모든 국문운동에 주시경이 관여했을 것이라는 추측을 쉽게 할 수 있었던 것이 그 원인이라고 생각한다.

주시경은 그의 사업의 거의 전부가 한글운동이었고 서재필의 한글운동은 그의 개화계몽운동의 한 가닥 가지에 불과하였다. 주시경의 주전공은 한글운동이었으나 서재필에게는 부전공에 지나지 않는 것이었다. 따라서 주전공 우대 성향이 〈독립신문〉 제1호의 논설2 조차도 주시경의 것으로 보려고 한 것이었다.

다시금 검토해 보자. 〈독립신문〉 제1호가 간행된 1896년 4월 7일, 서재필은 33세의 의기발랄한 청장년으로서, 또 미국의 의사요 서양학문을 두루 섭렵한 당당한 개화계몽의 기수로서, 그리고 〈독립신문〉의 만 가지 주인으로서 그 신문을 처음 간행한 인물이었다.

한편 주시경은 개화에 열의를 품고 있으나 아직 21세의 弱冠이요, 培材學堂의 학생으로서 독립신문사에 회계 겸 校補員으로 취직한 상태였다. 주시경의 열성과 천재성이 아무리 특출하다고 해도 그 시기에 주시경이 그러한 국문의식을 확립하고 논설을 썼다고는 말할 수 없다. 그 무렵에 주시경은 배재학당의 학생으로서 서재필의 강의를 듣는 처지였다.

주시경의 경력을 검토하면 그가 국문연구에 본격적으로 돌입한 것은 光武9년(1905년) 배재학당을 졸업한 지 5년이 지난 뒤에 사립청년 학원에 學監으로 취직이 된 때부터라고 할 수 있다. 물론 독립신문사 재직시에 뜻을 같이하는 몇몇 사람과 함께 同式會를 결성하고 생각을 정리해 보려한 흔적은 있으나 그것은 조만간 무산되었고, 이른바 주시경에게 있어서 한글 운동과 한글연구는 〈독립신문〉 재직시절에 싹이 터서 학원 강사를 전전하면서 발전하다가 광무11년(1907년) 학부 내의 국문연구소 주임연구위원으로 임명된 때에 설성을 이룬 것이 아닌가 추론해 볼 수 있다.

논설2의 필자가 주시경이 아니요, 서재필일 수밖에 없는 또 다른 증거는 논설2의 중심 논조인 띄어쓰기 사상이다. 논설2에서 가장 힘주어 말하는 것은 국문으로만 쓰는 것과 표리일체를 이루는 것으로 구절 띄어쓰기이다. 띄어쓰기와 국문으로만 쓰기는 광고에서 논설1을 거쳐 논설2까지 일관된 중심사상인데 이러한 글쓰기의 양상이 주시경의 어느 글에 나타났는가? 주시경의 저술에서 띄어쓰기와 국문으로만 쓰기가 나타나는 것은 훨씬 후의 사건에 속한다.

한두 가지 예외가 있다. 그것은 주시경이 〈독립신문〉에 기고한 국문론1과 국문론2이다. 이 기사는 〈독립신문〉에 실렸기 때문에 〈독립신문〉의 편집체제에 따라 띄어쓰기가 된 것이지 주시경의 의지가 반영된 것은 아니다.[33]

주시경이 띄어쓰기와 국눈만 쓰기에 얼마나 무심했는가를 증명하는 글을 몇 편 읽어보기로 하자.

(가) 吾地球가成體된後로其上에不動物과動物이生ᄒᆞ니

(나) 國文의名稱이發音을硏究홈에一事가되겟ᄉᆞ온ᄃᆡ國文을訓民正音,諺文,反切,國文,이라ᄒᆞ는 四名이有ᄒᆞ니

---

33) 李賢熙(1988), 쥬샹호 ≪국문론≫ 譯註, ≪周時經學報≫ 제1집, 탑출판사(1988) 199-211쪽. 李賢熙교수는 주상호의 ≪국문론≫을 譯註하면서 그 첫 머리에 다음과 같은 도움말을 실었다.

≪국문론≫은 일종의 文字論으로서 周時經이 培材學堂 萬國歷史地誌 特別科에 재학하면서 독립신문사의 회계 겸 교보원으로 일하고 있을 때인 1887년 〈독립신문〉에 두 차례에 나누어 쥬샹호라는 이름으로 띄어쓰기를 하여 연재했던 글이다.

처음 것은 〈독립신문〉 2권 47호(1897년 4월 22일과 24일)에 실렸는데 文字論의 성격을 띠고 있고 나중 것은 2권 114호와 115호(1897년 9월 25일과 28일)에 실렸는데 국문의 運用法에 대한 언급(문법서와 옥편의 필요성, 표기법 문제와 意譯의 필요성, 書法 등)을 담고 있다.(이하 생략)

(다) 天下文字가二種이有ᄒᆞ니一은記音文字요一은記事文字라

(라) 말은,사람과,사람의,뜻을,통하는 것이다.

(마) 우리가,이러케,아름다은,나라에,낫으니,

(바) 슬프다 백여년릭로 셔양의 강셩ᄒᆞ는 형세가 죠수밀 듯 구름닷듯 동편으로 더펴오매.

(사) 宇宙自然의理로地球가成하매其面이水陸으로分하고

(아) 此書余自作冬以至今日口授於學生但爲若干便宜

(가)는 1907년 4월에 〈尙必自國文言〉이란 제목으로 〈황성신문〉에 기고한 글이고, (나)는 1907년에서 1908년까지 학부 내 국문연구소에서 보고한 국문연구안의 일부이며 (다)는 1909년 3월에 국문연구소에 역시 보고서로 제출한 연구서로 국문연구라는 제호를 붙이고 있다. 이 세 종류의 기사 또는 보고서는 철저한 국한 혼용이요 띄어쓰기는 일체 배제되어 있다. (라)는 1910년 6월 ≪普中親睦會報≫ 제1호에 실린 글이다. 띄어쓰기를 해야 할 자리에 점을 찍어 구분하였다. (마) 역시 점찍기 띄어쓰기가 되었는데 1909년 2월에 어린이의 한글 학습용으로 간행한 ≪국문초학≫이라는 책이다. 이렇듯 인색한 띄어쓰기는 (바)에 오면 아주 시원스럽게 풀린다. 이것은 1907년 박문서관에서 간행한 ≪월남망국ᄉᆞ≫인데 필경 출판사가 일반 독자에게 많이 읽히기 위해서 빈칸 띄어쓰기를 한 것이지 번역자인 주시경의 뜻과는 거리가 있는 듯하다. 왜냐하면 (사)에서는 다시 국한 혼용의 붙여쓰기가 나타나고 (아)는 아예 붙여쓰기의 정통 한문이 나타나고 있기 때문이다. (사)는 1910년 博文書館에서 간행된 것이고 (아)는 1906년에 교수용 프린트물을 編綴한 것이다.

이로 미루어 보면 주시경의 국어연구는 그토록 놀라운 열정과 의지로 추진되었음에도 불구하고 오늘날 우리가 생각하는 것과 같은 한글

전용이나 띄어쓰기와는 별로 관련이 없음이 발견된다. 개화기 국어연구의 선각자로 주시경이 發憤忘食한 것은 사실이지만 그의 國語觀은 종래에 우리가 생각했던 것과는 상당한 차이가 있음을 알 수 있다. 그렇다면 오히려 서재필의 업적이 훨씬 돋보이는 것 아닌가. 그런데 이상하게도 주시경 높이기에 눌려 서재필의 업적이 가려져 있었음은 실로 역사연구의 이상한 아이러니가 아닐 수 없다.

3. 〈독립신문〉 제1권 제26호(1896년 6월 4일)

〈독립신문〉 제26호 잡보란에는 다음과 같은 기사가 실렸다.

- 새로 흔 학부대신 신긔션씨가 샹쇼 ᄒᆞ엿는ᄃᆡ 머리 깍고 양복 닙는거슨 야만이 되는 시초요 국문을 쓰고 청국 글을 폐ᄒᆞ는 거슨 올치 안코 외국 태양역을 쓰고 청국 황뎨가 주신 정샥을 폐ᄒᆞ는 거슨 도리가 아니요 정부에 규칙이 잇서 ᄂᆡ각 대신이 국ᄉᆞ를 의론 ᄒᆞ여 일을 쟉정 ᄒᆞ는 거슨 님군의 권리를 ᄲᆡ앗는 거시오 ᄇᆡᆨ셩을 권리를 주는 거시니 이거슨 모도 이왕 정부에 잇던 역적들이 흔 일이라 학부ᄃᆡ신을 ᄒᆞ엿스되 힝공ᄒᆞ기가 어려온 거시 정부 학교 학됴들이 머리를 깍고 양복을 닙은 ᄶᅡ닭이요 국문을 쓰는 일은 사ᄅᆞᆷ을 변ᄒᆞ여 즘승을 ᄆᆞᆫ드는 거시요 죵ᄉᆞ를 망ᄒᆞ고 청국 글을 폐ᄒᆞ는 일이니 이런 ᄶᅢ에 벼슬ᄒᆞ기가 어려오니 가라 주시기를 ᄇᆞ란다고 말ᄉᆞᆷ ᄒᆞ엿더라
- 학부 대신 신긔션씨의 샹쇼를 들으니 머리 깍고 양복 닙는 거시 ᄀᆡ화흔 사ᄅᆞᆷ이야만이 되는 시초요 죠션 셰죵대왕이 ᄆᆞᆫ드신 죠션글쓰는거슨 사ᄅᆞᆷ을 변ᄒᆞ여 즘승을 ᄆᆞᆫ든거시라 ᄒᆞ엿고…(중략)…우리가 다른 말은 다 샹관 아니 ᄒᆞ되 이 몃가지 일에 말흔거슨 불가불 말을 ᄒᆞ여야 나라히 독립국이 될 터이요 션왕의 ᄒᆞ신 일이 ᄇᆞᆰ아 질

> 지라 국문이란 거슨 죠션 글이요 세죵대왕씌셔 ᄆᆞᆫ드신거시라 한문보다 ᄇᆡᆨᄇᆡ가 낫고 편리 ᄒᆞᆫ 즉 내 나라에 죠흔게 잇스면 그거슬 쓰ᄂᆞᆫ거시 올치 이 쓰ᄂᆞᆫ 일은 사ᄅᆞᆷ을 즘승 ᄆᆞᆫ드ᄂᆞᆫ것과 ᄀᆞᆺ다고 ᄒᆞ엿스니 션왕의 ᄃᆡ졉도 아니요 죠션 사ᄅᆞᆷ을 위ᄒᆞᄂᆞᆫ 것도 아니라…(중략)…이쌔를 당ᄒᆞ야 ᄋᆡ국 ᄋᆡ민 ᄒᆞᄂᆞᆫ 죠션 사ᄅᆞᆷ들은 아모쪼록 발으고 경다온 말을 ᄒᆞ야 죠션이 ᄂᆞᆷ의 나라와 ᄀᆞᆺ치 되기를 힘쓰ᄂᆞᆫ거시 맛당ᄒᆞ거늘 이런 무리ᄒᆞ고 압 뒤가 닷지 못ᄒᆞᆫ 말을 ᄒᆞᄂᆞᆫ 거슨 나라 위ᄒᆞᆫ 것도 아니요 다만 인심만 쇼동케 ᄒᆞᄂᆞᆫ 거시니 삼가 ᄒᆞ지 아니 ᄒᆞ면 세샹에 다만 못ᄉᆡᆼ긴 사ᄅᆞᆷ 노릇만 ᄒᆞᆯ섄이 아니라 국가에 큰 죄를 짓ᄂᆞᆫ걸로 우리ᄂᆞᆫ ᄉᆡᆼ각 ᄒᆞ노라.

〈독립신문〉이 창간되어 장안의 종이 값을 올리고 改革의 고삐를 조이는 일을 하였음은 이미 잘 알려진 일이지만 정부 관료들의 비행이나 부당함을 고발하여 이를 시정하는 일도 〈독립신문〉의 중요한 기능의 한 가지였다. 위에 인용한 잡보기사는 그러한 실례의 하나에 불과하다. 마침 국문과 한문에 관련된 것이어서 여기에 소개하였거니와 학부대신 신기선은 위의 기사가 실린 일주일 후에 해직이 되었고 그 자리에는 독립협회 회원인 민상호가 임명되었다.[34]

4. 〈독립신문〉 제2권 62호(1897년 5월 27일)

서재필이 〈독립신문〉의 간행을 통하여 추진한 開化啓蒙運動은 잠자던 동방의 숨은 왕국이 점차 기지개를 켜고 새로운 사회로 탈바꿈하는 계기를 마련하였다. 보수 관리들에게 압력을 가하여 개혁을 앞당기게 하였고 관리의 부정부패를 규탄하여 행정쇄신의 기운을 불어 넣었다.

34) 吳世應(1993), ≪서재필의 개혁운동과 오늘의 과제≫, 고려원, p.104.

정부 기구도 개편하고 개혁하게 하였다. 한편 사회전반을 뜯어 고치도록 촉구하여 주택문제, 상수도 공급문제, 의료체계 등의 개혁을 주도하였다. 정치제도에 대한 비판도 서슴치 않았다. 남녀 평등사상을 설파하여 국민의 의식을 바꾸는 데도 크게 기여하였다. 그러나 이 모든 개혁운동의 성과 가운데 한글만 쓰기와 빈칸 띄어쓰기를 신문에 정착시킴으로써 우리나라 語文生活에 새 시대를 열게 한 것은 그 어떤 문화적 업적보다도 값진 것이었다.

그렇지만 徐載弼은 단순한 語文學者는 아니었다. 따라서 한글운동을 주도하여 한글의 발전에 공헌은 했으되 한글 자체에 대한 자신의 특별한 이론이나 학설 같은 것은 있을 수 없었다. 그러나 그럼에도 불구하고 문자문화 전반에 대한 식견이 〈독립신문〉에 나타나지 않을 수 없었으니, 그것이 〈독립신문〉 제2권 62호와 92호에 실린 글들이다.

하나는 아래 아(ㆍ)와 관련된 짧은 논평의 글이고 또 하나는 玉篇(오늘날의 사전)을 만들 것을 제안하면서 그동안의 한글만 쓰기와 띄어쓰기가 우리나라 문자생활의 근간을 이루어야 한다는 평소의 생각을 종합적으로 정리한 논설이다.

이 두 가지 글은 벌써 10여 년 전에 李基文교수의 발굴로 세상에 발표되어 서재필의 한글운동이 그의 개화계몽운동의 중요한 하나의 축이었음이 증명된 바 있다.[35] 이 글에서는 서재필의 어문사상을 총체적으로 수합하는 취지에서 다시 한 번 옮겨 놓고 그 내용을 음미하기로 한다.

> 윤치호씨의 일정ᄒᆞ 게 작정 ᄒᆞᄌᆞᄂᆞᆫ 말은 죠흔 말이로ᄃᆡ 아ᄅᆡ ᄋᆞᄌᆞ를 다ᄆᆞᆫ 뒤 밧치ᄂᆞᆫᄃᆡ와 토ᄊᆞᆺ ᄆᆞᆺ치ᄂᆞᆫᄃᆡᄆᆞᆫ 쓰ᄌᆞᄂᆞᆫ 말은 윤치호씨가 국문을 쟈셔히 모르고 ᄒᆞᆫ 말이라. 언제던지 옷 ᄋᆞᄌᆞᄂᆞᆫ 긴 음에 쓰ᄂᆞᆫ 거시오 아ᄅᆡ ᄋᆞᄌᆞᄂᆞᆫ 짜른 음에 쓰ᄂᆞᆫ거시라. 비유컨ᄃᆡ ᄆᆞᆯ ᄒᆞ면

35) 이기문(1989), 〈독립신문과 한글문화〉, ≪周時經學報≫ 제4집, pp.7-21.

타고 다니ᄂᆞᆫ ᄆᆞᆯ이른 말이요 말이라면 사ᄅᆞᆷ ᄒᆞᄂᆞᆫ 말이라 ᄒᆞᄂᆞᆫ 거시 라. 죠션 사ᄅᆞᆷ들이 죠션 말을 공부ᄒᆞᆫ 일이 업ᄂᆞᆫ 고로 쓰기를 규칙 업 시들 ᄒᆞ니ᄭᆞ 대단히 모호 ᄒᆞ고 착란 나ᄂᆞᆫ 일이 만히 잇스되 만일 말 을 공부를 ᄒᆞ야 국문으로 옥편을 ᄆᆞᆫ드라 놋케드면 그 옥편을 ᄀᆞ지고 사ᄅᆞᆷ마다 공부를 ᄒᆞ야 젼일ᄒᆞᆫ 규모가 국즁에 ᄉᆡᆼ길터이니 우리ᄂᆞᆫ 바 라건ᄃᆡ 학부에셔 이런 옥편을 ᄒᆞ나를 ᄆᆞᆫ드러 죠션 사ᄅᆞᆷ들이 ᄌᆞ긔 나 라 글을 바로 쓰게 ᄒᆞ야 주ᄂᆞᆫ거시 사업일 듯 ᄒᆞ더라.

이글은 종래에 周時經의 글로 오해되었으나 이기문(1989)에 의해 서재필의 글임이 밝혀진 것이다. 아래 아(ㆍ) 음가의 소실로 19세기 말의 표기에 혼란이 오게 된 것을 어떻게 해결해야 할지 고민하는 모습을 잘 보여주고 있다. 서재필이 웃 아(ㅏ)는 긴 소리이고 아래 아(ㆍ)는 짧은 소리라는 견해는 자못 흥미롭다. 말(言)과 ᄆᆞᆯ(馬)의 장단은 모음(ㅏ ㆍ)에 있는 것이 아니라 그 낱말에 붙어있는 다른 요소(15세기에 방점으로 표기된 성조)임을 알지 못하는 서재필이 그러한 해석을 내린 것은 비록 언어학자는 아니지만 영어를 비롯한 여러 서양언어에 대한 지식이 바탕에 깔려 있었기 때문에 가능했던 것이 아닐까 싶다. 더 나아가 玉篇의 필요성을 강조한 것은 진실로 先覺者의 탁견이 아닐 수 없다.

5. 제2권 제92호(1897년 8월 5일)

나라이 독립이 되랴면 남과 ᄃᆞᆯ나 독립이 아니라 남과 ᄀᆞᆺᄒᆞ 야 독립이 되ᄂᆞᆫ 것인ᄃᆡ 내 나라에 조흔 것이 잇시면 그것은 아모조록 내버리지 말고 별노히 빅양 ᄒᆞ야 세상에 힝셰 ᄒᆞᆯᄆᆞᆫ큼 ᄆᆞᆫ드러 놋코 남을 대ᄒᆞ여 말ᄒᆞ되 우리나라에도 이러 뎌러ᄒᆞᆫ 조흔 것이 잇다고 ᄌᆞ랑 ᄒᆞᄂᆞᆫ 것이 독립 ᄒᆞᄂᆞᆫ 사ᄅᆞᆷ의 승벽이어ᄂᆞᆯ 조션은 남을 대ᄒᆞ야 ᄌᆞ랑ᄒᆞᆯ

것이 별양 업스니ᄭᆞ 아모조록 남의 조흔 것을 본 밧아 내것을 ᄆᆞᆫ들고 몃 해 후에나 남을 대ᄒᆞ야 우리나라에도 그ᄆᆞᆫ큼 조흔 것이 잇다고 ᄒᆞᆯ ᄂᆞᆯ이 잇실 터이요 본ᄅᆡᄂᆞᆫ 어느 나라에셔 본 밧아 왓던지 지금은 우리 나라것이 되엿다고 ᄒᆞᆯ 터인ᄃᆡ 죠션에 그즁 ᄉᆡᆼ각 잇고 학문잇게 ᄆᆞᆫ든 것은 죠션 국문이라. 죠션 사ᄅᆞᆷ들이 대개 완고 ᄒᆞ야 조흔것이라도 남의것은 본 밧기를 조아 아니 ᄒᆞ고 죠션것ᄆᆞᆫ 직히기를 질거워ᄒᆞ나 글에 당ᄒᆞ여서ᄂᆞᆫ 조흔 죠션 글은 내버리고 청국 글을 긔어히 ᄇᆡ화 그 글을 쓰기를 슝샹ᄒᆞ니 ᄆᆡ우 이샹ᄒᆞᆫ 것이 죠션 글이 청국 글ᄆᆞᆫ 못 ᄒᆞᆯ 것 ᄀᆞᆺᄒᆞ면 암만 내 것이라도 내버리고 남의 나라 글을 슝샹ᄒᆞᄂᆞᆫ 것이 진보ᄒᆞᄂᆞᆫ 사ᄅᆞᆷ의 일이어니와 ᄇᆡᆨᄇᆡ나 나흔 국문을 내버리고 어렵고 셰샹에 경계 업시 ᄆᆞᆫ든 청국을 ᄇᆡ화 그걸 슝샹ᄒᆞ기를 조아 ᄒᆞ니 대단히 우숩고 개탄ᄒᆞᆯ 일이더라. 지금 죠션에 죠곰치라도 공부ᄒᆞᆫ 사ᄅᆞᆷ들은 한문을 공부 ᄒᆞ엿고 국문으로ᄂᆞᆫ 공부ᄒᆞᆫ 사ᄅᆞᆷ이 젹은 고로 국문이 실샹 엇더케 편리ᄒᆞ고 엇더케 학문 잇게 ᄆᆞᆫ든 글인줄을 죠션 사ᄅᆞᆷ들이 모로ᄂᆞᆫ지라. 나라마다 쓰ᄂᆞᆫ 글이라 ᄒᆞᄂᆞᆫ 것은 ᄒᆞᄂᆞᆫ 말과 ᄀᆞᆺᄒᆞ ᄎᆡᆨ을 닑어들니거드면 말ᄒᆞᄂᆞᆫ 것과 일반이어ᄂᆞᆯ 죠션은 한문으로 ᄎᆡᆨ을 ᄆᆞᆫ들고 문젹을 ᄆᆞᆫ드러 닑으니 글과 말이 다른지라. 그리ᄒᆞᆫ 즉 말 공부 ᄯᆞ로 ᄒᆞ고 글 공부 ᄯᆞ로 ᄒᆞ여야 ᄒᆞᆯ 터이요 셜령 글 공부ᄒᆞᆫ 사ᄅᆞᆷ이라도 남이 ᄎᆡᆨ 닑ᄂᆞᆫ 것을 듯고ᄂᆞᆫ 무ᄉᆞᆷ 말인지를 모를지라. 지금 쇼위 공부 ᄒᆞ엿다ᄂᆞᆫ 사ᄅᆞᆷ은 국문을 숭샹ᄒᆞ 기를 조아 아니 ᄒᆞᆯ것이 한문을 공부 ᄒᆞ엿 신즉 그 ᄇᆡᄒᆞᆫ 것을 ᄀᆞ지고 남보다 유식ᄒᆞᆫ테 ᄒᆞ랴니ᄭᆞ 만일 국문으로 ᄎᆡᆨ과 문젹을 ᄆᆞᆫ드러 젼국 인민이 다 학문 잇게 되거드면 ᄌᆞ긔의 유식ᄒᆞᆫ 표가 드러나지 아니ᄒᆞᆯ가 두려워ᄒᆞ고 ᄯᅩ 한문을 공부를 ᄒᆞ엿고 국문은 공부를 아니ᄒᆞᆫ 고로 한문을 ᄌᆞ긔의 국문보다 더 아ᄂᆞᆫ지라. 그러 ᄒᆞ나 그런 사ᄅᆞᆷ이 국즁에 몃이 잇시리요. 슈호ᄂᆞᆫ 젹으나 한문 ᄒᆞᄂᆞᆫ 사ᄅᆞᆷ들이 한문 아ᄂᆞᆫ 쟈세 ᄒᆞ고

권리를 모도 ᄎᆞ지 ᄒᆞ야 그남져지 젼국 인민을 압제 ᄒᆞ랴ᄂᆞᆫ 풍쇽이니 국문 슝샹 ᄒᆞ기를 엇지 이런 ᄉᆞᄅᆞᆷ들이 조아ᄒᆞ리요. 그러ᄒᆞ나 나라ᄅᆞᆫ 것은 몇 ᄉᆞᄅᆞᆷᄆᆞᆫ 위 ᄒᆡ셔 ᄆᆞᆫ든 것이 아니라 젼국 인민을 모도 위 ᄒᆞ야 ᄆᆞᆫ든것이요 젼국 인민이 모도 학문이 잇고 지식이 잇게 되어야 그 나라이 남의게 대접을 밧고 ᄌᆞ쥬독립을 보호ᄒᆞ며 ᄉᆞ 롱 공 샹이 늘어가ᄂᆞᆫ 법이라. 지금 죠션에 뎨일 급션무ᄂᆞᆫ 교휵인ᄃᆡ 교휵을 식히랴면 남의 나라 글과 말을 ᄇᆡ혼 후에 한문을 ᄀᆞᄅᆞ치랴 ᄒᆞ거드면 교휵 ᄒᆞᆯ ᄉᆞᄅᆞᆷ이 몃이 못 될지라. 그런고로 각ᄉᆡᆨ 학문 ᄎᆡᆨ을 국문으로 번력 ᄒᆞ여 ᄀᆞᄅᆞ쳐야 남녀와 빈부가 다 조곰식이라도 학문을 ᄇᆡ호지 한문 ᄇᆡ화ᄀᆞ지고 한문으로 다른 학문 ᄇᆡ호려 ᄒᆞ거드면 국즁에 이십여년 그노롯ᄆᆞᆫ ᄒᆞᆯ ᄉᆞᄅᆞᆷ이 몃이 못 될지라. 국문으로 ᄎᆡᆨ을 번력 ᄒᆞᄌᆞ거드면 두ᄀᆞ지 일을 뎨일 몬져 ᄒᆞ여야 ᄒᆞᆯ터이라. 첫ᄌᆡᄂᆞᆫ 국문으로 옥편을 ᄆᆞᆫ드러 글ᄌᆞ 쓰ᄂᆞᆫ 법을 경히 놋코 그ᄃᆡ로 ᄀᆞᄅᆞ쳐 아ᄌᆞ와 비ᄌᆞ를 합ᄒᆞ거드면 아비라 ᄒᆞᄂᆞᆫᄃᆡ 뜻인 즉 엄이의 남편이요 부모 즁에 사나히라. 그럿케 주를 내여 젼국 인민을 ᄀᆞᄅᆞ쳐 놋커드면 아비 두ᄌᆞ면 사람ᄆᆞ다 무슴 말인지를 알터이요 말노 ᄒᆞ여도 아비요 ᄎᆡᆨ을 보아도 아비라. 누가 모롤 ᄉᆞᄅᆞᆷ이 잇시리요. 그리치ᄆᆞᄂᆞᆫ 한문으로 ᄒᆞ거드면 父ᄌᆞ를 써 놋커드면 한문ᄒᆞᄂᆞᆫ ᄉᆞᄅᆞᆷ은 보고 아비ᄌᆞᆫ줄 알거니와 한문 못ᄒᆞᄂᆞᆫ ᄉᆞᄅᆞᆷ은 모롤 터이요 ᄯᅩ 닑히여 들니드ᄅᆡ도 부라 ᄒᆞ니 부를 아비로 알 ᄉᆞᄅᆞᆷ이 몃이 잇시리요. 이걸 ᄒᆞᆫᄀᆞ지 보거드면 다른 말을 다 미루어 알지라. 그런 고로 국문이 한문보다 죠션 ᄉᆞᄅᆞᆷ의게 대ᄒᆞ여셔ᄂᆞᆫ 더 편리ᄒᆞᆫ 것을 가히 알지라. 둘ᄌᆡᄂᆞᆫ 국문을 쓸ᄯᆡ에 독립신문 모양으로 말ᄆᆞ다 ᄯᅦ여 쓰거드면 젹게 보고 닑기에 불편ᄒᆞᆫ 일이 업슬터 이요 ᄉᆞᄅᆞᆷ이 무슴 말이던지 보거드면 그 말뜻을 곳 알지라. 만일 모르ᄂᆞᆫ 말이 잇시면 옥편ᄆᆞᆫ ᄯᅥ드러보면 쥬가 잇실터인즉 그 말뜻을 쥬를 보면 알터이요. 글ᄌᆞ 쓰ᄂᆞᆫ 법을 셩ᄒᆞ여 노앗신즉 나른 밀과 셕

길 리가 업실지라. 비유컨ᄃᆡ 말이라 ᄒᆞ면 혀와 입ᄉᆞᆯ로 ᄒᆞᄂᆞᆫ 말이요 ᄆᆞᆯ 이라 ᄒᆞ면 타고 다니ᄂᆞᆫ 즘승이던지 곡식되ᄂᆞᆫ ᄆᆞᆯ이라. 그리ᄒᆞᆫ즉 곡식되ᄂᆞᆫ 긔계와 타고 다니ᄂᆞᆫ 즘승이 다 ᄆᆞᆯ이라. 무ᄉᆞᆷ 그 말인지 현황 ᄒᆞᆯ 듯 ᄒᆞ며 그러ᄒᆞ되 경계를 ᄉᆡᆼ각ᄒᆞ여 볼진ᄃᆡ 타고 다니ᄂᆞᆫ ᄆᆞᆯ인지 곡식되는 ᄆᆞᆯ인지 가히 알것이 비유컨ᄃᆡ ᄆᆞᆯ이 ᄉᆞᄅᆞᆷ을 ᄎᆞᆫ다 ᄒᆞ거드면 만일 ᄉᆞᄅᆞᆷ이 무ᄉᆞᆷ ᄆᆞᆯ인지 몰라 옥편을 보거드면 쥬가 둘이라. ᄒᆞ나ᄂᆞᆫ 즘승이요 ᄒᆞ나ᄂᆞᆫ 긔계인즉 의례히 그 ᄉᆞᄅᆞᆷ이 알기를 그 글에 ᄆᆞᆯ이라 ᄒᆞᆫ것슨 즘승으로 ᄒᆞᆫ 말이요 곡식되ᄂᆞᆫ ᄆᆞᆯ이 아니라. 엇지 그리ᄒᆞᆫ고ᄒᆞ니 곡식 되ᄂᆞᆫ ᄆᆞᆯ이 ᄉᆞᄅᆞᆷ을 찰슈가 업ᄂᆞᆫ 것은 대개 ᄉᆡᆼ각 잇ᄂᆞᆫ ᄉᆞᄅᆞᆷ은 알터이요 그 말을 뒤집어 말ᄒᆞ되 쌀 한 말에 ᄉᆞ십냥이라 ᄒᆞ면 의례히 ᄉᆞᄅᆞᆷ이 그 ᄆᆞᆯ을 곡식 되ᄂᆞᆫ ᄆᆞᆯ노 알지 타고 다니는 즘승으로 알 리가 없고 타고 다니ᄂᆞᆫ 즘승이나 곡식 되ᄂᆞᆫ 긔계 ᄒᆞ고 ᄉᆞᄅᆞᆷ의 ᄉᆡᆼ각을 젼 ᄒᆞᄂᆞᆫ 말과ᄂᆞᆫ 다른 것을 곳 알 것이 ᄉᆞᄅᆞᆷ이 ᄒᆞᄂᆞᆫ 말은 웃 마ᄌᆞ에 이을을 ᄒᆞ엿고 즘승과 긔계ᄂᆞᆫ 아ᄅᆡ ᄆᆞᄌᆞ에 이을을 ᄒᆞ엿시니 엇지 현황 ᄒᆞᆯ 묘리가 잇시리요. 한문 ᄒᆞᄂᆞᆫ ᄉᆞᄅᆞᆷ들이 말 ᄒᆞ되 한문 글ᄌᆞ로 쓰지 아니 ᄒᆞ면 죠션 말에 모롤 말이 만히 잇다 ᄒᆞ나 그것은 다ᄆᆞᆫ 한문 공부ᄆᆞᆫ ᄒᆞ고 국문 공부ᄂᆞᆫ 아니ᄒᆞᆫ ᄉᆞᄅᆞᆷ의 말이라. 셜령 독립 신문이라 ᄒᆞ면 독립도 한문 글ᄌᆞ요 신문도 한문 글ᄌᆞ로 쓰나 그것은 국문을 공부아니 ᄒᆞ엿기에 홀노독 셜립 새신 드를문ᄌᆞᄆᆞᆫ ᄉᆡᆼ각 ᄒᆞ고 독립이ᄅᆞᆫ 말은 남의게 의지 아니 ᄒᆞᆫ 것을 독립이라 ᄒᆞᄂᆞᆫ 것으로ᄂᆞᆫ ᄇᆡ호지 아니ᄒᆞᆫ 탓이라. 만일 죠션 인민을 ᄀᆞᄅᆞ치되 독립이ᄅᆞᆫ 말은 남에게 의지 아니 ᄒᆞᄂᆞᆫ 것으로 ᄀᆞᄅᆞ쳐 노흘 것 ᄀᆞᆺᄒᆞ면 독립ᄆᆞᆫ 보고도 그 뜻을 알터 이요 홀노독 셜립을 ᄇᆡ호지 아니ᄒᆞᆫ ᄉᆞᄅᆞᆷ도 뜻을 ᄎᆡᆨ을 보고도 알 터이요 누가 말 ᄒᆞᄂᆞᆫ 걸 듯고도 알 터이라. 죠션에 한문 글ᄌᆞ로 된 말이 만히 잇시나 그것을 한문을 쥬를 내어 ᄀᆞᄅᆞ치지 말고 국문으로 쥬를 내여 ᄀᆞᄅᆞ쳐 노흘 것 ᄀᆞᆺᄒᆞ면 뜻도 더 쇼

> 샹히 알터이요 빅호기도 더 쉽고 말과 글이 굿흔 질 터이요 한문 싱각은 당초에 ᄒ지도 아니 홀 터이라. 우리가 바라건딕 죠션학부에서 죠션 국문 옥편을 문드러 말 쓰는 규칙과 문법을 졍ᄒ야 젼국이 그 옥편을 좃ᄎ 말과 글이 굿도록 쓰고 닐게 ᄒ며 각식 한문 칙을 번력홀재 에 이 옥편에 잇는 규칙딕로 일졍흔 규모를 ᄀ지고 ᄒ게 문드는 것이 죠션 교휵 ᄒ는 긔초로 우리는 알고 쏘흔 죠션 독립과 사름의 싱각에 크게 관계가 잇는 줄노 우리는 싱각 ᄒ노라. 죠션에서 사름들이 한문 글ᄌ를 ᄀ지고 통졍을 ᄒ기를 쟝구히 홀 것 굿ᄒ면 독립 ᄒ는 싱각은 업셔질 듯 ᄒ더라.

이글은 우리나라 言語·文字의 역사에 최초로 등장한 한글전용론이라는 점에서 주목된다. 〈독립신문〉이 창간된 지 1년 반이 가까운 세월이 흐르면서 창간 초의 취지대로 〈독립신문〉을 한글만 쓰기와 빈칸 띄어쓰기로 발행해 온 서재필로서는 이 논설이 종래 주장의 반복의 성격을 띠는 것이기는 하지만 특별히 이 글에서 강조한 것은 玉篇(사전) 편찬의 필요성과 한글 교육만으로 우리나라 교육이 완성될 수 있음을 주장한 것이다. 다시 한 번 간추려 보면 다음과 같다.

① 국문은 한문보다 우수한 글이다.
② 조선의 교육은 국문으로 번역하여 가르쳐야 한다.
③ 그러려면 옥편을 만들어야 한다.
④ 그러려면 띄어쓰기를 해야 한다.
⑤ 한자사용은 독립을 저해한다.

특히 이 글의 마지막 부분 "죠션에서 사름들이 한문 글ᄌ를 ᄀ지고 통졍을 ᄒ기를 쟝구히 홀 것 굿ᄒ면 독립 ᄒ는 싱각은 업셔질 듯 ᄒ

더라"라고 하는 구절에 이르러 서재필이 간접적으로 漢字廢止를 주장하고 있음을 발견한다. 그리고 궁극적으로 한글전용이 우리나라가 나아가야 할 어문정책의 정당한 길임을 역설하고 있다. 이것은 당대의 서재필로서는 너무도 자연스럽고 당연한 주장이었다.

미국의 발전된 사회생활을 10년 넘게 경험하고 돌아와 본 조국의 모습은 너무도 암담한 것이었고 한자에 의한 교육은 사서삼경의 테두리를 넘지 않는 것인데 서구의 새로운 과학문물은 물밀 듯이 밀려오게 되어 있는 것을 보면서 어느 세월에 한자를 배우고 그것으로 서양의 새로운 지식을 흡수할 것이냐고 한탄하지 않을 수 없는 심정에서 서재필은 한글만으로 서양학문을 배워야 한다고 생각하기에 이른 것이었다.

Ⅴ. 徐載弼의 선택

그러면 서재필은 어째서 그 당시로써는 급진적이고 파격일 수밖에 없는 띄어쓰기(서재필의 용어로 귀절떼여쓰기, 이것을 우리는 정확하게 '빈칸 띄어쓰기'라고 부른다)[36]와 한글만 쓰기(서재필의 용어로 국문·언문으로만 쓰기)를 主張하고 실천할 수 있었을까? 잠시 서재필의 정신세계로 들어가 보자.

현재의 시점에서 보면 1백여 년에 불과한 과거인데 서재필이 직접 언어문자에 대한 견해를 〈독립신문〉 이외에서 구체적으로 밝힌 바가 없으니 우리는 〈독립신문〉의 기사를(주로 논설)을 통하여 서재필의 언어·문자관을 추론할 수밖에 없다. 그러나 우리의 관심은 〈독립신문〉에 밝힌 기사내

---

36) 이 글의 기본 논조는 이기문(1989)과 이기문(1990)에 크게 의존하였다. 이기문(1989)과 이기문(1990)은 완전히 같은 논문인데 앞의 것은 ≪周時經學報≫ 4집(pp.7-21)이고, 뒤의 것은 玄鐘敏 編 〈서재필과 한국민주주의〉(pp.46-66)이다.

용의 바깥까지 뻗친다. 다시 말하여 서재필이 한글만 쓰기와 빈칸 띄어쓰기를 결정하게 된 사상적 배경은 무엇일까 하는 것이다.

앞에서도 언급한 바와 같이 서재필이 1896년에 미국인의 신분으로 미국 부인과 함께 귀국하여 모국의 발전과 번영을 위해 헌신하고자 할 때, 그가 지니고 있던 문화적 배경이 자연스럽게 한국의 풍토에 접목되어야 한다고 생각하였을 것이다. 즉 그 文化的 배경은 영어를 말하고 알파벳을 사용하여 그 언어를 표기하는 미국의 언어문자생활이었으므로 그것과 같은 양상의 언어 文字生活이 조선에도 적용되어야 한다고 믿었으리라는 말이다.

돌이켜 보면 서재필은 그 당시로써는 매우 드물게 동서양의 언어와 문화를 두루 섭렵한 세계적 지식인이었다. 만일에 그가 아주 평화로운 상태에서 동서양의 문화를 두루 섭렵할 수 있는 기회를 가지고 여유있게 동양사상과 동양 언어들, 그리고 서양사상과 서양언어들을 습득하고 이해할 수 있었다면 그의 언어·문자관은 훨씬 다른 양상을 띨 수도 있었으리라는 생각을 하게 된다.

그러나 서재필은 기우는 나라에서 急進的인 혁명을 시도하다가 불행하게도 그것이 실패하여 망명 나그네가 되었던 사람이다. 그리고 본인의 성실성과 노력이 크게 좌우했겠지만 亡命의 땅 미국에서 기적과도 같은 도움을 얻어 학업을 이어가고 의사가 되고 다시 고국으로 돌아오게 된 신화적 영웅이었다. 따라서 그의 문화적 선택은 흑백논리에 의한 양자택일일 수밖에 없었다. 즉 동양의 전통적인 것은 모두 버려야 할 것이요 오로지 서양식 문화양식만이 조국이 선택할 유일한 길이라고 생각하게 되었으리라는 것이다.

그러므로 그에게 있어서 한자·한문은 민족·국가의 公敵이 되는 것이고 한글만이 선택할 수 있는 문자생활의 길이었다. 다행스럽게도 한글은 알파벳과 여러 면에서 공통점을 지니고 있었다. 둘 다 소리글자이면서 더 나아가 音素文字이었다. 물론 한글은 음절 모아쓰기의 형식을 취하지만 말하는 것을 그대로 반영하는 言文一致의 문자요 앞에서 논의한 바와 같이 진정한 의미의 언문이었다. 따라서 한글로만 적은 문자생활은 당연히 알파벳에 의한 서양의 문자생활과 같이 빈칸 띄어쓰기를 필연적으로 요구하게 되었던 것이다. 이 띄어쓰기의 필요성에 대한 인식은 서재필이 미국에서 영어를 쓰는 생활을 하지 않았다면 얻을 수 없는 착상이었을 수도 있다.

徐載弼이 한문과 한글의 두 가지 문자를 놓고 절충안이나 타협안을 생각하지 않고 단호히 한글만을 선택한 것은 그 당시의 그로서는 다른 대안이 없는 유일한 선택이었다. 그에게 있어서 과거의 전통은 완벽하게 배제되어야 했기 때문이었다. 그러한 단호하고도 과격한 양자택일(곧 한문은 철저하게 버리고 오로지 한글만 취한다)은 서재필의 또 하나의 다른 업적, 獨立協會의 結成과 그 활동을 통해서도 입증된다.

獨立協會는 무엇을 하였는가. 가시적인 사업으로는 서대문 밖 영천, 옛날 중국 사신들을 영접하던 迎恩門 자리에 獨立門을 세운 것이었다. 이 독립문 건립은 그야말로 전광석화와도 같은 신속하고도 시원한 사업이었다. 1896년 6월 20일자 〈독립신문〉 논설에 독립문 건립의 취지를 밝히고 7월 2일에 獨立協會가 결성되었다. 그리고 그 다음 번 신문 7월 4일자에 다시 獨立門과 獨立公園 조성의 필요성을 역설하며 모금을 하자는 논설을 실었는데 독립문의 완공 준공식은 1897년 11월 20일이었다. 실로 1년 5개월 만에 완성한 사업이었다.

독립협회의 이와 같은 추진력은 결국 서재필의 급진적인 개혁성향과 맞물려 있었을 것인데, 이러한 성향은 하루 빨리 과거를 청산하자는 서재필의 잠재된 鬱憤과 무관하지 않을 것이다. 서재필은 갑신정변의 실패로 그의 六親 眷屬이 모두 떼죽임을 당하는 비운을 겪었다. 그러한 불행을 기억 속에 되살리고 싶지도 않았을 것이다. 그러나 복권이 되어 고국에 다시 돌아오게 되었고 조국의 발전과 개혁에 자신의 역량과 결정이 즉각적인 효과를 거둘 수 있게 되었다. 이러한 기회가 주어졌을 때, 서재필이 선택한 것은 과거의 전통, 그리고 전통적인 문화유산으로부터 벗어나는 것이었다. 따라서 문자생활에서 한자 · 한문을 버리고 한글을 택한 것은 필연적인 결과이었다.

이렇게 선택된 한글만의 문자생활은 동시에 그 한글의 띄어쓰기를 동반하지 않을 수 없었다. 이미 서재필보다 조금 앞서서 기독교 선교사들도 조선에서의 선교사업의 일환으로 한글판 성서번역을 시도하였는데 그때에 거기에서도 띄어쓰기는 자연스럽게 나타나고 있었다. 성서번역과 띄어쓰기에 관하여 우리의 생각을 정리한 다음 글을 다시 음미해 보기로 하자.37)

> 한글 창제 이후 5백년이 가까운 19세기 말엽까지 좀 더 정확하게 말하면 서양의 개신교 선교사들이 우리나라에 접근하기 시작한 1880년대에 이르기까지 권점이나 구두점에 의한 어구 분할 표기 이외의 띄어쓰기는 존재하지 않았다. 그 이유는 어디에 있는 것일까.
>
> 첫째 그것은 한글이 자모 하나하나는 음소문자이지만 그들 자모(곧 자음과 모음)는 초성 · 중성 · 종성이라는 명칭으로 재분류되어 음절의 형태로 조립되어 표기된다는 사실과 연계된다.
>
> 둘째, 한글은 한자를 문화생활의 기본으로 하는 조선조 사회에서 어디까지나 한자와의 조화 공존을 모색하는 차원에서 보조 문자의 기능을 하였다는 사실과 연계된다. 이와 같은 두 가지 특성은 한글의 띄어쓰기를 생각할 수조차 없게 만들었다고 생각된다. 더 나아가 문자 생활을 영위한다는 것은 이어쓰기로 적힌 글월을 띄어 읽는 능력까지를 포함한다고 하는 조선조 사회의 문화적 특성이 고려되어야 할 것이다.

37) 拙稿(1990), 〈초기 번역 성경과 국어正書法〉, ≪崇實史學≫ 제6집, pp.192-193.

기본적으로 문자 생활은 한자를 근간으로 하였으며 음절 단위로 읽히는 한자와 음절로 조립되어 적힌 한글은 한자와 구별되지 않는 서법상의 공통점을 갖게 되었다. 또 글을 지은 사람이 이어쓰기로 적어 놓으면 읽는 사람은 당연히 띄어 읽을 수 있어야 글을 읽는 사람으로 행세할 수 있었다. 한글이 아무리 쓰기 쉽고 배우기 쉽다고 하더라도 이와 같은 문자 문화의 전통적인 관행을 벗어날 수는 없었던 것이 아닌가 한다. 이것이 19세기 말까지 연이어 왔던 것이다.

그러나 이러한 전통 사회에 새로운 세계관과 인생관을 심어주고자 하는 굳은 결의를 갖고 있는 서양 선교사들에게 한글이 소개되었을 때에 이것이야말로 개혁해야 할 일차적인 대상이었을 것이다. 알파벳 문화생활에 익숙한 서구인들이 내리닫이로 이어쓰기한 글을 받아들인다는 것은 있을 수 없는 일이었다. 알파벳 음소 문자는 문자들을 단선상에 횡으로 나열하기 때문에 낱말단위로 띄어 쓰는 것은 어쩔 수 없는 자연스런 서법이었다. 그러한 문화 배경과 관습으로 한국어와 한글을 배우고 쓰고자 할 때에 서양 선교사들이 한글을 띄어쓰기 방법으로 고치는 것 역시 자연스런 반응이었다고 생각된다. 따라서 띄어쓰기의 방안은 무엇보다도 서양 선교사들이 한국어를 배우는 과정에서 자연스럽게 발생한 것이라고 추론할 수 있다. 그런데 서양 선교사가 우리나라에 접근한 것이 1880년대에 처음 시작한 것은 아니었다.

그 이전에 이미 프랑스 外邦宣教會의 천주교 신부들이 있었다. 그런데 그들은 전통사회의 문화 전통을 가능한 한 깨뜨리지 않는다는 원칙을 지키고자 하였던 것 같다. 그러나 1880년대에 들어온 개신교 선교사들은 달랐다. 그들은 기성 사회의 전통적 가치 체계를 과감하게 부정하고 나섰다. 그러한 기본자세의 일환으로 국어 정서법의 띄어쓰기도 추진되었다고 생각하여야 할 것이다.

이렇게 본다면 서재필이 〈독립신문〉을 간행하면서 한글만 쓰기와 빈칸 띄어쓰기를 선택한 것은 과거 文化傳統과의 단절을 마음속 깊이 원하면서 祖國의 개혁을 바라고 있는 서재필의 잠재적 의식과 표면적 개화계몽사상이 절묘하게 맞아 떨어진 결과이었다.

그러나 오늘날 우리 문화를 새롭게 정립하고 발전시켜 나아가려고 할 때에도 여전히 대중계몽의 한계를 벗어나지 못하는 한글만 쓰기를 고집하는 일부 지식인이 이 사회에 상당수 힘을 얻게 하는 데 서재필의 한글만 쓰기의 전통이 활용되는 것은 서재필 자신은 전혀 의식하지 않는 것이지만, 그가 의도하지 않은 악영향이라고 아니할 수 없다.

VI. 맺는 말

崔埈(1960)의 ≪한국 新聞史≫에 의하면 〈독립신문〉을 통한 서재필의 언어문자상의 공로는 다음 세 가지로 요약되었다.

첫째, 순 국문만 채용하였다.
둘째, 띄어쓰기를 실시하였다.
셋째, 언문일치를 통한 문체의 새 스타일을 창안하였다.

이러한 결론은 〈독립신문〉을 검토하는 어떤 사람에게나 到達하게 되는 사항일 것이다. 그런데 이 글에서는 누누이 국문 · 한글만 쓰기와 띄어쓰기에 대해 언급하였으므로 문체에 관한 셋째 항에 대해서만 조금 더 보태기로 하겠다.

〈독립신문〉의 문체는 크게 말하여 말하듯 적어나간 문체 곧 '講述形 · 口語體'라고 한마디로 말할 수 있으나 종결어미의 사용을 보면 기사의 성격에 따라 조금씩 달랐다는 사실이 이미 확인된 바 있다. 이 글에서는 그 결론 부분만을 소개하는 것으로 하고 나머지 논의는 그 글에 할애하겠다.[38]

글의 종류	기본 종결어미
논설	-ᄒᆞ노라 : 서술형 평서문
공공성 광고	-홈 : 어미 생략형
상업성 광고	-ᄒᆞ라 : 명령형
관보	-ᄒᆞ다 : 탈시제형
잡보	-ᄒᆞ더라 : 인용형

띄어쓰기 양상은 이기문(1989)에서 지적된 바와 같이 '-ᄒᆞ다'류 낱말의 선행어근을 '-ᄒᆞ다'와 분리해서 적는 경향이 있는 점과 불완전 명사 '것'은 선행어와 붙여 쓰는 등 현행 맞춤법의 띄어쓰기와는 상당한 차이가 있으나 전체적으로 보아 그토록 철저한 띄어쓰기는 외국 선교사들의 성서번역에 나타난 것을 제외한다면 일찍이 없었던 일로서 한글만 쓰기와 아울러 서재필의 확고한 신념을 이해하고도 남는다.

그러면 이와 같은 언어 문자생활상의 개혁을 가능케 했던 서재필의 신념은 어디에서 온 것인가. 앞에서도 누차 언급된 것처럼, 그리고 많은 논자들이 이미 주장했던 것처럼, 그것은 서재필이 지닌 개화계몽사상에 말미암는 것이었다.

그러나 서재필은 한 나라의 문화가 과거에 쌓아놓은 정신문화 유산을 고려하지 않은 채 발전할 수 없다는 것을 그 당시로서는 깨달을 수가 없었을 것이다. 물론 1백여 년 전 우리나라의 지식층은 개화의식을 지니지

38) 拙稿(1992), 〈개화기 문체 양상에 관한 연구〉, ≪한국문화≫ 13집, 서울대학교 한국문화연구소.(拙著(1999), ≪國語文體 변천사≫, 集文堂, pp.103-124에 재수록)

못한 보수적 인물들이었고 그들이 독점하고 있는 지식이란 것도 한문에 의한 것이어서 일반 국민을 폭넓게 개화계몽으로 이끌려면 우선 국문만으로 교육을 시행하는 것이 급선무이기는 하였다. 그러므로 서재필의 선각자적 외침(한글만 쓰기/띄어쓰기. 이것으로 모든 신지식을 교육하자.)은 분명 시대를 앞선 예지의 발언이었다. 우리는 이러한 서재필의 공적을 조금도 폄하할 생각이 없다. 오히려 칭송하고 기려야 한다.

그러나 오늘날에 와서 보면 지나치게 한글전용으로 흐른 나머지 전통문화의 단절이 초래되고 균형이 깨지는 현상을 보게 되면서 욕심 같은 한 가지 아쉬움이 남는다. 만일에 서재필이 '우선 국문만으로 교육하기'를 주장하면서도 먼 미래의 길고 긴 문화발전의 균형을 위하여서는 한자교육은 잠시 뒤로 밀어두자는 정도의 균형 있는 사고와 발언은 할 수 없었을까 하는 점이다.

한글의 世界化, 어떻게 가능한가?

-'한글 世界化'의 幻想과 現實-

요즈음 한국어가 世界化의 물결 속에서 조금씩 조금씩 기를 펴고 있다. 한국의 산업이 세계 여러 나라에서 힘을 쓰고, 韓國의 文化(주로 영화 및 무대 공연예술)가 이웃나라에서 인기를 끌면서 일어난 현상이다. 그래서 많은 이들이 말한다. "韓國語가 세계에 퍼져 나가는 것은, 한국어가 우수한 언어, 아름다운 말이어서가 아니라 한국 사람의 經濟的·文化的 활동이 활발하기 때문에 생긴 현상이다. 이것을 한국어의 優秀性으로 착각하지 말라."

옳은 말이다. 그런데 이러한 한국어의 인기에 맞물려 우리 글자인 '한글'도 덩달아 세계화의 대열에 들어가야 하지 않겠느냐는 목소리가 높아지고 있다. 이렇듯 '한글의 세계화'를 꿈꾸게 된 데에는 충분히 그럴 만한 이유가 있다. 누구나 한국 사람이면 固有文字 '한글'에 대해 말할 수 없는 자긍심을 갖고 있기 때문이다. 그러면 또 왜 그처럼 氣勢堂堂한 자긍심을 갖고 있는 것일까? 누구나 한국 사람이라면 '한글'이 이 세상에서 가장 훌륭한 音聲文字라고 믿기 때문이다. 이와 같은 두 가지 이유, 곧 자긍심과 믿음을 근거로 해서 문자가 없는 작은 나라에 한글을 보급하는 운동을 벌이자는 목소리를 높인다.

우리는 이제 이 문제를 좀 더 진지하게 검토해 보기로 하자.

한글이 우수한 音聲文字라고 하는 데에는 이론의 여지가 없다. 지금까지 세계의 많은 言語學者·文字學者 들이 異口同聲으로 한글을 찬양하였다. 모음과 자음이 분리되어 있다. 자음은 발성기관을 근거로 형상화하였고 모음은 하늘·땅·사람을 象徵하는 '·ㆍㅡㆍㅣ'와 그 조합으로 이루어졌다. 이들 자모는 子音·母音·子音의 순으로 음절을 구성하고 그 음절이 네모반듯한 사각형 안에 조화롭게 結合된다. 그래서 이 세상의 언어학자들은 한글을 音節型 音素文字라고 부르며 그 체계적이고 조직적인 구조와 자형의 결합방식에 대하여 입을 모아 찬양한다. 지구상에 존재하는 어떤 文字도 한글의 이러한 體系性·組織性·論理性을 따라잡을 수 없다.

이것은 움직일 수 없는 사실이다. 게다가 이 한글로 이 세상에서 표현하지 못할 소리가 없다고까지 하지 않는가! 잠시 鄭麟趾의 〈訓民正音序〉의 한 부분을 인용해 보자.

癸亥年(1443년) 겨울에 우리 임금님께서 正音 28자를 창제하시고 그 보기를 간략하게 정리하여 보이시며 그것을 訓民正音이라 이름하였으니, 이 훈민정음은 형상을 본떴는데 그 글자 모양은 옛날의 篆字와 비슷하다. 사람의 말소리에 근거하였으되 글자의 음은 七調에 어울리고, 天地人의 뜻과 음양의 오묘함이 포함되어 있지 않은 것이 없다. 스물여덟 글자를 가지고도 돌리고 바꾸어 씀이 무궁한데, 그러면서도 간결하고 요령이 있으며 정교하고도 능통하다. 그러므로 슬기로운 사람은 아침 한나절이 끝나지 않아 깨치고, 어리석은 사람이라도 열흘이면 충분히 배울 수 있다.

이제 이 훈민정음으로 소송사건을 처리하면 정상을 바로 파악할 수 있을 것이다. 字韻에서는 淸濁을 능히 구분할 수 있고, 음악·노래에서는 律呂를 모두 고르게 나타나게 되니, 그 쓰이는 바에 갖추지 않은 것이 없고 활용하는 데마다 통달하지 않음이 없으니, 비록 바람소리, 학의 울음, 닭의 울음, 개 짖는 소리까지도 모두 다 제대로 적을 수 있다.

이러한 글 내용으로 미루어 보면 한글은 이 세상의 어떤 말도 표기할 수 있는 만능의 문자임에 틀림없다. 그러나 정말 그런가?

물론 우리 한국 사람들은 한글로 우리말을 적으며 생각과 느낌을 표현할 때에 적을 수 없는 말소리 때문에 불편을 느끼지 않는다. 그러나 그것은 관습과 관용이 빚어내는 받아들임이지 언어 사실의 참모습은 아니다.

한 가지 예만 들어 보자. 標準語의 영역에 들어가는 중부 방언에서 '아기를 업다〔負〕'와 '돈이 없다〔無〕'는 똑같이 '업다, 없다'로 '어'를 쓰지만 그 두 개는 서로 다른 발음이다. '어린이〔幼兒〕'와 '어른〔成年〕'의 경우도 똑같이 '어'자를 쓰지만 그것들은 같은 발음이 아니다. '없다'와 '어른'의 '어'는 차라리 '으'에 가까운 발음이다. 그렇지만 대부분의 한국 사람들은 이것을 가지고 한글 표기의 불완전성을 문제 삼지 않는다. 문제 삼지 않는다 하여 한글이 모든 발음을 완전하게 표기했다고 말할 수는 없을 것이다.

이 세상에 어떤 발음도 표기할 수 있는 文字, 곧 만능의 문자는 존재하지 않는다. 만능에 가장 가까운 문자가 있다면 그것은 音聲學者들이 고안해 낸 國際音聲記號(International Phonetic Signs)일 것이다. 만일에 한글로 문자 없는 나라의 말을 적어 내라고 한다면 한글을 '國際音聲記號'처럼 쓰자고 하는 것이 될 터인데, 이때에 이미 한글의 한계는 여실히 드러나고 만다.

국제음성기호는 子音이 27개, 半母音 3개, 母音이 19개인데 한글로 표기할 수 있는 발음은 單子音 19개 單母音 10개 고작 29개밖에 되지 않는다. 아마도 어떤 언어는 이것으로 충분할지도 모른다. 충분할 때가 있다고 하여 그것이 완전한, 아니 완전에 가까운 것이라고 말할 수 있겠는가?

그러나 그럼에도 불구하고, 한글은 현존하는 세계의 다른 나라 말을 표기하기 위하여 이미 그 발걸음을 내딛고 있다. 그것은 1980년대에 시작된 '外來語表記法'이다. 우리말 어문규정의 하나인 이 '외래어표기법'은 현존하는 외래어를 한글로 표기하는 원칙을 다음과 같이 제시하고 있다.

① 外來語는 國語의 現用 24字母만으로 적는다.
② 外來語의 1音韻은 원칙적으로 1기호로 적는다.
③ 받침에는 ㄱㄴㄹㅁㅂㅅㅇ만을 쓴다.
④ 破裂音 표기에는 된소리를 쓰지 않는 것을 원칙으로 한다.
⑤ 이미 굳어진 外來語는 慣用을 존중하되 그 범위와 用例는 따로 정한다.

여기에서 외래어라고 하는 것은 모든 외국어를 지칭한다고 보아야 한다. 세계가 하나의 큰 마을로 움직이는 이 지구촌 구석구석에서, 온 세상이 알아야 할 어떤 사건이 벌어졌을 때, 그 사건은 六何原則에 따라 지구촌 곳곳에 뉴스로 전달된다. 이때에 그 지역의 언어로 사람 이름, 땅 이름, 事件의 이름이 소개된다. 固有名詞를 주축으로 하는 이러한 낱말은 우리나라 모든 언론 媒體에 한글로 표기되어 일반 국민들에게 알려야 한다. 이러한 사태에 대비하여 '政府 · 言論 外來語審議委員會'가 구성되어 수시로 새로운 외래어를 한글로 어떻게 표기할 것인가를 논의한다.

그러므로 이때에 '외래어'라는 말은 전 세계에 존재하는 모든 언어를 한글로 표기할 때를 상정하여 붙인 용어이다. 따라서 이 '외래어'라는 말은 곧 모든 외국어를 가리킨다고 볼 수 있다.

이렇게 볼 때에, 이 '외래어표기법'은 전 세계의 모든 언어를 대상으로 하여 그것을 가능한 한 완벽하게 표기하고자 하는 일차적인 실험이라고 할 수 있다. 이 실험은 위에 적은 바와 같이 다섯 가지의 원칙을 내걸고 있다. 이 原則은 바꾸어 말하면 일종의 '制約條件'이라고 할 수 있는데, 이 制約條件은 표기해야 할 외국어와 한글을 동시에 만족시키기 위한 최소한의 장치이다. 동시에 만족시킨다는 말은 또 바꾸어 보면 양쪽에 모두 불만족스러운 점을 감수하자는 暗黙的 約束이다. 이러한 約束이 필요한 이유는 어떤 언어도 '한글'로 완벽하게, 만족할 만한 수준으로 표기하는 것이 사실상 불가능하다는 뜻을 감추고 있는 셈이다.

현재 이 외래어표기법에 의해 한글로 표기되는 언어는 20여개에 지나지 않는다.(英語 · 獨逸語 · 프랑스어 · 에스파냐어 · 이탈리아어 · 日本語 · 中國語 · 폴란드어 · 체코어 · 세르보크로아트어 · 루마니아어 · 헝가리어 · 스웨덴어 · 노르웨이어 · 덴마크어 등) 그러나 실제로 그때그때 사건이 발생할 때마다 심의 대상이 되는 언어는 그 20여개 언어 밖에 있는 경우가 있으므로, '政府 · 言論外來語審議委員會'는 사안이 발생할 때마다 熟議에 숙의를 거듭하여 합리적인 한글 표기안을 내놓고 있다.

그러면 이제 이 외래어표기법에 의해 영어가 어떻게 표기되는가를 살펴보기로 하자. 열 개의 항목이 마련되어 있으나 여기서는 번거로움을 피하기 위하여 몇 개의 용례만을 살피는 것으로 하겠다.

cat(캣) act(액트) sickness(시크니스)

lobster(로브스터) thrill(스릴) jazz(재즈)

flash(플래시) chat(차트) film(필름)

team(팀) yellow(옐로) headlight(헤드라이트)

위의 낱말을 놓고, 만일에 영어의 原語民 話者(英國 사람)와 한국 사람이 나란히 英語를 말하고 한글을 읽는다면 그 차이가 얼마나 클 것인가는 누구나 쉽게 짐작할 것이다. 이처럼 하나의 언어가 한글로 옮겨 적히는 데에는 한계가 있기 마련이다. 그러나 세상 사람들은 그 차이를 극복하며 일상의 언어생활을 큰 불편 없이 영위한다. '버스bus'라고 쓴 것을 보고 많은 사람이 '뻐스'와 비슷한 발음을 하며, 심지어 '좋은 소나

무'라는 뜻의 '파인 파인 fine pine'을 보고도 빙긋이 웃으며 '화인 파인' 비슷한 발음으로 응수한다. 이것은 물론 영어와 한글을 모두 다 잘 알기 때문이다.

여기에서 어떤 이는 의문을 품을 것이다. 한글 字母에 존재하지 않는 'f, v, th' 같은 글자와 그 발음을 위하여 한글 자모를 개발하면 되지 않는가 하고. 물론 그렇게 생각할 수 있다. 그러나 그 단계에 이르면 그것은 현재 우리가 사용하는 '한글'이 아니므로, 엄격하게 말하여 '한글'이라고 할 수 없는 것이다. 한글이 한글다워야 한다면 그것은 지금 우리가 쓰고 있는 24자의 한글을 절대로 넘어설 수 없다. 근자에 광고 효과를 생각하며 아래 아(·)를 쓰는 사례, '춤 소중한 당신' 같은 것이 늘고 있고 실제로 濟州道 방언을 표기하려면 그것이 필요하기도 하겠지만 그러한 행위는 우리의 어문 규범을 고치지 않는 한 분명히 바른 글쓰기와는 거리가 있는 것이다.

한글 世界化를 위한 개괄적인 청사진

여기까지 논의를 진행하였으니 이제 문자 없는 民族·社會에 한글을 전수하는 한글의 세계화를 생각해 보기로 하자. 한글이 얼마간 불만족스런 문자체계이긴 하지만(물론 우리말을 표기하는 데 불만족스럽다는 뜻은 아니다. 다른 나라 音韻體系에 안 맞는 경우가 있다는 뜻이다.) 그럼에도 불구하고 한글을 전수하여 문자 없는 민족·사회가 문자 생활을 영위할 수 있다면 얼마나 좋은 일이겠는가! 그것을 차분히 단계별로 생각해 보기로 하자.

첫째, 앞에서도 논의한 바와 같이 이미 '外來語表記法'에 의해 한글의 외국어 표기 사례가 체계적으로 검토되고 발전되어 가고 있으므로, 우리는 이 외래어표기법을 더욱 확충시켜 이 세상에 존재하는 모든 言語, 적어도 UN에 가입된 200여 개의 나라의 언어를 모두 표기하는 단계에 이르도록 외래어표기법의 확충작업을 수행해야 할 것이다. 그러한 작업을 통하여 한글로 생면부지의 언어를 표기하는 다양한 방법과 기술이 더욱 정교하게 다듬어질 것이다. 현재 20여 개 나라의 언어를 표기하는 방법만으로는 갈 길이 아직 멀었다고 할 수 있다. 훈민정음의 창제원리와 방법에 따라 새로운 字母를 개발한다면 한글이 만능의 國際音聲記號로 탈바꿈하는 것은 얼마든지 가능할 것이다.

둘째, 적어도 세상에서 행세하는 언어 몇 십 개쯤은 한글로 표기했을 때, 그런 대로 불편 없이 쓸 수 있는 확증이 섰다고 가정하자. 그러면 그 다음 단계는 실제로 한글로 표기해야 할 無文字 民族의 言語를 선별하는 일이다. 그러한 언어가 중앙아시아 어느 峽谷에 있을 수도 있고, 南太平洋의 어느 섬일 수도 있으며, 혹은 아메리카 인디언 혹은 아프리카 어느 구석의 작은 部族일 수도 있다. 그리고 또 중국 궁벽한 오지에 사는 어느 소수민족일 수도 있다. 그러한 대상이 구체적으로 떠올랐다고 하자.

셋째, 우리는 그 대상 언어의 전문가를 양성해야 한다. 대상 언어에 대한 아무런 지식도 없이 그 언어를 표기하는 작업을 착수할 수는 없을 것이다. 그 언어의 전문가를 양성한다는 것은 결코 쉬운 일이 아니다. 잘나가는 힘센 언어를 공부하여 새로운 문물을 익히고 출셋길을 달리려는 사람은 있어도 세상에 잘 알려지지 않은 언어를 공부하려는 사람이 어디 있겠는가? 그러니 이런 것은 장기적인 국책사업으로 장학금과 生活補助金을 지급하며 여러 해에 걸쳐 양성해야 할 것이다.

이때에 정부에서는 분명히 그 대상 언어를 사용하는 지역이 우리나라와 경제적으로 문화적으로 깊은 관련이 있는가를 검토하게 될 것이다. 그리고 당연히 한국어의 세계화 차원에서 그 지역과의 긴밀한 교류를 모색하게 될 것이다.

넷째, 이 모든 것이 만족할 만한 단계로 성숙하였을 때, 그 때에 우리는 여전히 시간을 벌며 기다려야 한다. 우리가 저들에게 우리말을 적는 한글이 참 좋지 않으냐, 이것으로 당신네 말도 적으면 어떻겠느냐? 이렇게 말한다면 그것은 곧 문화적 침략이요, 새로운 文字植民主義의 진출이다. 우리는 그냥 기다려야 한다.

저들이 스스로 "그동안 한국과의 經濟的 · 社會的 · 文化的 접촉을 통하여 우리 民族이 참으로 얻은 것이 많습니다. 그런데 우리말을 적기 위해 한글을 빌릴 수는 없을까요?" 이렇게 말할 때까지 우리는 그저 저들에게 저들 민족의 문화와 사회를 사랑하고 좋아하는 착한 친구로 남아 있어야 한다. 이때쯤이면 이미 한글로 그 언어를 능숙하게 표기하는 기술이 개발된 이후일 것이지만, 그것과는 상관없이 우리는 기다려야 한다.

한글의 世界化를 위한 개괄적인 청사진은 이 정도에서 멈추기로 하자. 말이 쉽지 이 네 단계의 문화사업은 1, 20년으로 성취할 수 있는 일이 아니다. 긍정적인 측면보다는 부정적인 측면이 더 많이 드러나는 일이다. 그래도 한글의 세계화가 우리의 과제라면, 그것은 언제나 한국어의 세계화가 얼마간 성숙한 뒤에, 다시 말하여 한국어가 세계의 5대 공용어쯤으로나 발전한다면, 그러한 발전을 기다려, 그 발전의 그림자로 한글이 세계 속에 퍼져 나가는 것을 지켜보면서 서서히 생각할 문제가 아닌가 싶다.

필자는 얼마 전 한글의 세계화를 꿈꾸는 어떤 이의 신문 칼럼을 보고 다음과 같은 칼럼을 쓴 적이 있다. 이 글의 결론을 대신하여 그 일부를 다시 옮겨 본다.

어느 신문에 다음과 같은 칼럼이 실렸다.

누구나 하루아침이면 다 배울 수 있다고 해서 '아침글자'라고도 불리는 한글은 21세기 정보통신 시대를 맞이해서 전 세계인이 공통으로 사용하는 문자가 되도록 해야 한다. 다시 말해 소수종족의 無文字 언어들은 말할 것도 없고, 어려운 문자를 쓰는 중국어나 힌디어, 태국어, 아랍어 등을 포함한 세계의 모든 언어들을 표기하는 문자로서의 위상을 정립해야 한다.

나는 이 글을 읽으며 생각하고 또 생각해 보았다. 그리고 "나는 이담에 자라서 대통령이 될 거야. 세계를 움직이는 대통령이 될 거야." 이렇게 豪言壯談하는, 열 살 안팎의 어린이의 모습을 그려보았다.

하나의 문자가 다른 민족이나 국가에 전파되는 文化現象에 얼마나 많은 政治 · 經濟 · 社會的 제반 여건이 함께 움직여야 하는가를 조금이라도 생각해 보았는가? 서로 다른 언어와 문화를 가진 두 사회집단이 하나의 문자를 주고받는 관계가 되려면 얼마만큼 친밀도를 유지하며, 공동체 의식을 형성해야 되는가를 고려해 보았는가? 문자 이동의 사례를 지금까지의 세계 역사에서 면밀히 검토해 보았는가? 아마도 거기에는 반드시 침략과 약탈, 지배와 굴종이 어우러진 제국주의의 화약냄새, 식민주의의 비수가 숨겨져 있을 것이다.

문자의 전수를 자동차 수출쯤으로 아는가? 나는 그 글을 쓰신 분에게 이렇게 묻고 싶다.

"보시오. 태평양 한 구석 외딴 섬에 인구 3만 명쯤의 無文字 種族이 있다고 가정합시다. 자, 그들은 아마 미국의 保護領쯤 되겠지요. 이미 알파벳을 쓰고 있고요. 그러한 그들에게 '한글'을 자기네 문자로 채택하게 하기 위하여 당신은 그들에게 문자 외에 무엇을 더 주시겠소? 그들의 言語 · 文化 · 傳統에 대해 얼마만큼의 애정이 있소? 그들과 미래의 운명을 같이할 한국 사람이 3천 명, 아니 300명만 있다면 그 때에는 한글을 들고 같이 살자고 찾아갈 수 있을 것이오."

만일에 한글의 세계화가 新帝國主義的 발상이라는 오해를 벗을 수만 있다면, 그리고 식민지를 경험한 한국의 민족주의가 작용한 식민주의 콤플렉스의 환상이 아니라는 확신을 가질 수만 있다면 그것은 어느 정도 가능한 일일지도 모른다. 그러나 그것은 민족적 자존심과 실리에 바탕을 둔 冷嚴한 국제 현실로 볼 때 갈 길이 아득하게 멀어만 보인다.

어찌하여 우리는 漢字를 國字로 삼아야 하는가?

1.

2012년 10월에 우리(語文政策正常化推進會)가 헌법재판소에 제출한 "국어기본법 등에 대한 憲法訴願"에 관하여 문화체육관광부 장관이 「法務法人 사랑」과 「법무법인 지평지성」을 소송대리로 위임하여 2013년 7월 2일 헌법재판소에 제출한 의견서는 국어기본법이 주장하는 논리에 따라 그 법이 합헌임을 개진하였습니다.

이 글은 그 주장 가운데에서 한자가 國字임을 주장한 우리의 訴願이 부당하다고 이의를 붙인 부분에 대하여 다시 한 번 反論을 펴려고 하는 것입니다.

言語 · 文字文化 전반에 관계하는 문제이므로, 논의의 순서를, 문화의 개념, 민족문화 내지 민족문화의 정체성, 외래문화의 유입 등을 먼저 검토하고 외래어 및 외래문자 문제를 다루어 보고자 합니다.

2.

첫째로, 새삼스럽게 언급하기 쑥스럽습니다만 '文化'는 '광범위한 삶의 樣式'이라는 폭넓은 개념으로 통용되는 낱말입니다. 우리가 일상으로는 바람직한 삶의 양식을 뜻하지만 바람직하지 않은 삶의 양식도 문화가 아니라고는 할 수 없습니다. 또한 문화는 文明, 文物制度 등을 포괄하는 개념으로도 쓰입니다. 참으로 폭넓은 개념의 낱말입니다. 문화 앞에는 참으로 잡다한 명사가 관형어로 붙을 수 있습니다. 住宅文化 · 言語文化 · 情報文化 · 服飾文化 · 飮食文化 · 政治文化 · 演藝文化 · 종이文化 등 심지어 깡패문화 · 도둑문화 · 便所文化같은 낱말도 가능합니다.

이제 우리가 주목할 문화는 민족문화입니다. 민족문화라는 낱말을 사용하는 순간, 우리는 그것이 타민족문화라는 상대적인 존재를 의식하기 때문에 민족문화는 다분히 배타적 문화의식을 지닐 수 있고 따라서 자연스럽게 민족문화의 실체와 정체성 문제를 생각하게 됩니다.

이때에 우리는 '文化' 자체의 특성을 먼저 고려해 보아야 합니다. '삶의 樣式'이라는 광범위한 포괄적 개념이 문화를 뜻하고 있으니까, 그것은 인간의 삶, 인류의 삶 전반을 나타낸다고 할 수 있습니다. 그렇다면 그것은 본성적으로 시간과 공간을 초월하는 보편성을 가집니다. 이렇게 보편적 특성을 갖는 문화는 자연스럽게 어느 특정 민족이나 국가에만 제한되지 않습니다.

다시 말하여 특정민족에게만 존재하는 문화는 있을 수 없다는 뜻입니다. 그럼에도 불구하고 우리는 민족문화를 이야기합니다. 그런데 어떤 문화를 하나의 민족에게만 제한할 때에는 그 문화의 보편성이 제약을 받아서 한 민족의 특정한 시대의 문화를 가리키게 됩니다. 그것은 그 문화의 정체성에 연결되기 때문에 자연스럽게 민족문화의 정체성을 논의하게 됩니다.

흔히 飮食文化 · 服飾文化 · 住宅文化 같은 衣食住 분야는 한 민족이 生活共同體로 一定期間(대체로 수천 년) 살면서 형성된 것이라 다른 민족과 구별되는 차이점이 있어서 그 自體의 固有性 · 正體性을 말할 수 있습니다. 그러나 原則上 그리고 本質上, 文化는 超時間性, 超空間性을 갖기 때문에 비록 그것이 누천년에 걸쳐 形成된 것이라 할지라도 언제든지 타민족문화와 교류와 習合이 일어날 수 있습니다.

인류문화는 인류공동의 자산이요 삶의 양식이기 때문입니다. 우리가 한국가옥 · 한국복식 · 한국음식의 특수성과 고유성을 자랑하지만 그것이 반드시 한국에만 존재하는 것이 아니요, 또 어떤 것은 외부로부터 들어와 정착한 것이 있음을 우리는 알고 있습니다.

3.

그렇다면 巨視的 안목으로 볼 때 民族文化라는 것은 본질상 일정기간의 시한부 개념이라는 것을 알 수 있습니다. 다시 말하여 민족문화라는 개념은 시대에 따라 외래문화를 받아들이며, 또 자체문화도 끊임없이 변용하면서 그 정체성을 수정해야 하는 것이라고 할 수 있습니다. 그러므로 '民族文化'라는 말은 유동적인 개념일 수밖에 없다는 것을 分明하게 깨달으며 써야 할 것입니다.

다시 한 번 생각해 봅니다. 수 천 년 또는 수 백 년 기간에 걸쳐 한 민족의 고유성과 독자성을 담보하고 표상하는 민족문화가 고정불변이 아니라 유동적이라는 말은 민족문화 자체의 내부적 요인에 의해 스스로 변화하는 경우도 있고, 隣接한 外部(民族)文化와의 交流와 疏通으로 말미암아 변화를 입는 경우도 있기 때문입니다.

이 時點에서 우리는 民族文化라는 낱말에 固定性과 絶對性을 賦與하는 일은 부당하다는 것을 알게 됩니다. 이렇듯 고유성을 지키려고 하는 민족문화를 끊임없이 변화하도록 압박하는 외부문화를 우리는 그동안 어떻게 대처하여 왔습니까? 독립투쟁 하듯이 거부하고 방어하여 왔습니까? 그렇지 않습니다. 삶의 편의를 위하여 자연스럽게 수용하여 왔습니다.

住宅文化의 경우, 한옥만 고집하지 않고 양옥을 받아들였고, 요즈음에는 빌라, 아파트, 맨션이라는 낱말과 함께 가옥구조에서 전통적인 한

옥의 특성은 상당히 축소되고 약화되었습니다.

服飾文化의 경우 한복 자체가 스스로 개량하여 새로운 패션을 형성하였을 뿐만 아니라 남녀불문하고 일상의 생활복식은 (西)洋服 일변도의 양상을 보입니다. 여성정장의 경우에는 착용상의 불편성이 있음에도 불구하고 한복의 착용이 두드러집니다. 그 優雅한 着用姿態가 어떠한 神奇한 패션도 능가하는 매력 때문이라고 합니다.

飮食의 경우, 많은 사람들이 아침 식단을 서양식으로 바꾸었습니다. 물론 밥과 국을 기본식단으로 하는 일상식이 바뀌지는 않았으나 상당량의 외국요리가 우리 음식문화에 새로운 混淆飮食으로 등장하였습니다.

이처럼 의식주의 民族(固有)文化는 지속적인 변화를 하며 오늘에 이르렀습니다. 그러면 일상생활의 기본중의 기본이라고 할 언어문화와 문자문화의 실상은 어떤가 살펴보기로 합니다.

4.

우리 민족의 언어문화는 참으로 유구한 역사를 지니고 있습니다. 민족의 형성과 시기를 나란히 하고 있기 때문입니다. 그 출발점을 오천년으로 해야 할지 그보다 더 소급하여 萬年으로 올려 잡아야 할지 알 수 없습니다. 그러나 일단 민족사의 서술이 가능한 고대로 거슬러 올라가면 고조선의 단군시대에 까지 이를 수 있을 것입니다. 그 무렵의 우리 민족언어는 타민족과의 교류를 상정할 수 없으므로 민족언어의 고유성이 두드러진다고 생각할 수 있습니다. (물론 하나의 민족이 이민족과의 관계가 전혀 없이 純粹 獨自文化를 누린다는 것이 가능한가 하는 의문이 전혀 없지 않으나 이민족과의 문화교류를 증명할 방법이 없으므로 이러한 순수 고유문화 단계를 인정하는 것입니다.)

이때의 민족언어는 고유어만으로 구성되었을 것입니다. 그러나 조만간 우리 민족은 여러 이민족과의 접촉과 교류가 이루어집니다. 우리 민족이 가장 먼저 이룩한 고대국가는 고조선이고, 그 古朝鮮은 韓族·貊族·濊族 등 세 부족이 결합하여 수립한 고대국가라고 합니다. 이 학설은 물론 일부 학자들의 주장이지만 韓族은 북으로는 大同江에서 南으로는 錦江에 이르는 지역을 차지하고 漢江中流를 중심으로 삼았으며, 貊族은 오늘날 滿洲의 遼東과 遼西를 아우르는 지역을 점거하고 遼河中流를 중심으로 삼았다고 합니다. 한편 濊族은 遼東半島와 韓半島 西北海岸이 삶의 근거지였다고 합니다. 중국측 사료에 韓은 '馯·韓·寒·桓' 등으로 표기되고 陽夷로도 불리어 졌다고 합니다. 貊族은 熊夷로도 표기하였으니 아마도 곰 토템부족이었음을 시사하는 듯합니다. 濊는 호랑이 토템부족이었다고 합니다. 여기에서 단군신화의 내용이 연상될 것입니다.

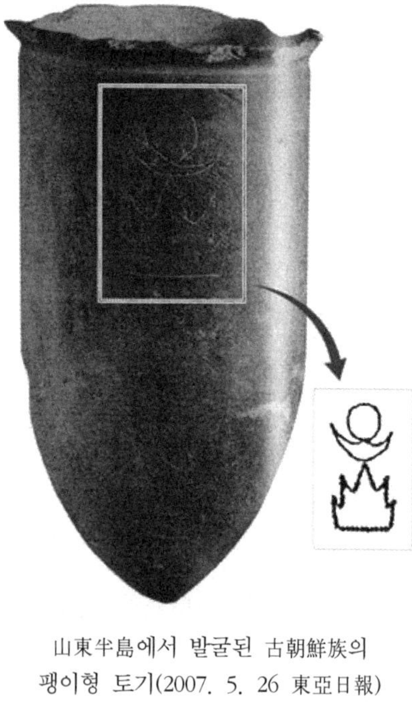

山東半島에서 발굴된 古朝鮮族의 팽이형 토기(2007. 5. 26 東亞日報)

이 세 부족이 중첩된 지역이 대동강 중류가 됩니다. 이들 세 부족은 서로 연합하여 韓이 왕을 貊이 王妃를, 濊가 小王을 내는 방법으로 고조선이 탄생되는데 중국의 고문헌은 이 고조선이 곧 阿斯達이요, 그 시점은 기원전 24세기경으로 잡고 있습니다. 지금부터 4500년 전으로 거슬러 올라갑니다.

이 시기에 가장 흥미를 끄는 언어문화 자료는 그들 古朝鮮族이 사용한 팽이형 토기에 그려져 있는 象形文字입니다. 과 이 縱으로 새겨져 있는데 이것은 旦(阿斯 곧 아침)과 山(達 곧 산)의 초기 象形文字임을 강하게 시사하고 있습니다.

한자의 시원은 殷나라 때의 갑골문자라는 데에 세상 사람들은 이견을 제시하지 않습니다. 그리고 殷왕조가 앞에 논의한 韓·貊·濊와 系統을 같이하는 東夷族이라는 것도 세상 사람들은 인정하고 있습니다.

그렇다면 고조선 시대에 우리 먼 조상들이 한자를 처음으로 만들어 사용하였다고 볼 수는 없는 것일까요?

5.

이 시점에서 우리는 잠시 호흡을 가다듬고 생각을 바꾸어 보아야 하겠습니다. 고조선시대와 東夷族의 殷王朝에서 甲骨文으로 출발한 한자가 지속적으로 우리 민족과 함께 사용되었다는 역사적 사실은 묘연히 사라집니다. 중국 측이 전하는 零星한 자료는 우리의 고대 조상과 한자와의 인연을 밝히기는 매우 부족하기 때문입니다.

그러므로 우리는 일단 문자 없는 민족으로 서력기원을 전후한 三國時代 초기에 중국의 漢族이 세운 국가들과 인접하여 살면서 한자를 처음으로 접하고 그것을 외국문자로 인식하며, 활용할 방안을 강구하였다고 추정하기로 해야 하겠습니다. 분명한 사실은 高句麗는 建國初期부터 한자의 사용을 일상화하였을 것이라는 점입니다. 오늘날 우리가 갖고 있는 高句麗의 한자사용 실례는 주지하는 바와 같이 서력 414년에 건립된 廣開土大王碑입니다. 이 비문에 적힌 1,802자의 한자를 보면서 생각을 가다듬어 봅시다. 廣開土大王이 39歲의 한창 나이에 세상을 떠나자 그의 위업을 기리는 마음으로 그 비문을 지은 사람, 그리고 碑石에 글자를 쪼아 넣은 석공이 그 문자를 순전히 타국 문자로 알고 그 글을 타국의 것으로만 인식하였을까요?

물론 그 文體가 그 당시 고구려인들의 일상 언어와는 차이가 있습니다. 그러나 그 당시 고구려 식자층은 口語와 文語를 구분하고 문어는 중국 측의 經書文體에 따라 글을 짓는 것을 不文律로 삼았을 것입니다. 그 시절이면 이미 老莊의 道德經도 孔孟의 四書三經도 지식층의 필독서이었을 것 아닙니까?

따라서 적어도 삼국시대 초기에 중국문자로 생각되는 한자를 본격적으로 받아들여 그것을 외래문자라는 의식도 없이 활용하였음은 분명합니다. 그 시대가 마침 前漢시대이고 뒤미처 後漢과의 교류가 있었을 터이므로 그 글자를 '漢나라의 글자'라는 뜻에서 '漢字'로 부르게 되어 오늘날까지 그 전통을 이어왔다는 것도 기억해 두기로 해야겠습니다.

신라의 한자사용은 고구려보다 조금 늦은 것입니다. 한반도 東南端에 치우쳐 있는 新羅는 해로를 통하여 唐나라와 교류하기 전까지는 高句麗를 거치는 육로로 중국 측과 접촉했을 것이기 때문입니다. 오늘날 전하는 眞興王巡狩碑를 생각하면 그 비석들이 대체로 6세기 중반(昌寧碑(561), 黃草嶺碑(568), 磨雲嶺碑(568))이니 廣開土大王碑의 건립 연대와 비교하면 150년이나 늦습니다. 그러나 이것은 뚜렷한 증거물인 금석문을 예로 한 것이니까 실제로는 그렇게 늦지는 않았을 것입니다.

6.

자, 이쯤해서 우리는 우리 조상들에게 전래되어 한자가 쓰이기 시작한 시점을 언제로 잡아야 할까를 생각해 봅시다. 金石文의 증거로만 본다면 5세기를 기점으로 잡게 합니다. 그러나 상식적으로 보아 廣開土大王碑같은 금석문의 碑文이 나오려면 그 시점보다는 앞서야 하지 않겠습니까? 그래서 대략 서력기원을 전후로 하는 삼국시대의 출발점을 한자사용의 시발로 보려고 하는 것입니다. 그러면 한자와 우리 민족과의 인연은 최소한 이천년이 넘습니다. 어림잡아 2000년이라고 합시다.

그 기간 중에 그 외래의 漢文字를 文章으로 쓸 때에는 中國 經書體의 古文이나 조금 후대의 騈儷文을 즐겨 쓰며 우리 조상들이 마냥 편한 마음이었을까요? 우리 고유의 言語, 口語로서의 우리말과는 차이가 나는 한문 문장을 쓰면서 우리 조상들은 고유한 우리 구어와의 일치를 위하여 부단히 노력하여 왔습니다. 오늘날 '鄕歌'다, '吏讀文'이다, '口訣文'이다 하는 것이 신라시대 薛聰 이후로 면면히 개발되고 발전하여 온 것을 우리는 잘 알고 있습니다. 그런데 이두와 구결을 창안하면서 그 토대가 되는 한자를 순전히 타민족, 타문화의 문자라고 생각했을까요? 깊이 생각하여 봅시다.

우리 조상들은 한자를 이용하여 우리말 구어를 반영시키는 鄕札과 吏讀와 口訣을 개발하면서, 그 한자를 남의 문자라고 생각하지는 않았습니다.

序頭에서도 언급한 바와 같이 言語·文字를 포함한 문물제도 곧 문화라고 하는 것은 國籍도 民(族)籍도 없는 것이요, 생활의 편의를 위하여 필요할 때 활용하는 것이기 때문입니다.

7.

15세기에 이르러 訓民正音이 창제되었다하여 이러한 생각에 변화가 오지는 않았습니다. 오히려 漢字는 眞書요 訓民正音은 諺文이라 하여 識者層은 훈민정음, 한글을 한자문맹과 부녀자를 위한 보조문자로 여겨 왔습니다.

사실 '한글'을 國字로 생각하기 시작한 것은 개화기 이래 민족주의

의식이 싹튼 때에 비롯됩니다. '한글'을 國字로 여기는 것은 재론의 여지가 없는 진리입니다. 그러면 漢字는 어떤가요. 그 문자는 외래문자로 여기고 내 것처럼 쓴지 이천년이 넘었습니다.

20세기가 오기 전까지 우리 조상들은 한자를 통하여 민족적 正體性을 드러냈습니다. 그 대표적인 사례는 姓氏를 漢字一色으로 정한 오랜 전통입니다. 역사를 서술하고 문학작품을 지으며 공용문서를 古文體漢文으로 지으면서 한자문화를 광범위로 누린 것은 오히려 주변적 사례입니다. 우리들 자신의 身元과 系譜를 밝히는 민족개념이 형성되고 姓氏를 가지게 되었을 때, 그것을 한자로 정하여 高氏(高句麗), 扶餘氏(百濟), 朴·昔·金氏(新羅)를 王族들이 자기네 姓氏로 삼을 때 그것을 남의 글자라고 생각했을까요?

현재 대법원에서 정해 놓은 '人名用 漢字'은 5,761자입니다. 그리고 추가신청이 있을 때에는 검증절차를 거쳐 신규등록을 가능하게 하고 있습니다. 그러면 생각해 봅시다. 이 근 6,000자에 달하는 한자를 우리 법원은 외국문자로 취급하고 있는 것일까요? 어느 나라 법원이 자기 국민의 이름을 외국문자로 등록하게 하고 있을까요?

최근에 어느 國會議員은 자기 아는 분이 아기를 낳아 예쁜 이름으로 戶籍에 올리려고 '사랑할 아(啊)'字와 '완전할 윤(圇)'字를 써서 '啊圇'으로 등재하려 하였다가 그 글자가 人名用漢字에 들어 있지 않아 등록을 못한 것을 애석해 하였다는 내용을 신문에 실었습니다. 그 분은 인명용 한자를 대폭 확충할 것을 요구하였습니다. 이런 분들이 한자를 남의 글자로 인식하고 있었을까요?

요즈음 흔히 외래어를 외국어와 혼동하는 경우가 많으니까 '外來'라는 용어 속에 '남의 것'이라는 개념이 스며드는 것은 사실입니다. 특히 요즈음 '외래어'를 매우 광범위한 뜻으로 사용하면서 그것이 '외국어'라는 강한 인상을 심어주기 때문입니다.

그러나 言語學(國語學)이 정하는 엄정한 개념적 정의로서 외래어는 외국어를 기원으로 유입된 것이지만 固有語처럼 고유어와 同等하게 쓰이는, 다시 말하여 고유어 語彙範疇 내에서 정착하여 쓰이는 語彙群을 가리킵니다.

8.

그런데 문제는 근자에 무분별하게 외국어를 들여다 쓰면서 그것을 외래어라고 생각하고 외래어를 삼가야 한다고 하거나 순화하여 써야 한다고 생각하는 일입니다. 문물의 교류가 빈번해지고 그것을 지칭하는 외국어를 급히 차용하는 사례가 많으므로 그 외국어는 순화대상이 될 수 있으나, 학술적으로 외래어라는 낱말은 자국어의 어휘체계 내에 同化된 準固有語입니다. 그래서 일부학자들은 이것을 歸化語라고 부르자고 합니다.

이렇게 볼 때에 한자와 함께 쓰이기 시작한 한자어는 외래어이지만, 2000년에서 수백 년에 걸쳐 사용된 한자어는 준고유어요, 국어 내에 정착하고 동화된 歸化語입니다. 귀화어라는 용어는 다분히 동화정착을 전제조건으로 하는 법적 의미를 나타내는 듯합니다. 그러나 외래어, 외래문자라는 개념을 분명히 드러내면서 우리 것, 내 것이라는 뜻을 반영하려면 그것은 귀화어, 歸化文字라는 용어로 바꾸는 것이 더욱 적절할 듯도 싶습니다.

그렇다면 한자는 우리 민족에게 있어서 2000년 전부터 우리 민족의 문자생활 내에 들어와 쓰이기 시작한 귀화문자입니다. 사람의 경우 귀화인이 새로운 國家·民族에 새로운 구성원으로 영입 동화된 新-本國人인 것처럼 귀화문자, 한자도 우리 민족에게는 우리 민족공동체에 2000년에 걸쳐 우리 문자로 동화된 國字일 수밖에 없습니다.

간단히 정리하여 귀화문자 한자는 우리 國字인 것입니다.

9.

끝으로 여담으로 한마디 덧붙입니다.

흔히 우리 민족을 單一民族이라 말합니다. 그러나 민족 국가간에 끝없이 어울리고 싸우고 옮겨 살아가는 터에 단일민족이, 그것도 순수한 단일민족이 있을 수 있을까요? 민족의 단합과 정체성을 고취하기 위하여 민족주의 이념이 팽배하던 시절에 특히 일제강점기에 우리 민족의 국권회복을 위하여 단일민족을 강조한 적이 있습니다만 자고로 人類歷史에서 단일민족은 존재하지 않습니다. 아니 존재할 수가 없습니다.

우리 韓民族도 예외가 아닙니다. 몇 개의 사례만 적시해 보겠습니다. 원래 중국인이었으나 우리나라로 귀화한 姓氏로는 隋나라 때 들어온 晋州姜氏, 唐나라 때 들어온 延安李氏, 豊基秦氏, 元나라 때에 들어온 昌原孔氏, 豊川任氏, 그리고 시대가 불명한 池氏, 黃氏, 唐氏 등이 있습니다. 그 불명의 이유는 표류나 피난 등입니다.

원래 아랍인이었으나 우리나라에 들어온 姓氏에는 德水張氏가 있습니다. 그 始祖 伯昌은 高麗 恭愍王 시절에 魯國公主가 고려에 들어올 때에 陪行한 아랍인이었습니다. 그 12대손인 張維가 孝宗의 國舅가 된 것은 國史를 공부한 사람이면 모두 알고 있습니다.

高麗末 元나라의 지배가 한창일 때에 몽고인으로 고려에 귀화한 姓氏로는 淸州楊氏와 昌原黃氏가 있습니다.

아주 가까운 시절인 壬辰倭亂 때에는 倭將 沙也可가 가토오(加藤淸正)의 左先鋒將으로 3천의 군사를 끌고 내침하였다가 조선 문물을 흠

모한 나머지 우리나라에 귀순하여 조선왕조의 무장으로 살았습니다. 그가 金海金氏로 賜姓되어 철저한 朝鮮人 慕夏堂(號)으로 산 것은 너무도 유명한 이야기입니다.

또 오늘날 大姓 兩班이요 조선왕조 이래 名門巨族으로 이름을 떨치는 延安李氏 始祖 茂는 羅唐聯合軍이 百濟를 공략할 때에 蘇定方을 따라온 中郎將인데 신라에 머물러 벼슬을 살아서 延安君으로 封爵된 사람입니다.

이렇듯 한국에 귀화한 이들 姓氏들을 한국인이 아니라고 한다면 어떻게 되겠습니까?

10.

이제 끝마무리를 하고자 합니다.

한자는 한국 민족에게 귀화한 문자이므로 당당히 國字입니다. 한글 창제이후에 특히 한글전용이 세력을 떨치는 오늘날 그 일등지위를 한글에 양보했으나 국자의 자격을 잃은 것은 아닙니다.

저들은 말합니다.

"漢字가 國字일 수 없는 명백한 이유는 오늘날 외래문자로 영자와 영어 외래어가 널리 쓰이는데 그 영자를 대한민국의 국자라고 할 수 없는 것과 같다."

그러면 이 주장에 대해 다시 반문합니다.

"영자와 영어가 우리 사회에 유입된 것이 얼마나 되었습니까? 1945년 8·15 光復과 1950년 6·25事變 이후에 미국과의 직접교류가 발생하였으므로 단 백년도 되지 않습니다. 그리고 그 外國語(言語學的으로 定義된 外來語 아님)는 매우 유동적으로 지금 우리 사회에 퍼지고 있습니다. 그러나 아직 그것들이 귀화 정착한 것으로 볼 수는 없습니다.

또 우리가 英字로 우리의 姓氏를 만들고 우리의 정체성을 표시하고자 합니까? 우리가 우리 이름을 외국인들이 읽기 쉽게 로마자화하여 쓴다고 그것이 우리 사회에 귀화 정착하였습니까. 그것은 어디까지나 외국인을 위한 편의에 불과합니다.

영자와 한자를 동일선상에 대비하고 논의하는 것은 천 년 전의 조상과 지금 막 태어난 어린 손자를 같은 자리에 놓고 보는 어리석은 노릇입니다.

한글專用이 가져다주는 것

대한민국 건국 이래 한글專用은 온 나라 일반문자생활에 급속도로 확산되었다. 그로부터 어느덧 一周甲의 세월이 흘렀다. 그때부터 문자생활의 본질적 기능이 불구화하리라는 일부 선각 지식인들의 경고와 우려는 언제나 고루한 기득권 세력의 自己防禦的 논리로 매도되었고 한글전용은 승승장구하며 각급 학교 교과서에, 공공문서에, 신문잡지에, 그리고 그 외 온갖 일반 출판물에 광범위한 세력을 펼쳤다. 이 시점에서 우리는 이런 현상이 우리의 문화생활 전반에 어떤 결과를 가져왔는지 곰곰 생각해 보지 않을 수 없게 되었다.

한글전용의 弊端을 한 마디로 요약하자면 그것은 言語文字가 수행해야 할 기본기능 곧 意思疏通·情報傳達의 歪曲, 訛傳, 混亂이라고 할 수 있다. 조금 과장하여 표현하자면 한글전용은 情報傳達의 포기화 내지 불능화 과정이라고 말할 수 있을 것이다. 이제 그 실례를 하나하나 枚擧하면서 그것이 얼마나 심각한 지경에 와 있는지를 살펴보고자 한다.

얼마 전 日本 月刊誌 ≪SAP10≫(2009.2)에는 다음과 같은 칼럼이 소개된 바 있다. 그 全文은 다음과 같다.

> 國語崩壞! 中國에서 漢字를 輸入하여 語彙을 잃었고, 그 漢字를 버려서 意味를 잃었다. '안녕하세요'도 '이명박'도 漢字로 쓰지 못하는 韓國人 ≪한글의 悲劇≫
>
> 韓國을 처음 訪問하여 '漢字가 全然 通하지 않는다.'는 것에 놀라는 사람이 많을 것이다. 大統領 李明博도 地名 釜山도 알지 못한다. 1948년에

한글專用法이 제정되고 60년대부터 학교 교육에서 한자를 폐지한 정책의 결과, 이제는 정말로 한국인이 한자를 읽지도 못하고 쓰지도 못하는 상황이 되었다. 黑田勝弘(구로다 가스히로) 産經新聞 서울 지국장이 한자를 버린 한국에 일어난 비극을 소개한다.

漢字를 사용하여 답안을 쓴 대학생은 1할 미만

몇 해 전에 서울의 어느 대학에서 3년 동안 강의을 맡았던 적이 있었다. 베스트 10에 들어가는 일류대학에서 학년에는 관계없이 듣는, 〈現代 日本文化의 理解〉라는 제목의 교양강좌였다. 食文化, 섹스文化, 漫畵史에서부터 기업과 취직, 天皇制, 헌법개정 등 무엇이든 이야기하였다.

韓國語로 진행하는 강의에는 아무 문제가 없었으나, 가장 고통스러웠던 것은 시험의 답안을 보는 것이었다. 한글 문자만으로 연필로 빽빽이 적혀 있는 것을 매회 100매 이상 읽지 않을 수 없었다. 그래서 한 가지 계책을 생각해 내어 학생들에게 "답안지에 한자를 쓰면 좋은 점수를 주겠다."고 말했다. 일본문화 이해에는 한자가 필수가 아닌가! 그러나 한자를 사용한 문장의 답안은 10%도 되지 않았다. 게다가 그 漢字는 적당히 얼버무린 글자들이었다. 최대의 걸작은 '日本'을 몇 번이고 반복하여 '一本'이라고 적어놓은 답안이었다. 이것은 '日本'도 '一本'도 한국어 발음으로는 '일본'으로 같기 때문이다. 그 외에 '學校'를 '學敎'라고 한 것도 한국어 발음으로는 같은 '학교'이기 때문이지만 문득 "'學敎'라고 하는 편이 좋을 지도……." 하며 감탄하기도 했었다. 이처럼 한자가 아닌 '感字'는 근년에 일본의 학생들에게도 많아졌다고 하지만.

한국에서 한자의 문제점이라는 것은 현대 한국어의 70% 이상의 단어가 한자어로 되어 있음에도 불구하고 그것을 한글로만 기록하고 있는 일이다. 公文書는 한글專用이라는 法律까지 있다. 그 결과, 단어의 유래를 알지 못한 채 同音異義語를 구별할 수 없게 되었다.

사실 한국어는 한자어를 많이 사용함으로써 한자가 들어오기 전에 본래 가지고 있던 고유어휘가 사라져 버렸다. 한자어라고 하는 중국 문화를 너무 고맙게 여긴 결과였다. 예를 들어 현재 한국인은 '뫼'를 한자어로 '山'으로 밖에 사용하지 않는다. 그래서 "산에 오른다." "저 산이 높다." "산 속에 살고 있다." 등의 방식으로 말할 수밖에 없다. '山'을 뜻하는 고유어는 '뫼'이지만 이것을 '멧돼지'나 '메밀〔山麥〕'같은 낱말에 남아 있을 뿐이다.

일본어는 한자의 訓讀을 개발함으로써 한자를 사용하면서도 고유어〔옛날 낱말〕을 보존했지만 한국어는 그런 세력이 없었던 것이다. 한국어는 그 대신 독창적임을 자랑하는 한글 문자를 15세기에 개발하여 한자를 벗어났다. 그러나 한자어로부터 완전히 벗어날 수도 없는 터에 오히려 한자를 사용하지 않음으로 말미암아 그 낱말의 의미를 알 수 없게 되었다.

日常의 인사말 '곤니치와'는 '안녕하세요'인데, 이때에 '안녕'은 한자어 '安寧'이지만 거의 대부분의 사람이 그것을 모르며 쓰지도 읽지도 못한다. '세쿠하라'의 '성희롱'은 현대 한국어의 신조어이지만 그것이 '性戲弄'이라하는 한자어라는 것을 알고 있는 한국인은 거의 없다. 대부분 쓰기는커녕 읽지도 못한다. 그래서 사람들은 '세쿠하라'를 왜 '성희롱'이라고 말하는지를 알지 못한다.

金, 李, 朴 등의 姓名을 시작으로 하여 한자어를 귀중하게 사용하면서, 한자는 쓰지 않는 한글 내셔널리즘은 거세어가고 있다. 이제 와서 골치 아픈 한자를 공부시킬 생각은 없다. 韓國語의 '悲劇'이라고 할 수 있지 않은가!

이 짤막한 칼럼은 오늘날 우리나라 어문생활의 진면목을 참으로 간명하게 설파하고 있다. 전적으로 옳은 見解라고만 할 수는 없으나 그 基本

論調는 하나도 시비할 것이 없다. 그런데 우리의 心思는 말할 수 없이 불편하다. 왜 그런가? 그것은 우리가 평소에 심각하게 느끼고 있는 한글전용의 폐단을 이웃나라 日本人조차도 너무도 정확하게 꿰뚫어 보았다는 사실 때문이 아닌가? 온 천하에 치부를 드러낸 것 같은 정황 때문이다.

黑田氏는 "國語崩壞"라는 한 마디로 우리나라 語文現實을 진단하였고, 그것은 '한글의 悲劇'이라는 말로 시작하여 '韓國語의 悲劇'이라는 말로 마무리를 짓고 있다. 부끄럽고 창피스러움을 넘어서 울화와 분노로 가슴이 터질듯하다. 그러나 우리는 냉정하게 이 글이 우리에게 시사하는 점이 무엇인가를 검토해 보아야 한다.

첫째로 지적해야 할 것은 우리나라가 오랜 동양문화권내에서 이탈하여, 그 전통문화 테두리를 벗어나 고립을 자초하였다는 점이다. 韓·中·日 세 나라는 서로 민족과 언어가 다르기는 하였으나, 漢字라는 공통문자로 말미암아 지난 수천 년간 실로 동일한 전통문화를 상당부분 維持 발전시킨 역사를 지니고 있다. 그것은 동일한 문화기반을 공유해 온 것과 같은 현상이었다. 그리하여 이른 바 동양 삼국은 한자라는 공통문자언어의 기반 위에서 동양문화의 특수성을 확보할 수 있었다.

서로 言語가 통하지 않는 상황에서도 筆談이라고 하는 수단은 東洋三國이 文化的으로 필요하기만 하다면 언제나 共通性 및 同質性을 추구할 수 있는 길을 열어놓는 통로였다. 그런데 그 韓·中·日 3개 단위에서 한국이 배제되기에 이른 것이다. 이것은 엄청난 후유증을 몰고 왔다. 가장 卑近한 사례는 중국이나 일본으로 유학을 떠난 한국학생들이 기초한자를 습득하는 기간 내내 東洋圈 학생이 아니라 서양권 학생과 동일하게 분류되어 별도관리대상이 된다는 사실이다. 가장 가까운 나라, 가장 가까운 歷史·文化傳統을 가진 한국이 중국이나 일본에서 영미계나 저 멀리 아프리카계쯤의 취급을 받기에 이르렀다. 이렇듯 한자의 상실은 하루가 다르게 세계화로 치닫고 있는 이 세상에서 가까운 이웃을 잃고 외톨이로 떨어져 나가는 신세가 되고 말았다.

이런 현상은 점차 중국과 일본과의 政治·經濟·社會·文化 등 諸般 交流에서 언제나 한 수 뒤처지는 사태를 몰고 올 것이다. 우리가 저들 中國·日本에 접근할 때에 부딪치는 애로는 동시에 저들이 우리에게 접근할 때에도 똑같이 발생한다.

우리는 저들 나라와 상거래를 하는 무역회사에서 신입사원을 뽑고 나서 그들에게 한자 학습을 위한 별도의 수습기간을 마련해야 하고, 저들 나라 사람들은 우리나라에 관광을 왔을 때, 한자 없는 불편을 느끼며 가까운 나라라는 선입관에 서운함을 얹어갈 것이다. 가까운 이웃을 잃고 먼 친구를 찾아 세계화를 한다고 영어열풍을 일으키고 있다. 이것은 마치 멧돛을 잡으려 산으로 가면서 집돛을 잃는 것과 무엇이 다른가?

둘째로 지적되어야 할 것은 독해력의 저하이다. 글의 일차적인 기능은 그것을 제대로 읽어내어 그것이 지니고 있는 정보를 읽는 사람으로 하여금 이해하고 파악하게 하는 것이다. 그런데 한글로만 적은 글을 보면 한 자 한 자를 빠짐없이 읽어야 그 내용을 파악할 수 있다. 그러나 만일 한자를 혼용할 경우, 그 시각적 효과는 배증되어 그 글의 대의와 주지를 쉽게 간파할 수 있다.

黑田氏가 漢字를 섞어 쓰면 점수를 더 주겠다고 한 것은 답안지를 좀 더 편하게 좀 더 빨리 속독할 수 있기 때문이었다. 이것은 비유하여 말하자면 흰쌀밥과 콩이나 팥과 보리를 섞어 지은 잡곡밥과의 관계와 같다. 흰 쌀만으로 지은 밥의 영양가와 잡곡밥의 영양가가 현격하게 차이가 나는 것처럼 한글전용으로 적힌 글과 국한혼용으로 적힌 글의 독해도는 비교할 수 없는 차이를 보인다.

그것은 단순히 시각적 表出性의 문제만은 아니다. 한글로만 적은 글 속의 낱말은 그 音相으로부터 그 낱말의 의미를 추론해 내기 위하여 읽는 사람이 가지고 있는 語彙實力를 총동원하여 그 낱말의 의미를 추적하여야 한다. 만일에 한자로 적고 그 한자를 읽을 실력을 갖춘 사람이라면 그 낱말을 보는 즉시 그 의미를 파악한다. 다시 말하여 한글로만 쓴 글의 낱말은 그 뜻을 알기 위해 고도의 어휘 식별력을 발휘하여야 한다. 만일에 그러한 식별력을 발휘하지 못할 때에는 막연한 의미추정에 그치고 결과적으로 그 글을 바르게 이해하지 못하게 된다. 이제 한두 가지 예를 들어 살펴보기로 하자. 다음 글은 신문기사의 첫 부분이다.

> 10년 만에 개방한 최고의 계곡 : 지리산 칠선계곡은 끊임없는 절경의 암반, 소와 담이 연속되는 지리산 최고의 명계곡이다. 지리산뿐 아니라 전국의 모든 산을 통틀어 경연을 벌인다 해도 수위에 꼽힐 절경지다.

우리는 이 글을 완벽한 국한혼용으로 재구성하라고 요구하지 않는다. 다만 적어도 첫 문장의 후반부는 다음과 같이 고쳐져야만 그 뜻이 명료하게 살아날 것이다. 즉 "……沼와 潭이 연속되는 지리산 최고의 名溪谷이다." 왜 이렇게 써야 하는가? 沼도 潭도 못〔淵〕의 한 가지이지만 '沼'는 '비교적 얕고 진흙이나 水草가 많은 못'이요 때로는 '늪'으로도 불린다. 그러나 '潭'은 굳이 표현하자면 '깊은 소(沼)'에 해당한다.

이처럼 낱말의 의미 폭과 뉘앙스가 다른 두 개의 낱말을 연이어 使用할 때, 그 내용을 정확히 전달하여 오해의 소지를 없애려면 '沼와 潭'이라고 쓸 수밖에 없는 것이다. 그런데 신문에는 한글로만 적혀 있었다. 아마도 이 기사는 일정 수준의 독자이외에는 정확한 독해를 할 수 없었을 것이다.

다음은 공원 나무 밑에 적힌 글이다.

> 청단풍 : 낙엽활엽교목으로 주로 산지의 계곡에서 잘 자란다. 나무껍질은 짙은 회갈색이고 짙은 녹색 가지에는 털이 없다. 개화기는 5월.

이런 類의 안내문은 우리 주변 어디에나 흔하게 발견되는 것이다. 그러나 이런 글을 읽으면서도 우리는 마음이 편치 않다. 왜냐하면 落葉闊葉喬木은 "가을이면 잎이 시들어 낙엽이 지는데 그 잎은 넓적하며 나무는 줄기가 곧고 위로 가지가 뻗는 큰키나무"라는 뜻을 이 글을 읽는 모든 사람이 알 수 있으리라고 기대할 수 없기 때문이다. 또 "山地의 溪谷"은 "溪谷이 많은 山間地方"이라고 제대로 해석하기를 기대할 수도 없다. 그런데 우리는 이렇게 한글전용의 안내문을 써놓고 한글로 썼으니까 모든 사람이 그 뜻을 알고 있으리라고 故意의 착각을 감행하고 있는 것이다.

어린이용 안내문이라면 더 쉽게 풀이를 해야 하고 그렇지 않으면 하루 빨리 한자를 교육시켜 그 뜻을 정확하게 알도록 수준을 끌어 올려야 할 것이다. 거듭되는 말이지만 한글전용을 해 놓은 글은 정확한 의미전달을 포기한 채 정보전달이 성공을 거두었다고 필자와 독자가 모두 스스로 속고 속이는 기만행위의 글이다.

셋째로 한글專用이 부정확한 의미전달이 될 수밖에 없는 가장 큰 이유는 우리말에 존재하는 엄청난 양의 同音異義語 때문이다. 우리는 이 문제를 그냥 넘어갈 수 없다. 그 동안 한글전용을 주장하는 이들은 동음이의어는 어느 언어에나 존재하고 있으며, 그것은 문맥을 바르게 파악하는 한 그렇게 문제될 것이 없다고 말하여 왔다. 그러나 이러한 주장에도 속임수가 존재한다. 당장 다음과 같은 예문을 검토해 보자.

1. 우리나라 교육이 당면한 문제 가운데 가장 시급하게 해결하여야 할 것은 교사 문제이다. 교사의 부족은 어제 오늘의 문제가 아니었다.
2. 국산차를 애용하는 것이 국내 산업발전에 유익하다는 것은 누구나 알고 있는 사실이다. 국산차가 외국차보다 질적으로 떨어지지 않는다는 것도 잘 알려진 사실이다

위의 두 예문에서 그 뒤의 글을 계속하여 읽지 않는 한, '교사'는 '敎師'인지 '校舍'인지 확인할 수 없으며, '국산차'는 '國産茶'인지 '國産車'인지 분간할 길이 없다. 물론 글 전체를 읽으면 그것이 무엇을 뜻하는지를 구별하게는 된다. 그러나 읽는 순간 그 낱말이 무엇인지를 알고 읽어나가는 것과 한참 읽은 뒤에 알게 되는 것과는 讀解力에 상당한 차이가 있을 것이다. 이처럼 한글專用으로 쓰인 글을 읽는 것은 다분히 수수께끼 풀이나 暗號解讀의 순간들을 반복하는 퀴즈 게임의 성격을 갖는다.

흔히 쓰이는 낱말로 즉시 그 뜻이 무엇인지를 분간하기 어려운 동음이의어를 나열하라면 우리는 당장 수백 개의 쌍을 제시할 수 있다. 다음도 그러한 예들이다.

의식(儀式 意識)	부정(否定 不淨)
전기(傳記 轉機)	실효(實效 失效)
실례(實例 失禮)	패자(覇者 敗者)
실기(實技 失機)	지향(指向 志向)
정의(正義 定義)	구속(拘束 救贖)

위에 제시한 同音異義語는 편의상 두 개만을 뽑았으나 실제로는 두 개 이상의 동음이의어들이다. 얼마 전(2009. 4. 8) 국회에서는 한 국회의원이 대정부 질문에서 教育科學技術部 長官에게 漢字教育 正常化를 촉구하는 발언을 다음과 같이 하였다.

교육과학기술부 장관에게 질의하겠습니다.

○ 교육정책에 따라 자라나는 우리 학생들이 때로는 피해를 보기도 하고, 때로는 이익을 보기도 합니다.

학창시절 한자를 배운 세대는 신문을 읽거나, 사회생활에 쉽게 적응하는 등 도움을 받고 있습니다. 반면에 순수 한글세대는 본인의 귀책사유도 아닌데, 한자를 제대로 읽지 못해 피해를 받고 있는 상황을 알고 계십니까?

(화면을 봐주시기 바랍니다.)

예를 들어 현재 ≪동아국어사전≫에 나오는 단어 중 '조사'라는 단어의 한자는 17개, '공'과 '한'이라는 단어의 한자는 12개에 이르고 있습니다. 한글만 사용한다면, 단어의 정확한 뜻을 알 수 있겠습니까?

〈국어대사전 등재 한자 현황〉 자료 : ≪동아국어사전≫

한글	한자(漢字)
조사(17개)	調査, 助詞, 助事, 助辭, 祖師, 曹司, 措辭, 釣師, 釣絲, 朝士, 朝仕, 朝使, 照査, 照射, 繰絲, 弔詞, 早死
공(12개)	工, 公, 功, 空, 貢, 拱, 共, 恐, 恭, 攻, 鞏, 孔
한(12개)	韓, 汗, 限, 恨, 漢, 閑, 閒, 旱, 寒, 暵, 罕, 邯

또한 역사적으로 유교문화권에 속하는 우리나라는, 한자를 이해하지 못하면 우리말도 제대로 이해하지 못할 뿐만 아니라, 소중한 문화유산에 대한 이해도 어려운 실정입니다. 한자교육을 제대로 못 받은 미래세대들이 '경복궁'이라는 이름의 진정한 의미와 뜻을 알 수 있을 것이라고 생각하십니까? 지난 1월 10일 생존해 있는 대한민국의 역대 국무총리 20명의 서명을 받은 한자교육 건의서가 청와대에 제출되었습니다.

이 건의서가 중요한 이유는 국정을 통할하던 국무총리들이 각 부처나 이익집단의 첨예한 대립 상황을 알고 있으면서도, 한자 교육이 우리 교육을 위해서 가장 필요한 일이라고 판단했기 때문에 본 건의서를 제출하였다는 것입니다. 이에 대한 교육부 장관의 견해는 어떻습니까?

사정이 이러할진데, 교육정책의 百年大計를 세워야 할 교육과학기술부에서는 문제의 심각성은 인식하지 못한 채, "어문정책의 주관 부처가 아니기 때문에, 연구 용역을 시행하고 차후에 장기적인 문제로 검토하겠다."는 안일한 답변을 하고 있습니다.

국가원로들의 충정어린 마음으로 대한민국의 미래를 위해 정책을 건의하였는데, 대한민국 교육정책을 총괄하는 교육부는 한자·한글 관련 단체의 눈치나 살피고 있고, 관련부처와 진지한 논의조차 하지 않고 있다는 사실에 대한 장관의 견해는 무엇입니까?

넷째로, 위의 국회질의에서도 명백하게 거론한 바와 같이 한글專用은 傳統文化에 대한 지식의 단절을 가져왔다. 역사상에 등장하는 무수한 人名, 地名, 事件들이 모조리 한글로만 적힌다면 그것은 이미 暗號풀이의 수준을 넘어서는 무의미한 음상의 나열에 지나지 않게 된다. 어느 퀴즈 프로에서 다음 말을 풀이하라는 문제를 낸 적이 있었다.

顯考學生府君神位

당연한 결과이지만 그 프로에 참석한 어느 누구도 이 말을 정확하게 풀이하는 사람이 없었다. 가장 근접한 대답이 제사지낼 때 쓰는 말이라고 변죽을 친 답변이었다. 막연하게 감지하는 상태에 머물러 있는 이러한 현상을 우리는 어떻게 해석하여야 하는가? 儒教를 國是로 하던 조선왕조사회가 끝나고 基督教文化가 표면적으로 강화되면서 冠婚喪祭의 禮節儀式이 파괴된 처지에, 位牌에 모신 神主名啓은 망각해도 좋다고 방관할 수 있는 것인가?

21세기를 사는 그리스도교인이 되었다고 하여 우리나라 歷史에서 찬란한 문화를 꽃피웠던 佛敎 · 儒敎의 전통과 遺習을 몰라도 된다고 주장할 수는 없는 것이다. "過去는 곧 現在가 나아갈 未來다."라는 표어처럼 과거를 잃은 민족은 미래도 정정당당하게 개척할 수는 없을 것이다.

그 퀴즈프로의 진행자는 "顯考는 돌아가신 아버지라는 뜻인데 顯은 魂靈으로나마 나타나시기를 祈願한다는 뜻을 표현하는 글자이고 考는 아버지를 다르게 표현하는 것입니다. 學生은 官職을 중요시했던 유교적 관료사회에서 벼슬을 살지 않은 평민이었음을 가리킵니다. 운운하면서 참으로 군색한 해설을 이어갔으나 그것은 이미 행차 후의 나팔 같은 공산의 메아리였다. 이러한 처지에서 국사교육이 어떻게 진행되는지 참으로 궁금하기 그지없다. 한자지식을 배제하고 다음과 같은 한국사의 사건 · 사례를 어떻게 이해할 것인가? 몇 개만 적어보자.

동도서기(東道西器)	사문난적(斯文亂賊)
척불숭유(斥佛崇儒)	정명가도(征明假道)
신량역천(身良役賤)	파사현정(破邪顯正)
돈오점수(頓悟漸修)	사단칠정(四端七情)
숭명배청(崇明排淸)	문체반정(文體反正)

국사 시간에 이 모든 것을 한글로만 적고 그것을 설명하려면 부득이 그 한자의 뜻풀이를 선행하지 않고는 한 걸음도 나아갈 수 없을 것이다. 그것이 이루어지지 않을 때 '感'으로 추측하는 불안정하고 불확실한 학습이 진행될 수밖에 없을 것이다.

다섯째로 이와 같은 불완전한 학습은 수학 · 과학 등 다른 과목에도 파급된다. 간명하게 정리된 개념파악의 용어가 한글로만 적히고 학습될 때에 그것을 바르게 알기 위한 노력은 한자를 알았을 때와 비교하여 얼마나 차이가 있을까?

二等邊三角形, 直角三角形, 銳角, 鈍角, 補角은 한자를 알고 설명을 들으면 그 즉시 이해가 될 터인데 漢字를 모를 경우 암호를 암기하듯 그 개념을 정리할 것이다. CO2를 二酸化炭素라고도 하고 炭酸가스라고도 한다는 것을 한글로만 설명하면 두 번 세 번 반복하여야 하지만 한자를 이해한다면 한자를 읽는 순간 설명은 군더더기가 된다는 사실을 우리는 너무나 잘 알고 있다.

19세기 이래 근대 서양학문이 동양 삼국에 소개될 때에 그 많은 학술용어가 모두 勞心焦思 熟考 끝에 한자로 정착한 것을 우리는 지금 사용하고 있다. 이제 와서 그것을 버리자니 그 자리에 영어가 비집고 들어오게 되었다. 가령 '高所恐怖症'이라는 낱말 대신에 'acrophobia'라는 영어 낱말을 쓴다고 생각해 보자. 한자어 '高所恐怖症'은 그 글자를 읽는 것과 동시에 뜻을 즉각적으로 파악하지만 'acrophobia'는 거기에서 무엇을 연상할 수 있는가?

이와 같은 사실을 잘 알고 있으면서도 한자교육의 강화를 주장하면 어떤 이는 "그것은 필요한 사람이 알아서 배우면 되는 것이 아닙니까? 초등학교에서까지 한자의 고통은 줄 필요가 있습니까?" 이렇게 말한다. 그런 분에게 다시 묻고 싶다. "그러면 英語早期教育은 어린이에게 고통을 주는 것이 아닙니까? 또 영어도 필요한 사람만 배우게 하면 된다는 논리입니까? 도대체 공교육의 이념과 사명이 무엇이라고 보고 그런 말씀을 하십니까?"

우리는 지금 이러한 반박에 지치고 지치고 지쳐 있다. 그 동안 온 나라의 知識 水準, 創意力, 論理的思考力의 저하는 하루가 다르게 深化되는데, 教育行政當局도 잡음 내기 싫어서, 안일한 伏地不動에서 움직일 줄을 모른다. 참으로 한심하고 답답하여 더 할 말이 없다. 여기에 무슨 말을 더하여 한글전용의 폐단을 말할 것인가?

漢字의 進化와 書同文의 必然性

〈槪 要〉

漢字 四國의 實相

越南：脫落危機

韓國：漢盲量産

日本：安定維持

中國：古典疏外 (臺灣)：傳統固守

漢字의 三段階 進化

生成：發祥–發展–變容

造字：原初(文)–結合(字)–轉用(名)

構造：字形–字意–字音

機能：理念(表出)–敎養(享有)–情報(疏通)

文體：古・駢文(醇正文語)–漢吏文(行政文書)–白話文(言文一致)

漢字의 二重性 特徵

本性：記號性–象徵性

字形：表意性–表音性

字劃：添增性–切減性

意味：永續性–可變性 (歷史性–臨時性, 固定性–流動性)

漢字의 一體化 方向

書同文 運動(東勢西漸의 世界化)

1. 序言

금세기에 들어오면서 漢字 書同文運動이 새롭게 일어나고 있다. 국제교류가 빈번해지고 국제화가 한 걸음 더 나아가 單一世界化(globalization)로 치닫는 상황에서 과거에 한자문화권에 속해 있던 동북아 제국은 교류와 소통의 능률을 극대화시키기 위하여 한자 서동문의 필요성을 다시금 절감하게 되었다.

이것은 바꾸어 생각한다면, 현재 동북아 제국이 각기 서로 다른 문자를 사용할 뿐만 아니라 설혹 한자를 사용하는 경우에도 書異文을 실행하고 있어서, 동북아 제국이 과거 한 때 지금보다는 훨씬 밀접한 관계를 유지하며 서동문에 준하는 문화교류가 이루어졌던 것이 그야말로 過去之事가 됨으로써 문화적 동질성이 사라져 가고 있음을 반증하는 것이기도 하다.

그렇다면 어째서 현재 書異文(自國文字 使用과 漢字書異文을 통틀어 가리킴) 현상이 일어났는가를 면밀히 돌이켜 보고 거기에서 문제점을 찾아내어 해결의 실마리를 풀어나가야 할 것이다.

이 글은 이러한 문제를 검토해 보고자 하는 것이다.

2. 漢字文化圈 諸國의 實相

먼저 한자문화권의 국가에 어떤 나라들이 속하며, 그 나라들은 어떤 文字를 사용하고 있는가를 살펴보아야 할 것이다. 흔히 동북아시아라고 하면 중국을 중심으로 하고 동쪽으로 한국과 일본이 있으며 남쪽으로 越南이 있다. 크게 보아 이들 네 나라가 전통적인 동북아시아의 한자문화권 국가였다.

물론 중국의 북쪽에 蒙古가 있으나 蒙古는 중국 역사 속에 元帝國을 형성할 만큼 강력한 정치적 영향력을 행사한 적이 있음에도 不拘하고 元제국이 북방으로 자리를 옮긴 후로는 문화적으로 한자를 받아들이지 않았으므로 몽고는 한자문화권이라고 할 수 없게 되었다.

結局 東北亞 漢字文化圈은 中國 · 韓國 · 日本 · 越南의 네 나라요, 그들이 구성한 역대 민족 · 국가들을 가리킨다. 그런데 이들 네 나라는 19세기 이래 西勢東漸하는 서구열강에 의해 서구문화를 받아들이고 서구화의 길을 택하면서 자연스럽게 한자문화권을 와해시켰다.

2-1 越南

越南은 한자문화권에서 가장 먼저 이탈한 나라가 되었다. 월남을 식민지로 확보한 프랑스는 끈질기게 한자를 없애고 알파벳으로 대체할 것을 주장하였다. 그리고 급기야 그 주장을 정책으로 밀어붙였다. 그 정책은 1910년부터 20여년에 걸쳐 한자를 폐지하고 월남어를 알파벳 곧 로마字로 바꾸어 나아갔다. 교과서는 로마자로 적은 월남어문이 한자로 썼던 월남어문을 대체하였고 국가시험은 한자를 폐지하고 로마자 쓰기를 강제함으로써 한자사용을 위축시켰다.

이 정책은 크게 성공하여 아주 빠른 기간 내에 한자가 월남에서 사라지게 되었다. 이때에 독립운동 세력이 크게 반발할 수 있었으나 프랑스어를 강요하지 않고 월남어를 보존할 수 있다는 것을 다행으로 여겨 한자 폐지에 미온적으로 대처하였기 때문에 이 정책은 단기간에 성공을 거둘 수 있었다.

그 결과 월남어 가운데 60% 이상을 占하는 한자어가 알파벳으로 표기되는 상황이 생겼고, 그 결과는 광범위한 지식부재 현상을 초래하게 되었다. 고급학문을 위한 교재도 교육도 불가능해진 상황에서 富裕層은 프랑스 유학을 떠났고, 下層民은 극심한 지적 빈곤현상에 직면하게 되었다.

1975년 월맹이 공산체제로 통일을 성취한 후에도 학문부재 현상은 계속되어서 1985년까지 하노이綜合大學校는 法科大學을 설치할 수 없었다. 물론 이 기간 중에 한자를 수용하여 월남 토속어를 표기하였던 字喃이 한자와 함께 사멸의 운명에 처해졌던 것은 두말할 필요가 없다.

2-2 韓國

그 다음으로 위기에 빠진 나라는 한국이다. 한국은 아주 이른 시기 곧 기원전후로부터 지난 19세기말, 그러니까 서구문화가 유입되기 전까지는 문자생활에 있어서 중국과 다른 바가 전혀 없었다. 15세기 중엽에 한글이 창제되어 그것이 일반백성에게 널리 쓰이기는 했으나 그 한글 사용이 종래에 문자(곧 漢字)로 영위되던 광범위한 문화생활에 크게 영향을 주지는 않았다. 다시 말하여 한자와 한글은 다정하게 영역을 분리하여 사용되었다고 할 수 있다.

그러나 개화기 이후 서구의 영향으로 민족의 자주문화 의식이 싹트면서 한자사용에 대한 반성의 움직임이 일어나고, 뒤미처 日本帝國主義의 식민지로 전락하였다. 그 일제의 同化政策이 시행되자 한국의 지식인들은 한국민이 문화적으로 우수한 민족이며 독창성이 뛰어남을 강조하면서 일제에 항거하였다. 그 때에 '한글'이 民族의 獨創的이고 固有한 文字임을 내세워 일본의 동화정책이 不當不可함을 내세우는 근거가 되었다.

곧 한글을 지키는 것이 민족을 지키고 국가를 되찾는 거의 유일한 방편이라고까지 생각하게 되었다. 더구나 한글은 알파벳에 완벽하게 대응하는 소리글자이었으므로 한글만 가지고서도 기본적인 문자생활은 何等의 지장이 없는 것처럼 보였다.

그리하여 일제 식민지 시대가 終焉을 고하고 독립국가를 성취한 후에도 일제 때에 민족정신과 민족문화 수호의 수단이었던 한글만을 쓰자는 주장이 계속되었다. 표면적으로만 보면 한글만으로 문자생활 전반이 가능할 것처럼 보였다. 이러한 한글전용의 기운이 1970년대 개발독재를 맞아 힘을 얻으면서 그 이후 온 나라에 한글만 쓰기의 대중문화가 자리 잡게 되었다.

그 결과는 지난날 월남에서 일어났던 것처럼 지식부재 현상이 발생하였다. 그것은 한글로만 쓰인 글을 읽으며 그 글 속에 들어있는 한자어를 이해하지 못하기 때문에 일어나는 것이었다. 현재 이러한 漢字文盲 階層이 60대 이하에 널리 퍼져 있어서 한국은 이러한 지식부재 현상을 하루 빨리 극복하고자 일부 識者層이 부단히 노력하고 있다.

2-3 日本

日本은 한자사용에서 다른 어느 나라보다 편안한 위치에 있다. 일본의 고유문자 かな(假名)가 있으나 그 '가나'는 한자와의 상보적 기능을 갖는 第二文字의 지위를 고수할 수 있었기 때문이다. 또한 일본에서의 한자는 音讀과 訓讀을 넘나들며 읽는 오랜 관행을 전통으로 확립한 처지이므로, 일본은 한자 없는 문자생활은 상상할 수 없는 형편에 있다. 그리하여 일본은 한 때 한자와 かな까지 모두 버리고 알파벳을 도입하자는 極端論이 나오기도 했으나 오랜 관습과 전통을 아낄 줄 아는 일

본인들은 한자수를 1,945자로, 그 후 조금 늘려서 2,136자를 쓰면서 옛날과 다름없는 문자생활을 영위하고 있다.

2-4 中國

그러면 한자사용의 종주국인 중국은 어떠한가? 중국은 서유럽 열강의 끈질긴 통상압력을 받으며 개화기를 맞이하였다. 西勢에 밀려 마카오와 홍콩을 조차해 주며 용트림을 시작한 중국도 "近代化의 걸림돌은 漢字다."라는 알파벳 문화국들의 세뇌에 빠져 고민하게 되었다.

20세기 초 중국은 어떻게 한자를 벗어날 것인가를 심각하게 생각한 적이 있었다. 그러나 누천년의 한자문화권의 두꺼운 층을 무너뜨리는 일은 中國文化 · 中國歷史 · 中國傳統을 깡그리 말살하는 것을 의미하였다. 그것은 문화민족으로서의 중국의 자긍심이 용서할 수 없는 일이었다.

그렇다면 대안은 무엇이었는가? 다른 문자로의 대체가 불가능한 상황에서 중국이 취할 수 있는 방법은 簡體字를 폭넓게 개발하여 좀 더 편하고 쉬운 문자를 만드는 일이었다. 이 간체자의 통용으로 현대의 言語 · 文字生活에는 문제가 없으나 正體字(繁體字)를 모르는 젊은 층이 전통문화 유산을 소화하는 데에는 한계가 드러나게 되었다. 이것은 한글전용의 확대로 한자문맹이 생긴 한국의 사정과 同軌現象이라 할 수 있다.

이처럼 정도의 차이는 있으나 中國 · 韓國 · 日本 · 越南은 과거에 同一文化圈으로서 書同文을 누리던 시대를 마감하고 각자가 따로따로 문자생활을 영위하는 시대가 되어버렸다.

3. 漢字의 特性

한자가 위에 논의된 바와 같이 한자를 사용하는 각 지역 각 국가에서 다양한 변모를 거쳐 온 것은 한자 자체의 특성과도 무관하지 않다. 한자는 생성될 때부터 세월을 거치며 끊임없이 변화발전을 지속하였다. 그 변화상을 몇 가지 측면에서 검토해 보기로 하자.

3-1 三段階의 進化

① 生成

먼저 생성의 차원에서 보면 書體의 變化를 크게 3단계로 정리할 수 있다. 그 첫 단계는 한자의 發祥이다. 기원전 14세기 殷王朝 때에 甲骨文의 형태로 나타난 것이 한자생성의 시초이다. 만일에 半坡에서 발견된 彩陶土器를 문자의 시원으로 생각한다면 기원전 4000년 안팎으로 거슬러 올라가지만 그것은 문자라기에는 아직 좀 더 궁구해야 할 점이 있는 것으로 논의되고 있다.

두 번째 단계는 그 甲骨文이 字形과 書體에서 시대의 흐름에 따라 새로운 형태로 바뀐 일이다. 갑골문은 조만간 器皿이나 鐘鼎에 印刻되면서 金文으로 바뀌고 뒤미처 그것이 篆字로 발전한다. 篆字는 周宣王 때에 太史 籒에 의한 大篆과 秦나라 李斯가 고안한 것으로 전해지는 小篆으로 나눠서 쓰이더니 이 篆字가 脫化하면서 隸書가 나오게 되었다. 이 예서는 좀 더 편안한 서법을 찾고자 하는 노력과 紙筆墨의 보급과 전파에 힘입어 해서로 발전하고 그것은 곧 行書와 草書로서의 변신이 이루어졌다.

이와 같이 갑골문과 금문에 이어 篆·隸·楷·行·草로 분화 발전한 오체의 서법은 세월이 가면서 실용성과 예술성을 가미하며 문자를 적는 재료와 내용에 따라서 그리고 글씨를 쓰는 사람의 취향에 따라 개인특유의 서법과 서체를 발달시키며 그야말로 다양한 문자의 향연을 펼치게 되었다.

그 다음 단계는 한자가 인근 民族·國家에 전파되면서 그 民族·國家 고유의 언어를 표기하는 문자로 변용된 일이다. 越南의 字喃이나 女眞文字의 경우는 한자 본자에 새로운 요소를 加劃하거나 바꾸는 것이었고, 한국의 口訣略字나 日本의 假名(かな)는 한자 본자를 略化 簡化하거나 글자의 일분만을 취함으로써 새 문자를 고안한 것이었다. 물론 이들 인근 民族·國家들은 중국에서 통용되는 한자를 그대로 쓰는 것을 반드시 倂用하였다. 이와 같이 한자는 인근 민족·국가에서 그들 나름의 변체자의 응용이 일어났다.

위에 언급한 바를 다시 요약하면 다음과 같다.

第一段階 – 發祥期, 甲骨文과 金文

第二段階 – 發展 整理期, 篆 隸 楷 行 草 등 五體의 發達

第三段階 – 變體·應用期, 異民族의 多樣한 變容文字.

② 造字

다음으로 한자의 字體構成(造字 過程)의 차원에서도 3단계를 상정할 수 있다. 전통적으로 한자는 六書라는 分類概念으로 발생과 발전과 응용을 논의하여 왔다.

한자는 발생의 단계에 상형과 지사의 방법이 원용되었다. 현재까지 약 600자의 象形字가 해독 정리되었고 약 130자의 指事字가 정리 해독

되었다고 전해지고 있다. 이 상형과 지사자들이야 말로 한자의 母體요, 原型이라 할 수 있다. 그러므로 한자는 이른 시기에 1,000자 미만으로 宇宙萬象을 나타내고자 한 셈이다. 그러나 그것은 물론 기초 작업이요, 원초문자에 불과한 것이었다.

복잡다단한 세상의 형상과 인간사의 事件·事態들은 그 원초문자의 변용을 요구할 수밖에 없었다. 그것은 기존의 문자를 결합하는 것이었다. 그리하여 원초문자에서 意味要素 두 개(또는 그 이상)의 결합으로 會意字가 되었고, 의미요소와 발음요소가 결합한 것은 形聲字가 되었다. 이리하여 幾千字의 회의자가 생성되었고, 그보다 수십 배 많은 幾萬字의 형성자가 탄생하였다. 총 한자의 80% 이상이 형성자라고 하니 형성자가 한자의 중심이라 하여도 과언이 아닌 것이다.

그 다음으로 마지막 단계가 전용문자인데 여기에는 轉注와 假借의 두 가지 방법이 있다. 인간사의 복잡 미묘한 사태나 사건은 기존문자의 한계를 드러낸다. 그 한계에 부딪쳤을 때의 탈출구가 곧 전주요, 가차의 수단이었다. 전주는 기존문자(곧 象形 指事와 같은 原初文字나 會意 形聲과 같은 結合文字)로터 의미상의 연상이나 추측이 가능한 새로운 의미를 나타내기 위하여 轉用되는 文字이고, 가차는 旣存文字의 音이나 形態를 빌어 전혀 다른 의미를 나타내는 것이요, 여기에서는 원래의 의미와 전용된 의미사이에 必然的·論理的 連繫性은 찾을 수 없고 다만 성음의 동질성만 작용하는 문자이다. 따라서 전주와 가차는 문자운용의 마지막 단계로 보아 전용문자의 범주에 든다 할 것이다.

이것을 요약하면 다음과 같다.

第一段階 - 原初文字 - 象形·指事

第二段階 - 結合文字 - 會意·形聲

第三段階 - 轉用文字 - 轉注·假借

③-ⓐ 構造

한자는 자체의 구조적 측면으로도 세 가지 요소의 결합으로 되어 있다. 중국에서 한자가 생성될 때에는 字形이 일정한 形態로 정착하는 것과 함께 그 문자가 지시하는 내용 곧 字意(字義)도 동시에 정착하였을 것이다. 그 자의가 애초에는 주술적 계시를 뜻하는 것이었으므로 그에 해당하는 자음은 없었을 것이다. 그러나 조만간 하나의 자형에 자의를 뜻하는 자음이 첨가되어 자의와 자음은 일체를 이루었을 것으로 보인다.

이렇듯 하나의 문자는 字形·字意·字音의 세 가지 요소로 묶여 있다. 물론 중국에서는 자의와 자음이 동일한 것이어서 의미와 聲音을 특별히 나눌 필요가 없이 사용이 가능했겠지만 그 문자들이 인근 民族·國家에 전파되었을 때에는 부득이 자국의 언어로 그 문자의 의미를 해석하여야 했으므로 중국으로부터 수입한 문자는 글자마다 별도의 자의를 붙이지 않을 수 없었다. 그리하여 모든 한자는 중국을 제외한 모든 인접 국가에서 字形·字意·字音의 세 요소가 결합되어 사용되었다.

한국에서의 예를 보이면 '天 : 하늘 천', '地 : 땅 지'와 같다. 이것을 圖形化 하면 다음과 같다.

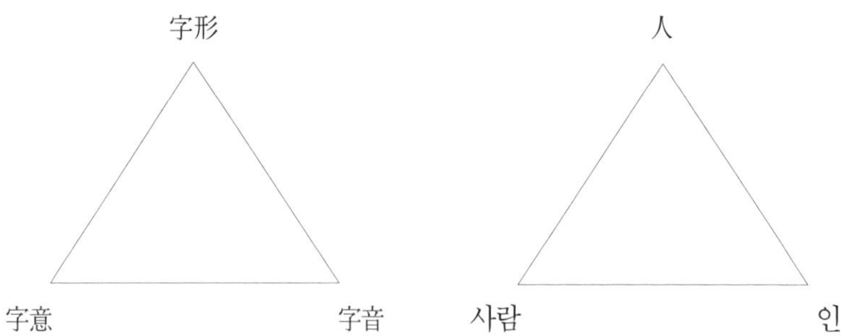

한자의 이와 같은 三元構造의 特性은 中國을 제외한 인접 民族·國

家들이 한자를 이용하려고 할 때 자연스럽게 자의만을 취할 수도 있고 또 자음만을 취할 수도 있게 하였다.

③-ⓑ 韓國의 應用例

우선 한국에서 三元構造가 어떻게 활용되었는가를 간략히 정리해 보자. 하나의 자형이 한국에 들어왔을 때 함께 딸려오는 것이 자의와 자음이었다. 그러므로 하나의 문자는 두 방향으로 활용할 수 있는 길이 열려 있는 셈이다. 즉 '天'은 '하늘'로도 읽을 수 있고, '천'이라는 음으로만 읽을 수도 있다.

이때에 한국 고유의 語彙나 文章을 쓰고자 할 때 어떤 글자는 자의로 읽고, 어떤 글자는 자음으로 읽는 방법을 고안하게 된 것이다. 그 대표적인 사례가 한국 고대 시가인 鄕歌의 表記方式이다. 이것을 한국에서는 鄕札이라고 하는데, '漢字를 利用한 韓國文字'라는 뜻이다.

祭亡妹歌의 一節을 인용한다.(□ : 原字그대로, ○: 訓借 곧 字訓借用, △: 音借 곧 字音借用)

生死路隱

□□○△

此矣有阿米次肹伊遣

○△○△△△△△△

吾隱去內如辭叱都

○△○△△○△△

毛如云遣去內尼叱古

△△○△○△△△△

한국은 漢字를 처음 받아들였을 때 人名·地名·官名 등 固有名詞를 한자로 표기하였다. 그 경우에도 弗矩內, 徐羅伐, 居柒夫 같은 音借表記가 있는가 하면 赫居世, 東京(?), 荒宗과 같은 訓借(字意借用)表記가 병존하였다.

이와 같은 한자의 音·訓借 表記體系는 공용문서를 작성하거나 경서를 한국어로 번역하는 과정에서 吏讀와 口訣을 창안하게 되었다. 吏讀와 口訣은 모두 한국어의 체언에 붙는 조사와 용언에 붙는 어미를 한문 원문에 剩餘的으로 덧붙임으로써 韓國語化하려는 노력의 소산이었다. 이때에 구결은 한자의 정체자를 과감하게 생략하는 약체자를 개발하게 되었다. 이 구결자는 모두 한국어의 조사나 어미를 표현하는 표음문자의 기능을 하는 것이므로 일본의 가나(かな)文字와 본질적으로 같은 것임이 주목되고 있다.

④ 機能

또 한편으로 한자는 생성된 때부터 오늘날까지 누천년을 사용해 오면서 그 문자의 기능이 크게 보아 3단계의 변화를 거쳤다고 생각된다.

애초에 한자의 출발은 정치의 출발과 같은 궤적을 그린다. 甲骨文을 漢字의 出發이라고 한다면 그 글자들이 神意를 묻는 宗教的 呪術을 반영하였다는 사실을 아무도 의심하지 않을 것이다. 즉 주술적 언어를 표기형식으로 정착시킨 것이 문자였다. 그 종교적 신의는 결국 통치자의 의중을 암묵적으로 나타내는 수단이었으므로 한자의 출발은 곧 지배이념의 표현수단으로 시작된 것임을 숨길 수 없다.

'始制文字'라고 하는 千字文의 한 구절을 설명한 다음 말을 살펴보자.

"중국은 문자를 정치의 시작으로 보았다. 그래서 문자를 통하여 사물이 존재하게 하였고, 속성을 규정하였으며 사물을 질서 속에 편입시켜

통제했던 것이다. 이처럼 고대 중국의 세계는 문자에 의해 축조된 것이었으므로, 정권이 바뀌면 세상의 질서를 바꾸기 위하여 문자에 대한 새로운 해석이 필요하게 되었다. 이것이 바로 중국에서 전통적으로 訓詁學이 발달한 이유이다."(김근(2003), ≪욕망하는 천자문≫, p.78.)

이처럼 한자는 신령한 언어이면서 통치의 방편이었다. 그리고 점차 두 번째 단계로 접어들면서 지식과 교양의 수단으로 확대되었다. 위에 인용한 글에서도 밝힌 바와 같이 문자가 통치의 방편으로 쓰이는 것은 계속되면서도 지배층을 형성하는 이른바 사대부들은 문자를 향유함으로써 精神文化 生活을 풍요롭게 하였고, 문자를 안다는 것이 지식을 쌓고 교양을 넓히며 무엇보다도 출세를 보장하는 방편이 되었다. 이러한 第二段階에서 엄청난 양의 동양의 고전이 탄생한다. 흔히 四書六經이며 諸子百家의 著書들은 이 시기에 완성된다.

그리고 第三段階로 접어들면서 한자는 광범위한 소통의 수단으로 발전한다. 이 時期는 물론 第二期부터 싹튼 것이지만 문자의 보편적 기능이라고 할 대중적 정보교환과 일상적 언어의 표현수단이 된 것은 적어도 專制君主가 통치하는 封建體制에서는 活性化되지 않았다고 생각된다.

다시 정리하자면 한자의 기능은 다음과 같이 3단계로 발전하였다.

第一段階 : 統治理念의 表出機能

第二段階 : 知識·教養의 享有機能

第三段階 : 日常 情報의 疏通機能

이와 같은 3단계는 오랜 기간에 걸쳐 後期段階가 前期段階를 받아들이면서 아주 서서히 발전하였다.

⑤ 文體

또한 위와 같은 3단계의 발전과 변화는 漢文 文體의 변화에서도 찾아 볼 수 있다.

초기의 한문문체는 흔히 古文이라 하는 것으로 春秋戰國時代를 거치는 先秦時代의 初期儒教 經典들에 쓰여진 문장이요, 문체이다. 이 고문은 口語를 토대로 하지만 간결성과 암시성을 특징으로 하는 이른바 문언문체였다. 그러므로 당연히 일상의 언어와는 구별되는 것이었다. 그러나 이러한 고문은 한대 이후로 넘어오면서 漢나라의 首都 長安의 언어, 곧 通語를 반영하고 거기에 장식성이 가미되는 새로운 문어로 발달하자, 그것을 표기하는 騈文이 나타나게 되었다. 이 변문은 韻文과 散文의 결합이었으므로 여전히 일상어 문장이라고는 볼 수 없는 것이었다.

이렇게 엄정한 문어투의 古文과 騈文을 거쳐 元나라 시대에 오면 이른바 漢吏文이라는 行政文書用 文語體가 생성된다. 이것은 元나라 首都인 北京에 북방민족들이 공통어로 사용하던 漢兒言語에 蒙古語 요소가 가미된 것이었다. 漢兒言語는 中國語에 膠着語 성격을 갖는 북방계 이민족의 언어가 섞인 混淆語로서 그 당시 일반 행정용으로 널리 쓰였는데, 거기에 다시 몽고어 요소가 가미되었으니 그것은 두 말할 것도 없이 전통적인 중국의 고문과는 거리가 있는 것이었다.

흥미롭게도 한국 역시 전통적인 한문투에 韓國語 요소가 가미된 吏文(吏讀文 前節 參照) 곧 朝鮮吏文이 생성되어 조선왕조 500년간 공용문서 작성에 널리 쓰였다는 사실이다.

이렇게 吏文段階를 거치는 것과는 별도로 宋代에 오면 일상 언어를 표기하는 언문일치의 白話文을 탄생시킨다. 한국이나 일본에서도 시기상으로 조금 늦으나 중국의 백화문에 정확하게 대응하는 國漢混用의 언문일치 문장이 나타나는 것 역시 역사적 시대적 필연이었다.

그러므로 한문문체도 큰 흐름은 文語體에서 언문일치의 구어체로 바뀌면서 다음과 같은 3단계를 거쳐 왔다고 볼 수 있다.

第一段階 : 醇正語文表記 – 古文 · 騈文

第二段階 : 半文語行政文書表記 – 吏文

第三段階 : 言文一致表記 – 白話文

3-2 相反的 二重性

이상의 논의를 통하여 한자는 수천 년 간 시대의 흐름을 따라 끊임없이 그 시대에 적응하며 書體에서, 造字過程에서, 字體構造에서, 더 나아가 문자의 사회적 기능 및 문체 분야에서 변화를 겪어온 것이 밝혀졌다. 이해의 편의상 그것들을 모두 3단계로 공식화하였으나 그것은 어디까지나 편의를 위한 방편이었다. 그러나 그러한 변화는 한마디로 요약하면 한자는 진화하는 문자라는 것이다.

다시 말하여 한자는 인간과 더불어 유기체와 같은 발전을 하는 문자였음이 밝혀졌다. 흥미롭게도 한자만큼 오래된 문자가 없으면서 또한 한자만큼 신선한 문자도 없다는 것이다. 어찌하여 이렇게 한자는 신비한 특성을 가지는 것일까?

① 本性

그 바탕에는 한자가 지니는 記號的(象形 · 指事的) 象徵性에 있다. 이 기호적 상징성은 또한 表意文字라는 일차적 특성을 반영하는 것이지만 모든 표의문자가 한자처럼 기호적 상징성을 갖지는 않는다. 예컨대 수학 기호로 쓰이는 + − × ÷ 같은 것도 크게 보면 표의적 기호이지만 그것이 加減乘除와 같은 보다 포괄적이고 잉여적인 의미를 지니지는 못한다.

기호적 상징성이란 하나의 자형이 基礎意味를 출발점으로 하여 인류 문화의 변천을 따라 무궁무진한 변화를 수용할 수 있음을 드러내는 말이다. 그런데 이 기호적 상징성이라는 특성을 기호성과 상징성이라는 두 개의 특성으로 분해하여 본다면, 그 특성은 상반적 이중성이라는 말로 바꾸어 정리할 수 있다. 그리고 이러한 상반적 이중성은 기호성과 상징성에 그치는 것이 아니라 다음과 같은 몇 개의 항목으로 더 나누어 볼 수 있다.

② 字形

첫째, 한자는 表意性과 表音性을 갖고 있다. 한자는 애초에 표의성만을 드러내는 기호로 출발했으나 문자로 정착하는 과정에서 자연스럽게 자음을 지니게 되었고 그것은 경우에 따라 字意를 배제하고 字音만을 취하는 문자 곧 表音文字로만 쓰이게도 되었다.

③ 字劃

둘째, 한자는 添增性과 切減性을 갖고 있다. 원초문자인 기초상형자의 복합으로 회의자와 형성자를 만든 것은 첨증의 기법으로 새로운 문자를 만드는 방편인 반면, 서체에서 자획을 과감히 줄임으로써 草書를 개발한 것은 切減性의 방법을 따른 것이다. 또한 이웃나라 日本에서는 절감의 방법으로 かな가 생성되었고 한국에서도 구결자를 만들었으며, 현재 중국은 광범위한 簡化字를 만들었는데 이것은 모두 절감의 방법으로 만든 것이다.

④ **意味**

셋째, 한자는 永續性과 可變性을 동시에 지니고 있다. 그것은 歷史性과 臨時性, 또는 固定性과 流動性이라는 용어로 정리하여도 좋을 것이다. 즉 한자 하나하나의 개별자는 기본의미가 역사적 배경을 지니고 확정된 뒤에 시대의 변화와 상황에 따라 기본의미에서 파생된 새로운 의미로 전용될 수 있다.

辭典을 펼치면 하나의 문자가 수십 개의 의미로 分化되어 쓰이는 예를 우리는 쉽게 접한다. 그러나 그것이 무분별하게 확산되는 것은 아니다. 하나의 의미에서 다른 하나의 의미로 전용될 때에는 그렇게 쓰일 만한 의식의 연상 작용이나 상황의 추이가 어떠한 것인지를 알 수 있는 한계 내에서 그렇게 전용되는 것이기 때문이다. 그리하여 어떤 글자는 그 글자 하나로 한 시대의 사상과 풍속의 변화까지 감지할 수 있게 한다. 문자가 역사적 변천을 말해 주는 화석이기도 한 셈이다.

4. 漢字의 進路

한자는 이렇듯 진화하는 有機體이면서 二重性을 갖고 있기 때문에 東北亞 漢字文化圈內에서 각 지역 사정에 맞게 변용되면서도 持續的으로 사용되었다. 그리하여 지금까지의 변화는 분화의 모습을 보이는 것이었다. 그런데 이제 21세기를 맞은 작금의 세계는 공교롭게도 東勢西漸의 양상을 띠고 있다. 순환하는 세계사의 흐름이 동북아시아로 문화의 중심축이 이동하고 있는 듯한 느낌을 준다. 그러나 西勢東漸이 약육강식의 제국주의적 침략의 양상을 띤 것이라면 東勢西漸은 보편 지혜의 확산을 전제로 하는 四海同胞主義的 평화의 양상을 띨 것이다.

西勢東漸이 무력으로 始終한 반면, 아마도 앞으로 동세서점은 전통적 동양지혜의 문화창조로 연결될 것이다. 그 문화창조의 핵심에 한자가 새로운 역사적 임무를 수행할 것이 예상된다. 왜냐하면 과거 한 때 書同文을 통하여 漢字文化圈이라는 거대한 문화영역을 구축한 적이 있기 때문이요, 그것을 다시 구성함으로써 새로운 문화창조의 역사적 사명을 완수할 것이기 때문이다.

다시 말하면 한자는 진화과정에서 여러 民族·國家別로 분화발전이 이루어졌으나 이 21세기에는 그 분화가 다시 서서히 통합의 길로 방향을 바꿈으로써 단일 세계화의 세계조류에 자연스레 동참할 것이기 때문이다.

4-1 書同文의 必然性

그러나 가만히 앉아 있으면서 한자문화권이 새로운 인류문화 創造에 기여하리라고 생각할 수는 없다. 따라서 書同文運動은 그러한 역사적 사명을 완수하기 위한 일차적인 작업이 되어야 한다.

그동안 한자사용의 분화는 書同文 時代가 무색하리만큼 다양해졌다. 그러나 書同文의 再臨이 불가능한 것이 아님을 漢字文化圈의 여러 나라가 합심하여 보여주어야 할 것이다.

이 시점에서 우리는 '書同文'의 概念을 명백하게 정의할 필요가 있다. 우선 書同文은 書同文字의 뜻과 書同文章의 두 가지 뜻이 있다. 과거에 '書同文'이라는 용어를 쓰면서 아무도 이 文字(個別文字)와 文章(漢文文章)을 구별하려 하지 않은 것은 그 두 개의 개념을 혼동하여도 아무 문제가 없었기 때문이다. 즉 과거에는 누구나 문장으로 작문하는 書同文을 염두에 두면서 동시에 동일한 문자를 쓰는 것을 의미하였다. 文字와 문장을 구별하지 않고 문장의 개념 속에 문자가 자연스레 포함될 수 있었기 때문이다.

그러나 21세기의 오늘날 '書同文'은 '같은 문자를 사용하기'의 개념에 일단 국한하여야 한다. 각 나라가 언문일치의 문장으로 자국의 言語를 표기하게 된 터에 고대 古文套의 한문을 재구성할 수는 없다. 지금 '같은 문자를 사용하기'의 書同文을 정하는 것도 절차와 방법에서 많은 애로가 있을 것이다. 韓 · 中 · 日의 개별언어가 서로 다르기 때문에 쓰이는 문자의 공통성을 찾는 일이 쉽지만은 않기 때문이다. 그럼에도 불구하고 우리는 그 書同文字의 선정에 지혜를 모으고 중지를 결집하여야 할 것이다.

현재 한국은 1,800자 · 2,000자의 상용한자를 정해 놓고 있으며, 일본은 1,945자, 2,136자를 當用漢字로 사용하고 있고, 중국은 2,400자, 3,500자를 교육하고 있다. 우리는 우선 이 각기 다른 기초 상용한자의 共通點과 差別點을 찾아내어 3국 공통의 기초상용자를 정하는 일부터 시작하여야 할 것이다. 갈 길이 아득하지만 한국 속담에 이런 말이 있다.

"천리 길도 한 걸음부터."

4-2 書同文 事例

다음은 書同文章의 시대에 漢字文化圈에 속하는 각 나라 사람들이 어떻게 일체감과 동질성을 향유하였는가를 결론에 대신하여 소개하기로 한다. 그 때의 書同文은 국경을 초월하여 서로가 형제처럼 友誼를 나누는 桃園結義의 시대였다.

그 예문은 15세기 조선조의 선비가 生面不知의 일본 선비에게 '字'를 지어주는 글이다. 이와 같은 우정 어린 교류와 교유가 書同文字가 이루어지면 한 걸음 앞당겨 질 것이다. 조선의 선비 金宗直은 일면식도 없는 일본 선비 '重俊'이란 이에게 '世英'이란 字를 지어주며 그 선비를 칭찬하고 격려하는 글이다.

飜譯文과 原文을 나란히 싣는다.

얼마나 아름다운 交遊인가!

附錄 1 日本居士 重俊의 字를 지으며

일본에서 사신으로 온 師川이란 이가 일을 마치고 돌아갈 무렵에 (나를 찾아와) 重俊居士의 請이라 하며 그의 字를 지어줄 것을 청하였다. 그래서 그 내력을 밝힌다. 내가 오로지 벗의 자격으로 字를 지은 것은 꽤 오래된 일이다.

나는 箕子朝鮮에 살고, 居士는 日本에 살고 있다. 두 지역은(멀리 떨어져 있어서) 바람과 마소가 서로 미치지 못한다. 그러니 어찌 그 사람됨을 안다하고 또 감히 벗의 반열에 든다 할 수 있겠는가! 비록 그러나 오늘날의 세상은 똑같은 수레를 타고 똑같은 글을 쓰며 똑같은 윤리도덕에 따라 행동한다. 내가 다행히 居士와 더불어 이 천지간에 함께 살고 있으니 그를 벗으로 일컬음도 또한 온당한 일이다. 청컨대 世英이라 字를 정하니 그 뜻이 꼭 들어맞는 듯하다.

대체로 재주가 천 명의 사람들보다 우수한 것을 俊이라 하고, 지혜가 만 명의 사람들보다 뛰어난 것을 英이라 한다. (또한) 사람이 높은 덕을 지니고 있다면 그는 반드시 영특한 재주가 있을 것이다. 진실로 재주와 덕성이 서로 가지런하지 않으면 어찌 그런 사람을 豪傑이라 하겠는가?

漢나라에는 여덟의 俊士가 있었고, 晉나라에는 다섯의 俊士가 있었으며, 隋나라에는 두 명의 俊士가 있었고, 唐나라에는 네 명의 俊士가 있었다. 대개 그들의 업적이 두드러졌기 때문에 그들은 능히 그 명성을 누릴 수 있었다. 이제 (重俊)居士는 비록 老子의 道를 즐겨 따르고 있으나 예부터 豪傑이라면 모두(道를) 소중히 여기고 또 그리워하였다. 아하, 聖人이 되기를 바라는 이는 聖人의 무리요, 賢者가 되기를 바라는 이는 賢者의 무리이며 俊傑이 되기를 바라는 이는 그 역시 俊傑의 부류라 아니할 수 있을 것인가!

그런데 내가 師川의 말을 들으니 重俊이란 이는 사람됨이 출중하다 하였다. (곧) 그의 재주는 천 사람의 재주를 넉넉히 껴안을 만하고, 그의 지혜는 만 사람의 지혜를 넉넉히 아우를 만하다는 것이다. 그리고 그가 벗을 숭상하는 마음(뜻)도 또한 이와 같으니 과연 그는 이 뜻을 지키며 더욱 힘쓸 것이다. 그러므로 지난날에 그리워하던 바 漢·晉·隋·唐의 俊士와 같을 것이요, 그 외의 모든 이들은 그 아랫길에 들 것이다. 그 뛰어남이 (이처럼) 세상에 꽃다우니 어찌 부족함이 있을 것인가!

산에 올라가야 호랑이를 잡고, 바다에 들어가야 용을 만날 수 있다. 장차 居士가 앞 다투어 (호랑이와 용을) 먼저 발견하는 재빠름이 없지 아니하리라.

대체로 이렇게 생각하니 어찌 重俊居士가 단지 한 때의 英才이겠는가? 장차 千萬世에 드날리는 英才가 될 것을 의심치 않는다.

重俊은 (世英으로 字를 삼음을) 사양하지 마시라.

附錄 2 日本居士 重俊字說

金宗直

日本使者 師川 竣事將還 以居士重俊之請 求字於余 而並徵其說 余惟朋友字之 古也. 僕處箕封 居士處日域 風馬牛之不相及也. 奚知其爲人

而敢居朋友之列耶. 雖然 今天下 車同軌 書同文 行同倫 僕幸與居士 並立於天地間 雖謂之朋 亦可也. 請以世英爲字而中其義.

夫才過千人曰俊 智出萬人曰英 人之有俊德者 必有英才 苟才德之不相侔 則何以謂之豪傑乎. 漢之八俊 晉之五俊 隋之兩俊 唐之四俊 蓋有其實故 能享其名. 今居士雖假老氏之道 以爲服 而以古之豪傑者 爲重而慕望焉. 嗚呼 希聖者 聖之徒也 希賢者 賢之徒也 則希俊者 亦豈非俊之流也乎哉.

抑聞師川之言 得其爲人焉. 其才足以挾千人 其智足以兼萬人也. 而其尙友之志 又如此 果能推是志而益勉焉. 則前日所慕望 如漢晉隋唐之士 皆風斯在下矣. 其蜚英於世 曷有已焉. 登山而求虎 入海而尋龍 將於居士焉爭先覩之爲快. 夫如是 豈特爲一時之英. 將爲千萬世之英 無疑矣. 重俊毋讓焉.

제2장

칼 럼

한글은 漢字와 어울려 쓰려고

십 수 년 전, 우리 정부는 한국文化를 대표할 문화 상징 10가지를 선정한 적이 있다. 世界化와 國際化의 滔滔한 물결 속에서 우리나라가 21세기에도 韓民族의 正體性과 한국 문화의 獨自性을 드러내며 의연하게 살기 위해서는 자랑할 만한 한국의 문화유산이 무엇인가를 확인하려는 작업이었다고 생각된다. 그러한 문화 상징 10가지 가운데 처음 다섯만 손꼽으면 다음과 같다.

첫째 한글, 둘째 韓服, 셋째 김치 · 불고기, 넷째 佛國寺 · 石窟庵, 다섯째 跆拳道. 이 다섯 가지는 의 · 식 · 주 세 가지에서 하나씩 뽑아 가운데에 놓고, 첫머리에 정신문화 유산인 한글을 앉히고, 끝에다가 육체문화의 守門將인 태권도를 배열한 것이었다.

이러한 선정 작업에도 나타나는 바와 같이, 우리나라 사람들은 우리 문화의 正體性과 獨自性을 드러내는 가장 대표적인 것을 “한글”이라고 믿어 의심치 않는다. 이처럼 한글이 우수한 문자라는 생각은 전 세계를 상대로 의견을 수렴한다고 하여도 비슷한 결과에 이를 것이다. 가령 이 지구가 오염으로 가득 차서 좀 더 쾌적한 환경의 다른 별로 인류가 이사를 떠난다고 가정해 보자. 이때에 우리 지구인들은 이삿짐의 우선순위 다섯 가지를 무엇으로 할까?

첫째는 한국의 한글이요, 둘째는 이탈리아의 패션이요, 셋째는 중국의 料理요, 넷째는 미국의 건축이요, 다섯째는 영국의 언어라 하지 않을까? 둘째 이하에 대해서는 세론이 분분할 터이나, 첫째로 한글을 선정한 데에는 이론의 여지가 없을 것처럼 보인다.

한글이 인류가 지구를 떠날 때 가지고 가야할 재산 목록 제1호라는 것을 입증할 증거가 드러나기 시작한 것은 20세기 후반의 일이지만, 그 논거들은 분명하고도 단호하다.

"한글은 아마도 오늘날 사용하고 있는 모든 문자 중에서 가장 과학적인 체계일 것이다." 이것은 라이샤워와 페어뱅크가 공저한 ≪동아시아의 위대한 전통≫에 적힌 말이다.

"한국인은 세계에서 가장 좋은 알파벳을 발명하였다!" 이것은 라이덴 대학의 후리츠 포스敎授의 선언이다. 라이샤워가 "아마도"라고 조심스럽게 언급한 말이 포스에 와서는 결연한 감탄부호(!)로 바뀌고 있다. 이러한 포스의 말에 대해 시카고 대학의 맥콜리敎授는 다음과 같은 共感의 발언을 한다. "포스가 최상급을 사용한 것은 충분히 정당화될 수 있다. 한글은 벨의 볼 수 있는 言語記號(可視言語記號)의 着想보다 400년이나 앞선 것이기 때문이다." 이렇게 입을 모으던 세계 언어학자들의 의견은 영국인 언어학자 제프리 샘슨에 이르러 한글을 資質文字로 규정하면서 吐露한 다음과 같은 말로 절정을 이룬다. "한국 사람에게 있어, 이 한글문자가 궁극적으로 최상의 문자인지 아닌지는 알 수 없으나, 의심할 바 없이 이 文字는 人類가 쌓은 가장 偉大한 知的 成就의 하나로 손꼽히지 않으면 안 된다."

이와 같이 온 세계가 한글을 칭찬하는 이유는 무엇인가?

우리는 흔히 한글의 科學性과 獨創性을 머리에 떠올린다. 그렇다면 그 과학성과 독창성의 실체는 무엇인가를 알아야 할 것이다.

鄭麟趾의 訓民正音 制字解에 따르면 訓民正音, 곧 한글은 자연의 理致, 즉 天地萬物의 조화를 자연스럽게 반영하고 있는 것이요, 억지로 지혜를 짜내고 힘을 기울인 것이 아니라 하였다. 다시 말하면 억지로 꾸민 것이 아니라 매우 자연스럽게 만들어졌다고 설명한다. 이 말의 숨은 뜻에는 世宗이 訓民正音을 창제한 것은 하늘이 그 솜씨를 세종에게 빌려주어 만들어 낸 하나의 기적이라고 감탄하는 마음과, 訓民正音 글자의 奧妙한 簡潔性과 體系性을 賞讚하는 마음을 함께 나타내는 것 같다. 訓民正音은 그때까지의 모든 문자 이론과 그때까지 통용되던 문자들의 장단점을 모두 수렴하고 거기에 새로운 독창적 착상을 덧보탬으로써, 그 당시로서는 그 이상이 없는 세계적인 수준의 문자가 되었던 것이다.

즉 그때까지 우리나라가 한자를 이용하면서 우리말을 적는 데 이용되었던 吏讀와 口訣 문자들이 참고되었음은 물론이요, 한자의 다양한 서체와 약자들도 참고하고, 중국의 聲韻學의 연구 성과와 당대의 世界觀과 宇宙論인 陰陽五行의 이론이 절묘하게 배합됨으로써 한글은 비로소 하나의 세계적인 문자로 탄생하게 되었음을 뜻한다.

한글의 특성을 한마디로 풀이하자면 다음과 같이 정리할 수 있다. "한글은 말소리의 특성을 글자꼴에 체계적으로 반영한 表記體系다." 이것을 영국 학자 샘슨은 資質文字라고 하였는데, 여기에 音節 단위로 모아쓰는 문자임을 표현하자면 '資質的 音節文字'라는 용어를 사용해도 좋을 것이다. 그러면 資質的 音節文字의 특성을 차례대로 정리해 보자.

1) 표기 단위의 소리를 음절로 삼고 하나의 음절을 初聲 中聲 終聲으로 나누었다. 이 音節三分法은 음절을 聲母와 韻母로 나누던 音節二分法의 불완전성을 근본적으로 뒤엎은 혁명이었다.
2) 初聲과 中聲을 구분하여 각각 별도의 문자를 만들었다. 初聲은 현대 언어학이 말하는 子音이요, 中聲은 母音에 해당한다. 이 세상의 어떤 문자도 母音과 子音이 체계적으로 다른 글자꼴을 가진 예가 없다. 오직 한글만 체계적으로 다르다.

3) 終聲은 初聲 글자를 같이 쓰기로 하였다.

4) 初聲과 中聲의 기본 글자를 먼저 만들고 나머지는 기본 글자에 덧붙임꼴을 갖게 하였다. 이 부분이 한글의 簡潔性과 體系性을 보장하게 한다.

5) 初聲의 기본글자는 발음 기관을 상형하고, 中聲의 기본글자는 天地人 三才를 상형하였다. 한글이 音韻論의 이론과 동양철학의 우주관을 반영한 陰陽五行의 이론을 절묘하게 결합한 것이라고 하는 말은 初聲과 中聲의 象形 모델을 어디에서 찾았는가에 대한 감탄의 표현이다. 이 세상의 어느 문자가 언어학과 철학을 결합시켰던가? 世宗에게 있어서 言語學(聲韻學)과 哲學(陰陽五行 사상)은 表裏一體를 이루는 하나의 논리였다.

6) 初聲(子音)은 五行思想에 맞추어 발음 위치별 소리群을 어금니 소리, 혓소리, 입술소리, 잇소리, 목구멍소리로 정하며, 그 기본 글자는 약한 소리로 하고 나머지는 소리의 세기 정도에 따라 획을 덧붙이는 加劃의 방법을 사용하였다. 'ㄱ ㄴ ㅁ ㅅ ㅇ'이 기본이 되는 初聲 글자이고, 'ㅋ ㄷ ㅂ ㅈ ㆆ', 'ㆁ ㅌ ㅍ ㅊ ㅎ' 등은 初聲 기본자에 加劃을 하여 만들었다.

7) 中聲(母音)은 天地人 三才를 상징하는 圓點, 水平線, 垂直線 즉 ㆍ ㅡ ㅣ를 기본자로 하고, 여기에 陰陽五行의 원리를 적용하여 ㅗㅏㅜㅓㅛㅑㅠㅕㅘㅝㅚㅐㅔㅢ 등의 글자를 생산하였다. 訓民正音 창제 당시에는 ㆍ ㅡ ㅣㅗㅏㅜㅓㅛㅑㅠㅕ의 11자만을 기본 中聲으로 생각하였다.(ㅐㅔㅒㅖㅘㅝㅢ 등은 기본 母音에는 들어있지 않았다.)

8) 완성된 글자로 표기할 때에는 初聲과 中聲, 또는 初聲·中聲·終聲을 상하 좌우로 결합하여 네모 속에 꽉 들어찬 형태로 적기로 하였다.

이것이 곧 한글이 子音과 母音 하나하나로는 資質文字이지만 완성된 표기형으로는 音節文字가 됨으로써, 한자와 어울려 써도 자연스런 조화를 이룰 수 있게 되었다. 바꾸어 말하면 **한글은 한자와 어울려 쓰기를 전제로 하고 창제된 것**이라고 할 수 있다. 동시에 이러한 音節文字의 특성은 한글로 하여금 가로쓰기나 세로쓰기에 모두 활용될 수 있는 장점을 지니게 하였다.

보면 볼수록 신기하고 간결하고 체계적이어서 鄭麟趾의 讚辭처럼 하느님의 솜씨를 世宗大王께 잠시 빌려준 것이라고 밖에 달리 표현할 길이 없는 문자가 곧 우리의 한글이다.

그러나 이 한글이 세계에 자랑할 인류 문화의 고귀한 유산으로 길이 보존되려면 그 글자의 표기 대상이 되는 우리말, 한국어가 끊임없이 갈고 닦여서, 우리 한국어도 자랑스런 언어로 손꼽혀야 한다는 점을 한국사람들은 명심할 필요가 있다. **한글은 단지 한국말이 건전하게 살아있을 때에만 그 말을 적는 도구로 쓰일 수 있기 때문이다.** 말이 없어지면 그 말을 담는 그릇인 한글은 담을 물건이 없으니 자연히 쓸모가 없어질 것 아닌가!

※ 文化觀光部 指定 韓國文化 象徵 베스트 10 : 한글, 한복, 김치, 불고기, 불국사·석굴암, 태권도, 고려인삼, 탈춤, 종묘제례악, 설악산

도전받는 漢字文化圈

우리 인류가 이 지구상에 삶의 둥지를 틀고 살아온 이래, 여러 民族들이 여러 시대 여러 지역에 걸쳐 참으로 다양한 문명의 꽃을 피웠다. 그러나 불행하게도 어떤 문명은 흔적도 없이 사라졌고 또 어떤 문명은 그것이 아름답고 찬란하기는 했으나, 지금은 단지 돌덩이만 구르는 황량한 폐허로 남아있을 뿐이다.

그 중에서도 중앙아메리카 과테말라 高地에 남아있는 마야文明의 遺跡地, 멕시코 고원에 남아있는 아스테카 文明의 유적지, 그리고 남아메리카 안데스 지역에 흩어져 있는 잉카문명의 유적지는 흔적만 남긴 대표적인 문명의 유허들이다. 이들 마야족이나 인디오족들은 적어도 16세기 초까지는 아메리카 대륙 곳곳에서 그들 나름의 고유한 문화생활을 누리며 번영하고 있었다. 그런데 그들의 문명은 왜 멸망의 길을 걸었는가? 잘 알려진 사실이지만 그것은 스페인의 침공 때문이었다.

그리스도교 文明만이 유일한 先進文明이며 그 외 모든 이민족의 문화와 문명은 野蠻이라는 생각을 갖고 있던 스페인 帝國主義 軍隊는 그들의 문명을 돌덩이만 남긴 채 사라지게 하였다. 黃金을 찾는 데만 혈안이 되었던 스페인 군대는 殺戮과 破壞를 능사로 삼았을 뿐 인명이나 유적을 보호하는 문제는 안중에도 없었다. 그리하여 16세기가 끝나기도 전에 독특한 문명을 누리던 마야문명, 아스테카문명, 그리고 잉카문명은 단지 폐허와 함께 그 이름만을 전하고 있을 뿐이다.

우리는 오백 년도 안 된 이 역사적 참상을 통하여 중대한 교훈을 얻는다.

〈"이 世上에 共存과 相生을 違反하는 어떠한 侵略行爲도 正當化될 수 없다"는 敎訓을.〉

그러나 근현대사를 돌이켜보면 오백년 전에 중남미대륙에서 자행된 무모한 침략과 살육행위는 여전히 지구상 곳곳에서 재현되고 있다. 이백 여 년의 미합중국 역사는 북아메리카 인디언들의 멸망사와 表裏를 이루고 있으며 19세기 이래 유럽 帝國主義의 팽창은 아시아 아프리카에 무수한 식민지를 낳게 하였다. 이 과정에서 이른바 漢字文化圈에 속한 東北아시아 여러 나라도 조금씩 사정이 다르기는 했으나 모두 서유럽 열강의 제국주의적 마수에서 자유로울 수 없었다. 한자문화권이 알파벳문화권과 비로소 正面으로 충돌한 것이었다.

한자문화권에 속한 나라는 크게 넷이었다. 中國과 日本과 越南, 그리고 韓國이다. 中國은 서유럽 열강의 끈질긴 통상압력으로 마카오와 홍콩을 조차해 주며 근대화를 위해 용트림을 시작하였다. 이때에 中國은 "近代化의 걸림돌은 漢字다."라는 알파벳문화국들의 洗腦에 빠져들고 말았다.

20세기 초 중국은 어떻게 한자를 벗어날 것인가를 심각하게 고민하였다. 그러나 누천년 한자문화권의 두꺼운 층을 무너뜨리는 일은 중국 역사 자체를 말살하는 것을 의미했다. 다른 문자로의 대체가 불가능한 상황에서 중국이 취할 수 있는 방법은 簡體字를 개발하는 것이었다.

일본은 고유문자 "가나(カナ)"가 있으나 그 "가나"는 한자와의 상보적 기능을 갖는 제2문자였다. 일본에서의 한자는 音讀과 訓讀을 넘나들며 읽는 오랜 관행을 전통으로 확립한 처지여서 한자없는 문자생활은 상상할 수 없는 것이었다. 그래서 그들은 한 때 한자와 "가나"를 모두 버리고 알파벳을 도입하자는 극단론이 나오기도 했으나, 오랜 관습과 전통을 아낄 줄 아는 일본인들은 한자수를 1,945로 줄이는 고육책을 쓰면서 옛날 그대로의 문자생활을 영위하고 있다.

월남은 한자문화권 안의 나라 가운데 가장 불행한 경우에 속한다. 프랑스 식민통치자들이 한자를 없애고 알파벳으로 대체할 것을 극력 주장하였기 때문이다. 그리고 그것은 정책으로 밀어붙였다. 1910년부터 20여 년에 걸쳐 한자를 폐지하고 월남어를 알파벳 곧 로마자로 바꾸어 나아갔다.

교과서와 국가시험에서 한자를 폐지하고 로마자로 바꾼 월남어 쓰기를 강제하였다. 이 政策은 크게 성공하여 아주 빠른 기간 내에 한자가 월남에서 사라지게 되었다. 이때에 독립운동 세력이 크게 반발할 수도 있었으나 프랑스어를 강요하지 않고 越南語 자체를 살리는 것에 만족했기 때문에 이 정책은 성공을 거둘 수 있었던 것이다.

그 결과 越南語 가운데 60% 이상을 점하는 漢字語가 알파벳으로만 표기되는 상태에서 광범위한 知識不在現象이 발생하게 되었다. 고급학문을 위한 교제도 교육도 불가능해진 상황에서 부유층은 프랑스 유학을 떠났고 하층민은 극심한 지적 빈곤현상에 직면하게 되었다. 1975년 월맹이 공산체제로 통일을 성취한 후에도 학문부재 현상은 계속되어서 1985년까지 하노이 綜合大는 法科大學을 설치할 수 없는 형편이었다.

多幸인지 不幸인지 한국은 알파벳에 완벽하게 대응하는 소리글자 "한글"을 가지고 있었다. 그래서 한글만으로 모든 문자생활을 이끌어 가자고 하였다. 오랫동안 우여곡절을 거치면서 1970년 이래 한글만 쓰기의 大衆文化가 온 나라를 뒤덮었다. 그리고 지금 그 후유증에 시달리고 있는 것이다.

우리는 이제 더 이상 서구 알파벳 문화의 충격을 애길 할 필요가 없다. 앞으로의 한국문화는 우리의 의지와 결단으로 만들어 나가는 것이기 때문이다. 그동안 우리가 서구문화권에 너무 휘둘려 왔다는 각성만 한다면 민족문화의 미래가 그렇게 어둡지만은 않을 것이다.

訓民正音의 受難

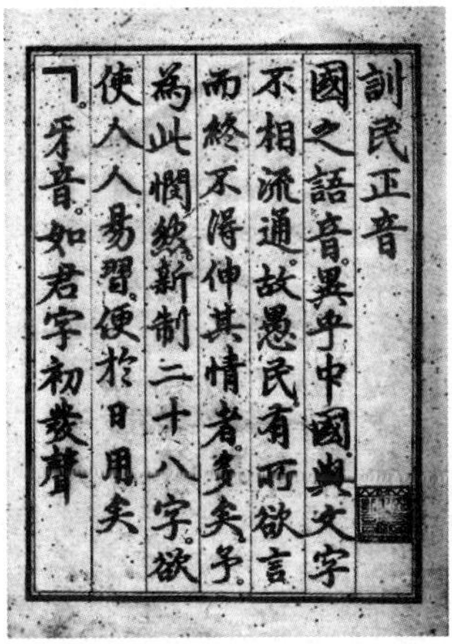
訓民正音
國之語音異乎中國與文字
不相流通故愚民有所欲言
而終不得伸其情者多矣予
爲此憫然新制二十八字欲
使人人易習便於日用矣
ㄱ牙音如君字初發聲

2009년 10월 9일. 한글날. 광화문 광장에는 온 국민의 慶賀를 받는 대향연이 펼쳐졌었다. 광장을 새롭게 마련한 뒤로 그 광장의 主人公이라 할 수 있는 世宗大王像을 제막하는 행사가 바로 그것이었다. 대통령 이하 정부요인과 문화계 인사가 참석하여 우리 민족의 영원한 스승이요, 지도자이신 세종의 위업을 생각하며 동상 제막식이 거행되었다.

공식적 행사가 끝나자 구름처럼 모여든 시민들이 온 광장을 가득 메웠고 광장지하에 꾸며놓은 紀念館 '세종이야기'도 人山人海를 이루고 있었다.

그 모든 행사일정을 텔레비전을 통해 시청하면서 필자는 우리 서울 心臟部에 또 하나 자랑스런 명물이 생긴 것을 흐뭇해하였다. 그리고 광화문 교보문고에 책을 사러가거나 5호선 전철을 이용할 기회가 있으면 世宗大王像을 배견하리라 마음먹고 있었다.

그러면서 한 두 달의 세월이 훌쩍 지났다. 그런데 세종대왕상을 두고 이상한 소리가 들리기 시작하였다. 정확히 말하면 세종대왕상이 아니라 그 동상 앞에 놓인 訓民正音 서문을 새긴 石板에 관한 이야기였다.

"선생님 한 번 시간 내어 가 보세요. 그 訓民正音 序文이 이상해요."

"그래? 어떻게 이상한데?"

"그게 諺解本 訓民正音을 옮겨 놓은 것 같은데 한자는 하나도 없으니까 무언가 빠진 것 같아요."

필자에게 훈민정음 강독을 들은 옛날 제자의 말이었다.

그래서 필자는 작년 말 시간을 내어 세종대왕상 앞에 놓인 훈민정음 석판을 찾아갔었다. 그리고 제자가 전한 말이 틀린 것이 아니었음을 확인하였다.

어째서 이런 일이 생긴 것일까? 필자의 심경은 착잡하기 그지없었다. 나라에서 하는 일이니 전문가에게 자문을 구하며 신중에 신중을 기했을 터인데 어찌하여 이런 일이 생긴 것일까?

記錄文化遺産에 속하는 訓民正音 序文은 景福宮이나 石窟庵, 高麗青瓷나 李朝白瓷같은 建築 및 器皿文化財처럼 원상을 유지해야 하는 것인데, 원본을 石板에 옮겨 적는 것이라 하여 임의의 변개가 가능한 것인가? 생각하고 생각해 보았다. 고민을 거듭하며 한두 달을 허비하고 금년 2월이 되었다. 가만히 있을 수만은 없었다. 일반 언론에 여론화할 필요가 있다고 생각하였다. 그래서 2월 23일 KBS의 인터뷰에 응하기로 하였다. 그러나 그 인터뷰는 실망스러웠다. 원문 變改의 부당성을 강조하려는 필자의 의도보다는 오히려 원문변개의 정당성을 강변하는 반론이 필자의 주장을 희석시켰기 때문이었다.

石板文案에 책임이 있는 당국자의 반론요지는 다음과 같은 것이었다.

"諺解本 訓民正音은 世祖 때 刊行된 ≪月印釋譜≫에 있는 것이라 우리는 世宗 때 刊行된 月印千江之曲의 表記法에 따라 訓民正音 序文을 復元한 것이다. 그러므로 이 石板은 아무런 瑕疵도 없다."

과연 이 주장이 정당한가? 그렇다면 조금 번거롭더라도 훈민정음이 창제된 직후 世宗年間에 간행된 한글관련 각종 문헌들의 표기양상을 살펴볼 필요가 있다. 訓民正音(文字)은 세종 25년(1443)에 창제되었고, ≪龍飛御天歌≫는 세종 27년(1445), ≪月印千江之曲≫은 세종 28년(1446)에 각각 완성되었다. 같은 해에 ≪訓民正音 解例本≫(册子)이 탈고되었고, 그 다음 해인 세종 29년(1447)에는 ≪龍飛御天歌≫·≪釋譜詳節≫·≪月印千江之曲≫이 연이어 간행되었다. 또 그 다음해 세종 30년(1448)에 ≪東國正韻≫이 간행되었다.(≪東國正韻≫과 ≪訓民正音≫ 창제는 表裏關係에 있는 중요한 과제이나 여기서는 지면관계상 논의를 할애한다.)

이렇게 세종 30년에 이르러 초기 한글 문헌이 모두 세상에 빛을 보았다. 초기의 모습이라 그 표기체계가 다소간 시험적인 성격을 띠고 있었다.

이제 그 실제 모습을 잠시 살펴보자.

① 海東六龍·이 ᄂᆞᄅᆞ·샤 :일:마다 天福·이시·니 古聖·이 同符·ᄒᆞ시·니

② 외巍 외巍 ·셕釋가迦·뿛佛 무無·량量무無변邊 공功·득德·을 · 겁劫·겁劫·에 어·느 :다 ᄉᆞᆯ·ᄫᆞ·리

③ 世솅 尊존·이 象:썅 頭뚷 山산·애 ·가·샤 龍룡·과 鬼귕神씬·과 :위·ᄒᆞ·야 說·웛法·법·ᄒᆞ·더시·다

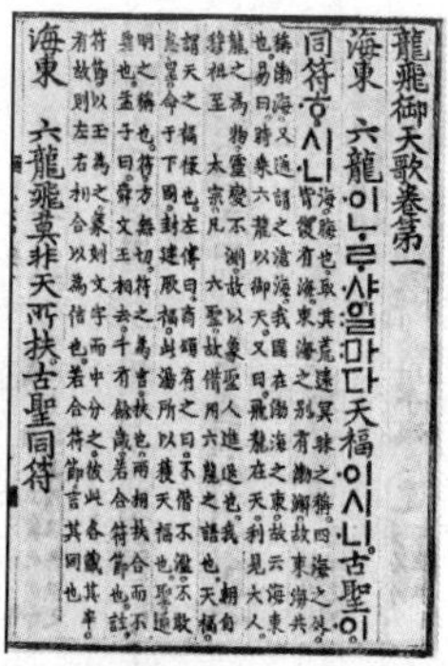

≪龍飛御天歌≫

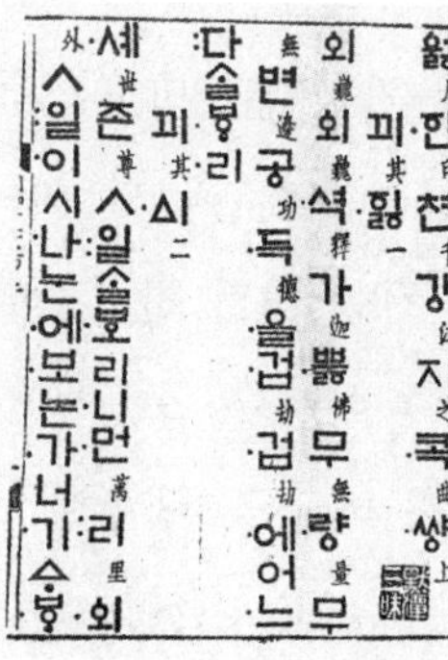

≪月印千江之曲≫

≪釋譜詳節≫

①은 ≪龍飛御天歌≫이고, ②는 ≪月印千江之曲≫이며 ③은 ≪釋譜詳節≫이다. 이 세 문헌에 공통되는 것은 한자와 한글을 혼용 또는 병용하였다는 것과 모든 한글에 성조표기의 방점이 찍혀 있다는 것이다. 그런데 각각의 차이점도 두드러진다. ≪龍飛御天歌≫에는 한글 주음표기가 없고, ≪月印千江之曲≫은 한글이 먼저이고 한자가 뒤따랐는데, ≪釋譜詳節≫은 한자가 먼저이고 한글 注音表記가 뒤따르고 있다. 여기에 또 한 가지 ≪月印千江之曲≫에서는 한글을 먼저 표기하였으므로 그 당시 한자음의 東國正韻式 表記인 初中終 三聲合字體系를 쓰지 않았고, ≪釋譜詳節≫은 한자를 앞세웠으므로 한글 注音表記를 하였는데 여기에는 三聲合字體系를 철저히 지키는 東國正韻式 表記를 하였다. 그리하여 '世솅鬼귕'에서처럼 音節末에 欲字初發聲 'ㅇ'을 表記하였다. 이것은 실제로는 발음되지 않는(이론적으로는 발음이 되나 들리지 않는다고 생각되는) 문자였다.

그리고 세조 연간으로 넘어와 세조 5년(1459)에 ≪月印釋譜≫가 간행되고 그 첫 권 첫머리에 훈민정음 서문이 상해되어 실려 있다. 세상에서 이것을 속칭 諺解本 ≪訓民正音≫이라 한다. 이 ≪훈민정음≫ 서문은 세종 때 간행된 ≪釋譜詳節≫의 표기법에 따라 인쇄되었다, 서문 본문만 옮겨 본다.

> 世솅 · 宗종御 · 엉製 · 졩訓 · 훈民민正 · 졍音음
>
> 나 · 랏:말ᄊᆞ · 미 中듕國 · 귁 · 에 달 · 아 文문字 · ᄍᆞᆼ · 와 · 로 서르 ᄉᆞᄆᆞᆺ · 디 아 · 니ᄒᆞᆯ · 씨 · 이런 젼 · ᄎᆞ로 어 · 린 百 · ᄇᆡᆨ姓 · 셩 · 이 니르 · 고 · 져 · ᄒᆞᇙ · 배이 · 셔 · 도 ᄆᆞ · ᄎᆞᆷ:내 제 · ᄠᅳ · 들 시 · 러 펴 · 디 :몯ᄒᆞᇙ · 노 · 미 하 · 니 · 라 · 내 · 이 · ᄅᆞᆯ 爲 · 윙 · ᄒᆞ · 야 :어엿 · 비 너 · 겨 · 새 · 로 · 스 · 믈여 · 듧 字 · ᄍᆞᆼ · ᄅᆞᆯ ᄆᆡᇰ · ᄀᆞ노 · 니 : 사ᄅᆞᆷ:마 · 다 :ᄒᆡ · ᅇᅧ :수ᄫᅵ 니 · 겨 · 날 · 로 · ᄡᅮ · 메 便뼌安한 · 킈

ᄒᆞ·고·져 홇 ᄠᆞᄅᆞ·미니·라

이것이 언해본 ≪訓民正音≫에 실려 있는 훈민정음 서문의 본 모습이다. 물론 ≪月印釋譜≫는 ≪月印千江之曲≫이나 ≪석보상절≫이 간행된 지 12년 뒤에 간행된 것이기는 하나 이 서문 표기에 관한 한 세종 당대와 조금도 차이를 보이는 것이 없다. 실제로 광화문 世宗大王像 앞에 놓인 ≪訓民正音≫ 序文은 위의 글에서 한자를 뺀 것과 한자의 한글 注音表記에 소리 안 나는 欲字初發聲字〔ㅇ〕를 삭제한 것 이외에 다른 것은 하나도 없다. 그러면 〔ㅇ〕字는 왜 뺐는가? 그것은 한자 없이 한글만 썼을 때에 '솅종, 문쫑'가 오늘날의 표기로 오해되어 잘못 읽힐 것을 염려했을 것이다. 그런데 마침 ≪月印千江之曲≫에는 〔ㅇ〕자를 뺀 표기의 선례가 있으니까 그것을 빼기로 했을 것이다.

문제는 訓民正音 序文에 한자를 없애려니까 ≪月印千江之曲≫의 表記法 體系를 생각하게 된 것인데, 잊지 말아야 할 것은 ≪月印千江之曲≫이 한글을 먼저 놓기는 했지만 한자를 빼버리지는 않았다는 사실이다.

그렇다면 이제 광화문 世宗大王像 앞 훈민정음 서문 석판 제작 당사자들이 ≪月印千江之曲≫의 표기법을 내세우며 '世솅宗종御·엉製·졩'을 버리고 '셰종어졔'를 택한 이유는 딱 한 가지, 세종대왕을 한글전용주의자로 호도하려는 의도였다고 밖에는 달리 해석할 길이 없다.

오늘날 우리가 할 수만 있다면, 그리고 가능한 범위 안에서 한글전용을 추진하고 시행하는 것은 바람직한 일이라 할 수도 있다. 그러나 그것이 한계에 부딪쳐 한자교육의 필요성이 강조되고 있는 차제에 기록문화유산인 언해본 훈민정음의 훈민정음 서문까지 무리하게 한글전용을 시도하여 궁극적으로는 문화재를 훼손하는 어리석음을 범해야 할 것인가?

이러한 태도는 결코 세종대왕의 위업을 顯揚하는 올바른 길이 아니다. 슬픈 일이 아닐 수 없다. 끝으로 한마디만 덧붙여야 하겠다.

世宗大王像 座臺에 쓴 '세종대왕'이란 명호 문제이다. 이것도 세종 당대의 표기도 또 오늘날의 표기도 아닌 엉터리 얼치기 표기로 되어 있다. 차라리 한자로 쓰고 오늘날의 한글표기를 병용하던가, 한글만 쓴다면 現行表記法을 따라야 할 것이요, 옛스럽게 'ㆁ'자를 쓰고 싶다면 ≪月印千江之曲≫의 表記樣式을 따른다 해도 '셰종대왕'이라 해야 옳은 것이다. 존귀하신 우리 세종대왕께서 훈민정음으로 말미암아 이렇게 부당한 수모를 받는다는 것이 참으로 애석하고 한탄스러울 뿐이다.

하루 빨리 시정되어야 하겠다.

한글專用은 違憲?!

1. 얼마 전 한글전용에 대해 헌법소원을 제기했습니다. 어떤 위헌 요소가 있다는 것입니까?

沈在箕 : 지난 (2012년) 10월 22일에 國語基本法 등에 대한 헌법소원이 333명의 청구인에 의해서 제출되었습니다.

그 헌법소원 심판 청구서의 청구취지가 두 가지로 요약됩니다. 하나는 國語基本法에 한자를 외국문자인양 취급한 부분이고, 또 하나는 국어기본법 시행령에 있는 교과용 도서에 관한 규정과 초·중등학교 교육과정 중에서 국어 교과에 한자교육은 배제한 부분입니다.

〈KBS TV 뉴스라인 인터뷰〉

2000년 이상 우리 민족이 상용문자로 써온 한자는 한글과 함께 우리의 나라글자 곧 國字인데 국어기본법이 그것을 어겼다는 것이요, 교과서에 한자를 배제하고 국어시간에 한자를 가르치지 않는 것은 헌법 제10조의 幸福追求權으로부터 파생되는 어문생활에 관한 자기결정권, 한자혼용 표현방식에 의한 의사표현의 자유, 학생의 자유로운 인격발언권 및 학부모의 자녀교육권 등을 침해한다는 취지입니다.

다시 말하여 서울이 관습헌법상 한국의 수도이듯이 한자도 관습헌법상 우리의 국자이므로, 위에 열거한 법과 규정은 상위법인 헌법을 위반하였다는 것입니다. 아시다시피 우리 憲法은 國漢混用으로 적혀있습니다.

2. 漢字가 국어에 포함된다는 것에는 국어전문가 사이에 異見이 있지 않습니까?

〈KBS TV 뉴스라인 인터뷰〉

沈在箕 : 한자가 국어를 적는 문자에 포함되지 않는다고 하는 사람은 이 세상에 한 사람도 없습니다. 다만 한글운동을 하는 분들, 한글전용을 주장하는 분들이 한자는 중국글사요, 그것을 쓰는 것은 事大主義의 表象이라고 말을 하여 오기는 했으나, 그분들이 한자로 한국어를 적지 못한다고 말하지는 않았습니다. 한자 쓰지 말자는 주장을 한다고 해서 한자가 국어를 적는 문자가 아니라고 말한다고는 할 수 없습니다. 그것은 문외한들의 소박한 의견입니다.

가령 鄕歌 25首는 향찰이라는 표기방식으로 한자로 "處容歌, 祭亡妹歌, 薯童謠 등이 적혀 있는데 그 鄕歌가 國語를 적은 것이 아니라고 할 수 있습니까. 또 좀 쉽게 생각해 보지요. 忠誠, 太極旗, 大韓民國을 漢字로도 한글로도 적을 수 있습니다. 그러면 한글로 적은 것은 한국어이고, 한자로 적으면 한국어가 아니라고 할 수 있습니까? 우리들의 이름도 한글로도 한자로도 적습니다.

漢字文化圈 안에서 한자는 중국 사람에게는 중국문자이고, 한국 사람에게는 한국문자이며 일본사람에게는 일본문자인 것입니다.

한글 창제 이전에 적힌 우리말 자료는 모두 한자로 되어 있습니다. 그것을 우리말이 아니라고 하면 매우 곤란합니다. 한글전용을 주장한 崔鉉培선생 같은 분도 1926년에 國漢混用으로 ≪朝鮮民族 更生의 道≫라는 글을 쓰셨고, 1942년에 간행한 ≪한글갈≫은 한자로 적힌 우리말 고대문헌을 자세히 연구한 책입니다.

다시 말씀드리지만 한자가 원칙적으로 국어표기에 포함된다는 것을 부정하는 국어학자는 이 세상에 한 사람도 없습니다.

3. 대부분의 국민이 현재 한글전용 방침에 불편을 느끼지 않습니다. 漢字教育을 병행 실시하는 것으로 충분하지 않습니까?

沈在箕 : 그렇습니다. 대부분의 국민이 현재의 한글전용 방침에 불편을 느끼지 않습니다. 당연하지요. 읽을 수 없는 것은 없으니까요. 그러나 그것은 평범한 일상생활에서나 있을 수 있는 일이지 조금만 전문적인 사항을 만나면 한글로 써 놓은 내용을 읽기는 했으나 그 의미를 정확하게 몰라 찜찜하고 괴로웠던 경험이 있을 것입니다.

불편을 느끼지 않다니요? 불편을 느끼지 않는다는 말은 다분히 자기 속임수가 있는 말입니다. 그러니까 대부분의 국민은 지금의 文字生活에 만족하는 것이 아니라 自己세계에 안주하고 있으면서 자기를 속이고 있는 것입니다. 그렇지 않다면 왜 초등학교 학부모의 89.1%가 자기 자녀에게 한자교육을 시켜달라고 했겠습니까? 모두들 자기가 당한 무식의 경험이 의식의 밑바탕에 깔려 있기 때문입니다.

지금 漢字教育이 이루어지지 않아 잘못 쓰이는 말을 예로 들자면 한이 없습니다. TV자막에도 심심치 않게 잘못된 표기가 나오고요. 따라서 우리 韓國語가 올바르게 쓰이고 모든 국민이 두루 教養있는 말을 하자면 漢字教育은 발등에 떨어진 불이라 할 수 있습니다.

절체절명 → 절대절명

풍비박산 → 풍지박산

焦土化는 불타 없어진 것인데 / 洪水에 焦土化됐다고,

渦中에 / 피난길 와중에 아기를 잃고(○)

음악감상 와중에 옛친구가 생각나서(×)

五里霧中을 / 오리안에 아무것도 없다로

다시 한 번 강조해 말씀드립니다. 한자교육을 과외과목처럼 병행 실시하거나 한문과목으로 正規國語科目에서 제외하는 편법이 계속 된다면 정말 우리나라 言語 文字 文化는 미래가 없습니다. 지금처럼 學校長 재량에 맡겨 가르쳐도 고만, 안 가르쳐도 고만으로 해서는 장래가 없습니다.

4. 전 국민이 漢字教育을 받기보다 國學專門家를 집중 양성하고 이들의 연구기반을 마련하는 것이 더 효율적이라고 하는 주장도 있습니다. 어떻게 생각하십니까?

沈在箕 : 많은 사람들이 그렇게 생각하고 그런 말을 합니다. 그것은 대단히 잘못된 생각입니다. 1960년대 이전에 정상적인 漢字教育이 이루어졌을 때, 그 한자교육을 부담스러워 했다는 어떤 사례도 흔적도 없습니다. 지금 한자교육을 대단히 어려운 것으로 한글전용을 주장하는 분들이 얘기한 것에 세뇌되어 부담을 느끼기 때문에 그런 말이 나오는 것입니다.

모든 전문가는 폭넓은 저변인구가 확보되었을 때 자연스럽게 선별되고 선발되는 것입니다. 사과 과수원에서 잘 익은 큰 사과를 고르려면 그 모든 사과를 일일이 선별하는 과정을 거치지 않습니까. 오늘날 프로야구 700만 시대에 프로야구팀 9팀을 갖고 있는 것은 그 700만이 저변 인구로 작용하기 때문입니다.

'전문가 양성'이라는 美名아래 漢文教育科를 두었으나 그 결과는 漢文 전문가는커녕 한자를 가르칠 사람조차 사라져가고 있습니다. 고등학교 한문과 교사는 다른 과목 가르치는 轉科 교육을 받는 형편이고 일부 사범대학 漢文教育科는 중등학교에 교사 수요가 없어서 격년제로 뽑는 실정입니다. 이것이 전문가를 양성하면 된다고 하는 잘못된 계획이 빚은 우리 교육의 현실입니다.

한 가지 비유를 들겠습니다. 지적재산을 1년에 10만원씩으로 계산할 때 漢字는 2000년을 사용하였기 때문에 2억 원이고, 한글을 570년을 사용하여 5,700만원입니다. 2억 5,700만원 중 1/5인 5,700만원만 쓰자고 하는 것입니다.

또 다른 하나의 비유는 사과만 먹다가 배를 먹게 되었습니다. 그런데 사과는 먹지 말고 배만 먹자고 하는 꼴입니다. 사과와 배를 골고루 다 먹어야 되는 것 아닙니까.

5. 1992년에도 같은 내용의 憲法訴願을 제출했다가 기각된 적이 있습니다. 이번에는 勝訴 가능성이 있다고 보십니까?

沈在箕 : 1992년 2월에 柳正基 林元澤 安秉煜 馮起亨 李圭尙선생 등 5명이 '초등국정국어교과서 編纂 지시처분'에 대한 헌법소원을 한 것입니다.

"문교부가 한 한글전용 초등국정국어교과서 編纂 지시처분은 헌법 제31조 소정 능률적 균등 초등의무교육 學習權 및 전통민족문화창달권을 침해한 것으로 이를 취소한다는 결정을 앙구함."이라는 내용입니다.

그러나 이 憲法訴願은 4년이나 질질 끌다가 1996년에 教育部가 '초등국정교과서 編纂 지시처분'을 삭제한 뒤에 却下된 것입니다, 이는 한글전용 교육을 계속하려는 國家機關의 正正堂堂하지 못한 便法이었습니다. 이것이 얼마나 비겁한 便法이었는지는 憲法裁判所 결정문에 잘 드러나 있습니다. 판결문 일부를 읽어보겠습니다.

> 이 사건 세부계획과 같은 1종 교과서 편찬지침은 문교부가 매년 새로이 작성하는 것으로서 새로운 지침내용이 작성되면 원칙적으로 종전의 지침은 더 이상 교과서 편찬의 준거가 될 수 없게 되며, 특히 그 지침내용의 중요한 부분이 변경된 경우에는 종전의 지침은 그 의미가 없는 것이 된다. 그런데 이 사건의 경우 문교부는 1987년 이 사건 세부계획 이후에도 매년 새로 세부계획을 작성해 오다가 1993년 2월 23일 '1993년도 1종도서 편찬 세부추진계획(유치원 · 국민학교 · 중학교 · 고등학교)'에서 이 사건 심판대상인 집필지침 중 "문장은 한글로 쓰되"라는 부분을 삭제함으로써 문제가 되어 온 한글전용의 근거를 없애버렸다. 그렇다면 청구인들 및 공동소송참가인들의 심판청구는 권리보호의 이익이 없다 할 것이다. 따라서 이 사건 심판청구는 부적법하므로 각하하기로 하여 헌재 재판관 전원의 일치된 의견으로 주문과 같이 결정한다.

이 같은 편법으로 문제의 핵심을 비껴간 교육과학기술부의 편법은 지금까지도 변함이 없습니다. 교과부가 고시한 초등교육과정 총론에는 "(6) 정보통신활용교육, 보건교육, 한자교육 등은 관련 교과(군)와 창의적 체험활동 시간을 활용하여 체계적인 지도가 이루어질 수 있도록 한다."고 明示하기는 했지만 정보통신활용교육이나 보건교육 등과 같이 취급하여 배우지 않아도 되는 것으로 분류했을 뿐 아니라 時數나 學齡別 教育漢字의 配定 등 교육을 위한 구체적인 아무 조치 없이 학교장 재량에만 맡겨서 극히 일부 학교만이 正規 教科課程이 아닌 아침자습이나 방과 후에 가르치지만 교사 자신도 한글전용 세대여서 어떻게 가르쳐야 하는지 제대로 아는 이가 없는 실정입니다.

개화기부터 1980년대까지 간행된 수천만 권의 저작물과 국가 기록물은 모두 한글과 漢字를 병용하였고, 이것들은 모두 한국어이고 우리 역사입니다. 국어를 바르게 쓰자고 하면서 우리 스스로 우리 국어와 역사를 否定하는 것은 현명하지 않습니다. 이번 헌법소원도 이와 같은 관점에서 접근해야 할 것입니다. 국가 장래를 위해 근본까지 흔들리고 있는 국어교육을 바로세우기 위해 헌법재판소 재판관들께서 올바른 판정을 해 줄 것으로 확신합니다.

※ 筆者는 2012年 11月 1日 KBS 〈뉴스라인〉에 출연하여 憲法訴願의 當爲性을 說破하는 인터뷰를 하였다. 이 글은 그 때에 못다한 내용을 첨가하여 정리한 것이다.

眞實을 찾아가는 길목에서

열 살짜리 손자 녀석이 어느 날 불쑥 이렇게 물었습니다.

"할아버지! 진짜가 좋아요? 가짜가 좋아요?"

평소에도 엉뚱한 質問과 奇拔한 얘기로 어른들을 곤혹스럽게 하는 녀석인지라 '이 녀석이 또 무슨 꿍꿍이 속인가?' 하면서도 나는 무심한 듯 평범한 대답을 하였습니다.

"그야 진짜가 좋지. 가짜가 좋을라고?"

"할아버지! 그런데 왜 '가짜 같은 진짜'라고 말들을 하지요?"

"그게 무슨 소리냐?"

"할아버지! 그림은 자연을 그린 가짜지요. 그런데 아름다운 경치를 보면서 사람들은 '그림 같은 풍경'이라고 하잖아요? 그건 가짜 같은 진짜라는 말이잖아요?"

나는 아차 싶었습니다. 열 살짜리 꼬마가 어느새 인류문화의 記號와 象徵의 체계에 대하여 의문을 품은 것입니다. 나는 호흡을 가다듬고 어린 손자를 설득하기 시작하였습니다.

"그렇다. 가짜가 다 나쁜 것은 아니란다. 좋은 세상살이를 위해서 사람들은 필요한 좋은 가짜를 많이 만들어냈단다. 자, 욱아, 너 동화 책 좋아하지? 그 동화는 가짜이야기 아니니? 그림이 가짜인 것처럼 동화도 소설도 가짜에 속한단다. 여기 지도책 있지? 이 지도가 진짜 땅이니? 아니지? 길 찾는 자동차의 내비게이션도 진짜 땅은 아니지 않니? 이렇게 사람들은 진짜 세상을 잘 살기 위해 가짜의 틀을 만들어 활용하는 것이란다. 그러한 가짜 틀 가운데 제일 잘 만든 가짜가 무언지 아니?"

손자 녀석은 고개를 갸우뚱하고 생각에 잠겼습니다. 나는 이때다 싶어 공략을 하였습니다.

"인간이 만들어 낸 제일 아름답고 교묘한 가짜는 바로 우리가 쓰는 말이야. 말. 한국어나 영어 같은 言語란 말이야. 그리고 그 言語를 아무 때나 다시 살려 쓰는 文字란다. 그리고 또 그 文字 중에 네가 요즘에 배우기 힘들어하는 漢字란다. 너 日月火水木金土 일곱자 다 배웠지? 그 글자를 배우면서 무슨 생각을 했니? 해, 달, 물, 불, 나무, 쇠, 흙을 생각하지 않았니? 이처럼 한자는 배울수록 그 사물에 대해 깊이 생각하게 하는 좋은 가짜의 덩어리란다."

나는 이 손자에게 언제쯤 理性과 感性이 어우러진 觀念의 體系, 仁義禮智와 孝悌忠信을 이야기할 수 있을까? 그 계획을 세워야겠다는 생각을 했습니다. 眞實의 世界에 들어서는 길이 참으로 길고도 힘이 듭니다.

할아버지 떡도 커야 사 먹는다

역사 왜곡이 일어나는 세상을 근심하며 歷史的 眞實에 접근하기 위한 방법을 토론하던 강의실 풍경이 생각납니다. 그때 그 토론의 발단은 평범한 俗談 한 마디였습니다. ―"할아버지 떡도 커야 사먹는다."

이 속담이 실리를 쫓는 세상인심을 나타내는 것이라는 가벼운 論評을 벗어나기 위하여 우리는 〈①할아버지 - 檢討해야 할 人物, ②떡 - 그의 思言行蹟, ③크다 - 現在 우리가 處한 歷史的·時代的 狀況, ④사 먹는다 - 우리의 評價行爲〉로 擴大解釋하여 그것이 보편적 사회정의와 역사의식에 연결되도록 하였습니다. 그랬더니 놀랍게도 "이 세상은 존경할 만한 가치가 있는 사람만 존경을 받는다."는 歷史的 審判의 判決文(?)이 나왔습니다. 평범한 속담의 話用論的 分析이 거창한 역사의식과 시대정신의 문제로 발전한 것이었습니다.

그런데 그때의 논의과정에서 심각하게 문제된 것이 "할아버지 떡"에 대한 源泉的 誤解 내지는 의도적 왜곡이었습니다. 즉 할아버지에 대한 신뢰가 깊으면 할아버지의 떡은 반드시 다른 사람의 떡보다 클 것이고, 더 나아가 맛도 좋을 것이라는 믿음이 생긴다는 것입니다. 그러면 "할아버지 떡은 무조건 사 먹는다"가 된다는 것이었습니다. 그리고 실제로 세상에서는 그러한 믿음이 사태를 악화시키기 때문에 그것을 경계하기 위하여 "할아버지 떡도 커야 사 먹는다"는 속담이 진실성을 갖는 것이라고 결론을 내렸었습니다.

지금 우리는 여기에서 왜 이 말을 침통하게 다시 꺼내는 것일까요? "할아버지 떡" 대신에 "세종대왕의 訓民正音(한글)"으로 바꾸어 놓으면 즉시 문제의 심각성이 드러나기 때문입니다.

세종대왕은 분명히 15세기 중엽 우리나라 문화전반에 금자탑을 이룩한 聖君입니다. 그리고 그 평가는 시대를 넘어 영속할 것입니다. 거기에는 한글창제가 한자혼용과 함께 우리나라 書寫文化의 꽃이라는 것도 포함되어 있습니다. 그런데 한글만 쓰기를 주장하는 분들은 세종의 업적과 그분의 위대성을 우리나라 모든 국민이 하나의 신념처럼 사랑한다는 통념에 편승하여 세종의 한글창제가 마치 오늘날의 한글전용을 위한 기초 작업이었던 것처럼 꾸미고 있습니다. 그분들의 논리는 다음과 같습니다.

〈세종은 위대하다→훈민정음(한글)도 偉大한 발명이다→따라서 세종은 한글만 쓰기를 원하셨다→그러므로 세종은 한글전용의 선구자다〉

世宗大王에 대한 이러한 我田引水式 오해와 왜곡이 부당하다는 것은 두말할 필요도 없습니다. 설사 한글전용이 완전히 실현되는 때가 온다고 하여도 이러한 논리는 千萬不當한 것입니다. 그렇지만 그러한 오해와 왜곡이 버젓이 광화문광장에 엄존하고 있습니다. 그 광장 한복판, 세종대왕 동상 앞에 놓인 훈민정음 序文 石板에는 漢字가 하나도 없습니다.

역사왜곡은 다른 나라 사람들만 하는 것인 줄 알았건만…….

書同文運動을 기대하며

秦나라가 中原을 통일하고 모든 법률과 제도를 정비하려고 할 때, 제일 먼저 부딪친 난관이 書寫文化의 혼잡이었다고 합니다. 그 무렵의 漢字는 字形의 통일이 이루어지지 않아 사람이나 지역에 따라 하나의 사물을 지시하는 글자에 여러 개의 異形이 존재하여 쓰기와 읽기에 불편과 혼란이 있었던 모양입니다. 그래서 하나의 사물을 지시하는 글자는 하나의 형태로 통일하고 그렇게 정해 놓은 글자만 사용하자는 書同文運動을 대대적으로 펼칩니다. 새로운 통일국가가 할 만한 문화사업이었다고 생각합니다. 이때에 한자의 표준이라 할 자형이 일단 정리되었을 것입니다.

그로부터 한자는 또다시 2,200여 년의 세월을 흘러 왔습니다. 그러는 동안 중국은 수십의 왕조가 浮沈하고 한자는 한자대로 다양한 서체와 자형을 생산하면서 변모하여 왔습니다. 20세기에 이르러 중국은 급기야 간화자라 하는 극단적인 省體文字를 개발하여 통용하기에 이르렀습니다. 한편 한자를 받아들여 오랫동안 사용해 온 인접국가들, 곧 한국과 일본도 그들 나름의 독자적인 문자도 만들고 자형과 서체도 自國風으로 개발하여 각기 서로 다르게 사용하는 형편에 이르게 되었습니다. 또다시 하나의 사물을 지시하는 글자가 여러 개의 異體字를 가지게 된 것입니다.

이 시점에서 우리는 이 현상이 무엇을 의미하는지 생각해 보아야 하겠습니다. 지금의 세상은 單一世界化(Globalization)을 향하여 치닫고 있습니다. 그 단일세계화는 온 세상이 갑작스럽게 기계적인 통일과 단순화가 이루어지는 것을 뜻하지는 않습니다. 그것은 일차적으로 民族·國家別로 독자성을 확보하면서 점차 文化圈別·經濟圈別·地域別로 疏通의 장을 넓혀가는 인류문화 공동체로 나아가는 길에 서동문운동이 자리 잡고 있습니다. 韓·中·日을 주축으로 하는 한자문화권은 적어도 2000년 이상 한자를 기본표기수단으로 하여 하나의 문화권을 형성하여 왔습니다. 이 문화권은 세상이 아무리 단일화가 되어가도 독자적 정체성을 지키며 동양문화의 꽃을 피워야 할 것입니다.

그러므로 서동문운동은 우리 한자문화권이 성취해야 할 焦眉의 사업이 되었습니다. 그동안 韓·中·日은 기초 상용한자도 각각 1,800자, 2,000자(한국), 1,945자, 2,136자(일본), 2,400자, 3,500자(중국) 등으로 문자선별과 숫자에서 서로 다른 노선을 걸어 왔습니다. 이제는 이러한 국가 간의 담벽을 헐어야 할 때가 되었습니다. 한자사용에 관한 한, 세 나라는 반드시 書同文의 세상을 만들어야 하기 때문입니다. 지금까지 이 서동문운동의 필요성을 절감한 세 나라의 여러 학술단체들은 지난 1998년 이래 16차의 국제회의를 진행하며 합의점을 얻기 위해 애쓰고 있으나, 그 실효성이 언제 나타날지는 알 수 없습니다. 그러나 牛步千里라고 하지 않았습니까. 그 목적은 반드시 달성될 것입니다.

〔성명서〕

語文政策 正常化를 촉구함

國語基本法의 한글전용정책이 違憲이라며 憲法裁判所에 憲法訴願을 제기한 語文政策正常化推進會는 2013년 5월 10일 서울 경운동에 위치한 水雲會館에서 '語文政策 正常化를 촉구하는 國民大會를 개최하였다. 국민대회에서 發表한 聲明書를 게재한다.〈編輯室〉

우리 語文政策正常化推進會(이하 우리)는 오늘날 우리나라가 처한 어문생활의 亂脈相을 坐視할 수 없어서 뜻을 같이하는 여러 단체가 2012년 7월 31일 발족한 語文運動 단체이다.

우리는 나라의 발전이 언어 · 문자생활의 정상화에 기초한다는 것을 痛感하고 그 목적을 이루기 위한 첫 단계로 國語基本法을 비롯하여 漢字教育排除條項이 들어 있는 법령이 慣習憲法 뿐 아니라 實定憲法에도 위반하고 있다는 취지의 憲法訴願審判請求書를 내는 것으로 우리의 활동을 시작하였다.

오늘은 우리가 2013년도 국민대회 개최에 즈음하여 그 동안 시정을 촉구하며 개혁을 요구하였던 내용들을 다시 한 번 모든 국민들에게 천명함으로써 우리의 주장이 오늘날 우리나라가 당면한 焦眉의 課題임을 선언하는 바이다.

우리나라 어문생활의 悲劇은 전적으로 한글전용과 漢字교육 배제에 말미암는다. 이 비극은 불운의 연속이었던 우리나라 근세의 歷史的 事情과 軌跡을 같이 한다.

그 첫 번째는 19세기 말엽 개화기에 맞게 된 西歐文化의 충격이다. 알파벳을 근간으로 하는 서구문화의 우수성이 그 表音文字인 알파벳에 있다고 하는 그릇된 신념이 이 기간에 뿌리내렸다. 이때에 이러한 漢字 혐오와 표음문자 優越論의 思潮를 심은 이들은 초기 기독교 선교사들이었고 그 후로 徐載弼의 〈독립신문〉과 周時經의 일련의 연구와 啓蒙運動이 그 그릇된 신념을 영글게 하는 단초가 되었다.

그 두 번째는 일제강점기에 자행된 韓國語抹殺政策에 항거하여 民族守護의 방편으로 우리말과 우리글자 한글을 지키고 보호하는 것이 곧 민족문화와 민족정신을 지키는 길이라는 不具의 民族主義 이념이었다. 이때에 국어사랑은 곧 한글사랑이요, 한글사랑은 곧 나라사랑이라는 잘못된 등식이 言衆들의 뇌리에 싹트게 되었다.

그 세 번째는 대한민국이 수립된 후에 일제강점기에 배태된 그릇된 國語認識, 곧 국어가 한글이요, 한글이 곧 민족 · 국가요, 民族魂의 表徵이라고 하는 일부 어문학자들이 한글전용을 정부시책으로 밀어붙이고 제3공화국시대에 漢字敎育을 전면 폐지함으로써 야기된 언어문자생활의 恐慌相이다.

이러한 현상은 1948년 10월 9일 한글날에 발표된 '한글전용에 관한 법률'에서 비롯하여 1970년에 漢字교육 전면폐지를 거쳐 급격하게 우리사회에 漢字文盲을 양산하면서 극에 달하게 되었다. 이 65년간을 지배한 그릇된 신념은 개화기 이후 오도된 두 가지 명제이다.

그 첫 번째는 表音文字가 表意文字를 능가하는 우수한 문자라는 것이요, 그 둘째는 한글이 곧 국어요, 한글만 사용함으로써 민족문화 창달에 기여한다는 허황한 민족주의 이념이다. 이러한 이념에 근거하여 漢字사용은 사대주의의 잔재로 매도되면서 광범위한 한글전용 현상이 자리 잡게 되었다.

그 결과, 오늘날의 語文現實은 한자지식의 결여로 말미암은 극심한 황폐화 양상을 나타내게 되었다. 그 이유는 2000년 이상 우리들의 삶과 함께 한 漢字가 쓰이고 있고 또 반드시 쓰이는 경우가 많기 때문이요, 그러한 경우에 비록 고학력 대졸자라도 漢字文盲이기 때문에 그들이 漢字語를 읽고 이해하지 못하는 슬픈 현실이기 때문이다.

그리하여 漢字로만 기록된 근대까지의 문화전적은 물론하고 20세기초에서 1980년대까지 쓰여진 한글과 한자의 기록들도 읽지 못하는 참담한 세상이 되어버렸다.

漢字語가 전문용어로 많이 쓰이는 법률, 의학, 자연과학, 역사, 문헌정보학 등의 분야는 말할 것도 없고, 2, 30년 전의 公用文書에 이르기까지 사회전반에 편재하기 때문에 읽지 못하는 것만이 문제가 아니라 그 漢字語資料들이 우리의 傳統文化遺産이요, 현재와 미래에 활발하게 이용되어야 하는 언어자산임을 망각하기에 이르렀다.

이러한 참상은 궁극적으로 국민전체의 語彙力 弱化, 論理的 思考力의 저하, 그리고 知性의 저능화, 저질화를 초래하고 이웃한 漢字문화권 국가들과의 문화적 교류도 힘들게 하여 결국은 동북아 漢字문화권에서도 탈락할 위기에 놓이게 하였다.

이러한 시점에서 우리가 할 일은 무엇인가? 그것은 지금까지 잘못 인식된 文字觀을 바로잡아 漢字教育을 활성화하고 한글전용의 폐단을 벗어나게 하는 일이며, 올바른 문자 교육을 통해서만이 文化讀解力을 신장시키는 길임을 인식하여야 한다. 그동안 우리나라 言語大衆들은 문자는 배우기 쉽고 쓰기〔書〕 쉬운 글자가 좋은 것이라는 미신에 사로잡혀 있었다. 그러나 이것은 크게 잘못된 통념이었다. 사람은 말하기보다 듣기를 많이 하듯, 쓰기보다 읽기를 많이 한다. 그러므로 문자의 기능은 쓰기의 영역보다 읽기의 영역이 수십 배 비중이 높다. 따라서 문자는 쓰기 쉽고 편한 것보다 읽어서 意味의 識別이 잘 되는 문자가 더 효율적임은 두 말할 필요도 없다.

그렇다면 이제 우리가 할 일은 자명하지 않은가? 표음문자 우월성에 대한 오해를 씻어내고 소리 나는 대로 적는 한글이 문자생활에 유리하다는 觀念的 虛構에서 과감히 뛰쳐나오도록 우리나라 언중들을 계몽하는 것이다. 文字習得에 다소 시간이 걸리더라도 漢字를 익히고 난 뒤에 읽기에 우선하는 문자생활에 한자가 얼마나 효율적인가를 깨우치는 일이다. 그리고 하루 빨리 어문정책 담당자들로 하여금 初等學校에서부터 漢字교육을 재개하도록 촉구하는 일이다.

우리는 다시금 宣言한다. 한자는 한글과 더불어 우리의 國字다. 그러므로 국민 모두가 기초漢字를 습득하여 적어도 5, 60년 전 한글과 漢字의 共用文字生活로 돌아가도록 나라의 정책이 바로잡히기를 促求한다. 우리는 이러한 우리의 소망이 반드시 실현되리라는 믿음으로 위에 언급한 모든 사항을 決議하는 바이다.

심재기沈在箕

1956년~1960년 서울대학교 문리과대학 국문학과 졸업

1968년~2003년 서울대학교 인문대학 국문학과 교수 역임

1999년~2001년 국립국어연구원 원장

현재 서울대학교 명예교수, 어문정책정상화추진회 공동대표

논문집 : 國語語彙論, 集文堂, 1982
意味論序說(공저), 集文堂, 1984
한국사람의 말과 글, 志學社, 1985
國語意味論(공저), 開文社, 1986
한국어의 발전방향(공저), 民音社, 1990
국어 문체 변천사, 집문당, 1999
國語語彙論 新講, 太學社, 2000
국어어휘론 개설, 지식과 교양, 2011

수필집 : 사랑과 은총의 세월, 又新社, 1986
나랏말씀을 사랑하노라, 宇眞出版社, 1990
고요한 아침, 눈부신 햇살, 集文堂, 1993
선과 공간, 서울대학교출판부, 1993
막내딸의 혼인날, 宇眞出版社, 1998
교양인의 국어실력, 태학사, 1998
밤나뭇골의 저녁노을, 태학사, 2003

語文政策 資料集 9

한국인의 文字생활

15,000원

2013년 10월 2일 초판 인쇄
2013년 10월 9일 초판 발행

著　者　沈在箕

編　輯　傳統文化硏究會 出版部
發行人　李漢東
發行處　語文政策正常化推進會
서울시 종로구 낙원동 284-6 낙원빌딩 507호
(전통문화연구회 사무실 내)
전화 : (02)762-8401　전송 : (02)747-0083
전자우편 : juntong@juntong.or.kr
홈페이지 : juntong.or.kr
사이버書堂 : cyberseodang.or.kr
등록 : 1989. 7. 3. 제1-936호

인쇄처 : 한국법령정보주식회사(02-462-3860)
보급처 : 전통문화연구회(02-762-8401)
온라인서점(book.cyberseodang.or.kr)
총　판 : 한국출판협동조합(070-7119-1750)

ISBN 978-89-91720-89-3 04700
978-89-91720-89-3(세트)